PowerPoint

2010

Guide de formation avec exercices et cas pratiques

Dans la collection *Les guides de formation Tsoft*

P. Moreau. – **Excel 2010 initiation.**
N°12852, 2010, 232 pages.

P. Moreau. – **Excel 2010 avancé.**
N°12853, 2010, 232 pages.

D.-J. David. – **Excel 2010 : programmation VBA.**
N°12793, 2010, 290 pages.

D.-J. David. – **VBA pour Access 2007 & 2010.**
N°12992, 2011, 294 pages.

Y. Picot, P. Moreau. – **Access 2010 Utilisateur.**
N°12825, 2010, 352 pages.

P. Moreau. – **Word 2010 initiation.**
N°12879, 2011, 212 pages.

P. Moreau. – **Word 2010 avancé.**
N°12880, 2011, 198 pages.

Autres ouvrages

B. Lebelle. – **L'Art des présentations PowerPoint.**
N°54770, 2011, 386 pages.

N. Barbary. – **Excel 2010 expert.**
N°12761, 2011, 420 pages.

T. Capron. – **D'Excel à Access.**
N°12066, 2008, 350 pages.

I. Taylor, B. Jelen. – **Analyse marketing et reporting avec Excel.**
N°12251, 2008, 250 pages.

PowerPoint
2010

Guide de formation avec exercices et cas pratiques

Catherine Monjauze, Daniel-Jean David

EYROLLES

TSOFT
10, rue du Colisée
75008 Paris
www.tsoft.fr

ÉDITIONS EYROLLES
61, bd Saint-Germain
75240 Paris Cedex 05
www.editions-eyrolles.com

Avant-propos

L'originalité de cet ouvrage est de vous apprendre à utiliser rapidement et efficacement le logiciel Microsoft Office PowerPoint 2010, en commençant directement par la pratique.

Pour apprendre, commencez donc directement par les exercices pour prendre en main le logiciel, et reportez-vous aux fiches pratiques simplement pour réviser, compléter ou approfondir. Pour consolider ensuite votre savoir-faire et vous préparer à réaliser vos propres présentations dans les règles de l'art, effectuez les cas pratiques. Enfin, lorsque vous aurez acquis de l'autonomie et de l'expérience, conservez cet ouvrage à portée de la main : les fiches pratiques vous serviront d'aide-mémoire.

FICHES PRATIQUES

La première partie de cet ouvrage, *Manuel Utilisateur*, présente sous forme de fiches pratiques les clés de l'utilisation de PowerPoint 2010. Elles sont destinées à servir de mode d'emploi ou d'aide-mémoire au fur et à mesure de vos besoins, pendant votre démarche d'apprentissage ou lors de la préparation de vos propres présentations. Si vous avez déjà utilisé une version plus ancienne de PowerPoint, ces fiches vous aideront à découvrir rapidement les spécificités de Microsoft Office PowerPoint version 2010.

EXERCICES PRATIQUES

La deuxième partie, *Exercices pratiques*, permet d'apprendre directement par la pratique. Chaque exercice comprend une étape guidée pas à pas, puis une étape pour refaire les manipulations. Ces exercices s'adressent en priorité aux utilisateurs débutants, mais ils seront également utiles aux utilisateurs des précédentes versions de PowerPoint, désireux d'acquérir très vite la pratique de la nouvelle interface utilisateur d'Office PowerPoint 2010.

La réalisation du parcours complet permet de s'initier seul en autoformation. Mais un formateur pourra aussi utiliser cette partie pour animer une formation aux manipulations de base de Microsoft PowerPoint 2010 : en effet, ces exercices permettent à chaque élève de progresser à son rythme et de poser ses questions sans ralentir la cadence des autres élèves.

CAS PRATIQUES

La troisième partie, *Cas pratiques*, consiste à réaliser une présentation très complète en vous servant de toutes les fonctionnalités de PowerPoint 2010 étudiées précédemment : vous serez guidé dans la conception et la réalisation des diapositives. Les cas pratiques vous préparent à construire vos présentations de manière autonome et dans les « règles de l'art ».

Les fichiers nécessaires à la réalisation des exercices et des cas pratiques peuvent être téléchargés depuis le site Web www.editions-eyrolles.com. Il vous suffit pour cela de taper le code **G12993** dans le champ <RECHERCHE> de la page d'accueil du site puis d'appuyer sur ⏎. Vous accéderez ainsi à la fiche de l'ouvrage sur laquelle se trouve un lien vers le fichier à télécharger ; une fois ce fichier téléchargé sur votre poste de travail, il vous suffit de le décompresser dans le dossier C:\Exercices PowerPoint 2010 ou un autre dossier si vous préférez.

Téléchargez les fichiers des cas pratiques depuis www.editions-eyrolles.com

Conventions typographiques

Pour faciliter la compréhension visuelle par le lecteur de l'utilisation pratique du logiciel, nous avons adopté les conventions typographiques suivantes :

Ruban   les noms des outils du Ruban et des commandes du panneau de gauche du mode « backstage ».

Section   les rubriques ou sections dans les dialogues (*) ou dans les galeries.

Commande   les commandes.

`Saisie`   tout ce qui doit être saisi ou ce qui a été saisi comme texte dans les diapos.

Nom   les noms des dialogues, des fenêtres, des catégories d'option.

<Zone de dialogue> les zones d'option ou de choix dans les boîtes de dialogue.

[Bouton]   les boutons des boîtes de dialogue (*).

(*) Dans cet ouvrage, le terme « dialogue » désigne une « boîte de dialogue ».

TABLE DES MATIÈRES

2 - CRÉER ET METTRE EN FORME LES DIAPOSITIVES 173

3 - DIAPORAMA ET IMPRESSION 187

PARTIE 3
CAS PRATIQUES.. 193

PARTIE 1
MANUEL
UTILISATEUR

ERGONOMIE DE POWERPOINT

Composant indispensable de la suite Office, PowerPoint est un programme qui vous offre la possibilité de créer facilement une présentation dynamique de vos documents, réalisés avec Word ou Excel, de façon claire, ludique, imagée, alliant à la force du message écrit, l'impact de l'image et la pénétration du son.

D'abord utilisé dans les entreprises, PowerPoint est de plus en plus apprécié par le grand public. Ce logiciel permet aussi bien de présenter des synthèses : graphiques, tableaux de résultats, images... que des événements personnels et familiaux : album de photos, présentation d'une fête, invitations ...

Une présentation se compose de diapositives. Chacune d'elles peut contenir du texte, des graphiques ou des tableaux, des organigrammes, de la vidéo et un accompagnement sonore de votre choix. Elle peut aussi bien sûr comporter des photos, et vous permettre de les organiser en diaporama.

Les diapositives peuvent être agrémentées d'animations et d'effets sonores. Les passages de l'une à l'autre (transitions) peuvent être accompagnés d'effets spéciaux. Un discours peut également être enregistré et intégré au diaporama.

Une fois mise au point, la présentation pourra être diffusée de diverses façons :

→ affichée sur un écran, c'est le diaporama ;

→ projetée à l'aide d'un projecteur ;

→ diffusée par messagerie ;

→ mise en ligne sur un intranet ou sur le web ;

→ emportée sur un cd-rom ou une clé USB, en vue d'une utilisation « extérieure ».

Elle pourra être imprimée sur divers supports, en vue d'être distribuée :

→ transparent/papier normal, papier photo mat ou brillant...

→ imprimée, comme un document classique, et présentée en :

    ❖ diapositive : une diapositive par page.

    ❖ documents : deux, trois, quatre, six, neuf diapositives par page, en portrait ou paysage.

    ❖ pages de commentaires : document imprimé avec vos commentaires – ou des informations complétant le diaporama.

    ❖ plan hiérarchisé des titres et des textes des diapositives sans les images ni les illustrations.

L'interface de cette nouvelle version d'Office 2010 diffère assez peu de la version 2007, mais considérablement de celle des versions précédentes : le ruban avec ses onglets a remplacé les menus et les barres d'outils. Les manipulations du logiciel ne sont plus les mêmes, mais toutes les fonctions s'y retrouvent. Cette nouvelle version apporte aussi des améliorations. Faites une recherche dans l'Aide avec le mot-clé *Nouveautés* pour vous informer de toutes les fonctionnalités améliorées.

Remarque : les copies d'écran figurant dans cet ouvrage ont été faites sous Windows 7. Si vous utilisez Vista, les captures d'écran peuvent être légèrement différentes. Les procédures décrites et liées au système d'exploitation peuvent également être différentes sur votre poste.

CONSEILS POUR UNE PRÉSENTATION PERCUTANTE

La projection d'une présentation implique l'utilisation d'un processus de préparation en quatre étapes : planifier, préparer, pratiquer et présenter.

PLANIFIER

1. À quel public allez-vous vous adresser ? Quelles sont ses connaissances et son expérience, ses besoins et ses objectifs ? Que sait-il du sujet, quelle information voulez-vous lui transmettre ?

2. Définissez votre objectif : votre intention est-elle d'informer, de persuader, de motiver, d'enseigner ?

3. Planifiez le contenu de la présentation en fonction de votre objectif. Prenez en compte l'intérêt et le niveau de compréhension du public. Utilisez des mots et des phrases accessibles à tous.

PRÉPARER

1. Demandez-vous en quoi cette information est importante pour ce public.

2. Centrez la présentation sur un message et structurez-la avec des points clés appuyés par des preuves, des images, des exemples illustrés.

3. Préparez votre introduction : Utilisez une question, attirez l'attention du public sur ce qui représente le point clef de votre présentation, étonnez-le.

4. Déterminez les idées clés du message et appuyez-les par des preuves telles que des chiffres, des démonstrations ou des illustrations (images, vidéo).

5. Veillez à la cohérence de ces idées et ne mélangez pas plusieurs sujets.

6. Généralement un public ne retient que quatre à six points différents, il importe donc de choisir soigneusement les idées clés.

7. Préparez une conclusion percutante, reprenant les objectifs, et qui produira une impression durable. Vous pourrez conclure en résumant, en réitérant le message, ou en interpellant le public. Quel que soit le type de conclusion choisie, elle doit amener le public à partir avec, dans l'esprit, l'essentiel de votre message.

PRATIQUER

1. Répétez votre présentation devant un collègue ou un public restreint et demandez-leur d'apporter leurs commentaires sur le contenu et le style de la présentation. Pensez à ces quelques points :

   → Votre message est-il clairement et simplement exprimé ?

   → Vos éléments textes, vidéo, images... renforcent-ils vos arguments ?

   → Vos illustrations et vos graphiques sont-ils clairs, attrayants et en synergie avec le sujet traité ?

   → Votre prestation correspond-elle aux attentes de ce public ?

   → Votre conclusion est-elle marquante ?

   → Que restera-t-il de votre message dans l'esprit du public à la fin de votre présentation ?

2. Entraînez-vous : si possible, répétez plusieurs fois, en essayant de nouvelles idées ou techniques pour faire passer le message ; choisissez les techniques avec lesquelles vous vous sentez à l'aise : l'assurance est le meilleur remède à la nervosité et elle ne vient qu'avec la pratique.

3. Minutez votre présentation, vous resterez dans le temps que vous vous êtes alloué.

4. Si nécessaire, gardez du temps pour les questions.

PRÉSENTER

1. Soyez professionnel : vous apportez à votre public une information qui lui est nécessaire, et que vous maîtrisez. C'est une responsabilité et une opportunité.

2. Restez vous-même et détendez-vous. Créez un contact visuel avec le public. Vous ferez ainsi bonne impression dès le départ.

3. Parlez avec naturel, d'un ton un peu plus soutenu que la conversation normale. Insistez, sur les points importants. Reformulez vos idées, marquez une pause avant et après les arguments clés.

4. Faites participer le public à la présentation. Suscitez les réactions, posez des questions pour vérifier que l'on vous suit bien et établissez ainsi une logique d'interaction.

5. Si l'occasion se présente, recueillez les commentaires du public après la présentation et utilisez-les pour améliorer votre prochaine prestation.

DÉMARRER/ARRÊTER POWERPOINT

DÉMARRER POWERPOINT

- Si PowerPoint est « épinglé » au menu *Démarrer* de Windows, cliquez sur le bouton *Démarrer*  de la barre des tâches Windows, puis sur Microsoft Office PowerPoint 2010 ❶ en haut du menu.

- Si PowerPoint est « épinglé » à la barre des tâches Windows, cliquez sur l'icône ❷ sur cette barre.

- Le nom du programme *Microsoft Office Powerpoint 2010* peut aussi figurer automatiquement dans la partie centrale du menu *Démarrer* de Windows, s'il n'est pas épinglé au menu *Démarrer* mais est utilisé fréquemment.

- Si l'icône *PowerPoint 2010* ne figure ni sur la barre des tâches, ni sur le menu *Démarrer*, cliquez sur ❸ Tous les programmes, puis sur ❹ Microsoft Office, enfin sur Microsoft PowerPoint 2010 ❺.

Pour épingler le programme au menu *Démarrer* ou à la barre des tâches Windows, faites apparaître le nom du programme dans le menu *Tous les Programmes* du menu *Démarrer* de Windows, cliquez droit dessus, puis sur la commande Épingler à la barre des tâches ou Épingler au menu Démarrer.

- Si un raccourci vers PowerPoint a été créé sur votre bureau Windows, double-cliquez sur ce raccourci (ce raccourci n'existe pas par défaut et doit avoir été ajouté par un utilisateur).

- Vous pouvez aussi démarrer PowerPoint en double cliquant sur le nom de fichier d'une présentation (extension `.pptx`) dans la fenêtre de l'explorateur de fichier. Dans ce cas, PowerPoint est démarré et la présentation est ouverte dans la fenêtre PowerPoint.

ARRÊTER POWERPOINT

- Cliquez sur l'onglet **Fichier** sur le Ruban, puis sur **Quitter** dans le panneau de gauche. Ou, si une seule présentation est restée ouverte dans une fenêtre, cliquez sur case de fermeture de la fenêtre ❶ ou appuyez sur $\boxed{\text{Alt}}$ + $\boxed{\text{F4}}$.

Si des modifications apportées à une présentation n'ont pas été enregistrées, PowerPoint affiche un message d'invite, pour chaque présentation ouverte.

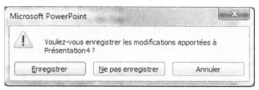

- [Enregistrer] : enregistre les modifications que vous avez faites.
- [Ne pas enregistrer] : ferme la présentation sans l'enregistrer.
- [Annuler] : annule la commande et ne ferme pas PowerPoint.

LES ÉLÉMENTS DE LA FENÊTRE POWERPOINT

Au lancement de PowerPoint, une présentation vierge s'affiche. Elle contient une seule diapositive par défaut affichant deux zones de texte vides : l'une pour un titre et l'autre pour un sous-titre.

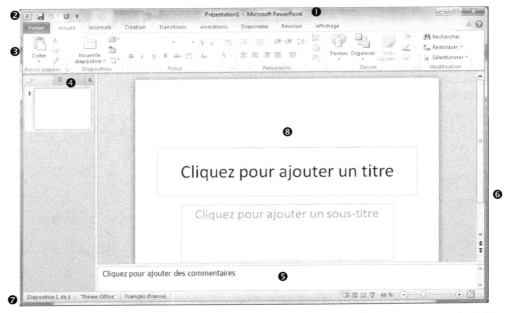

❶ **La barre de titre** : elle contient les éléments d'information de la présentation : nom donné à votre présentation lors du dernier enregistrement (pour une présentation nouvellement créée *PrésentationN*, où *N* est un numéro de séquence). À l'extrémité droite, se situent les trois icônes *Réduire| Niveau-inférieur| Fermer* qui servent à agir sur la taille de la fenêtre.

❷ **Barre d'outils Accès rapide** : elle contient les boutons outils d'utilisation fréquente. Elle peut être placée au-dessous ou au-dessus du Ruban.

❸ **Ruban** : il contient les commandes de PowerPoint sous forme de boutons (outils) organisés sous des onglets (orientés tâches), chaque onglet comprenant lui-même plusieurs groupes d'outils, par exemple l'onglet **Accueil** contient les groupes **Presse-papiers**, **Police**, **Paragraphe**, **Style** et **Modification**. L'onglet **Fichier** permet d'accéder au mode « backstage » qui permet d'agir sur les fichiers : **Nouveau**, **Ouvrir**, **Fermer**, **Enregistrer**, **Imprimer**….

❹ **Volet Diapositives/Plan** : volet à gauche de la fenêtre, présentant deux onglets permettant de visualiser soit les miniatures des diapositives, soit le plan de la présentation. On peut s'en servir pour naviguer d'une diapositive à une autre, en cliquant sur la miniature de la diapositive à afficher. Pour modifier la largeur de ce volet, faites glisser son bord droit.

❺ **Zone de commentaires** : espace utilisé pour inscrire des commentaires associés à la diapositive en cours. Pour modifier la hauteur de ce volet, faites glisser son bord supérieur.

❻ **Barres de défilement vertical/horizontal** : elles permettent de faire défiler la diapositive dans le volet d'affichage de droite. La barre de défilement n'apparaît que lorsque la diapositive est plus grande que la zone de visualisation de l'écran.

❼ **Barre d'état** : elle contient les informations de la présentation en cours : numéro et nombre de diapositives, thème choisi, une icône pour lancer la vérification de l'orthographe. La partie droite comprend les icônes d'affichage ainsi que les outils de zoom.

❽ **Diapositive en cours**.

BARRE D'ÉTAT ET BARRES DE DÉFILEMENT

BARRE D'ÉTAT

Située au bas de la fenêtre PowerPoint, elle affiche les informations et les outils suivants :

❶ Le numéro de la diapositive en cours sur le nombre total de diapositives.

❷ Le thème utilisé.

❸ L'indicateur orthographique, qui avertit que des fautes restent à corriger.

❹ La langue choisie pour le correcteur orthographique.

❺ Les icônes du mode d'affichage : *Normal*, *Trieuse de diapositives*, *Diaporama*.

❻ Le curseur de zoom : à gauche du curseur la valeur actuelle du zoom est affichée. Faites glisser le curseur pour changer progressivement le zoom de l'affichage de la diapositive, ou cliquez sur les boutons ⊖ ⊕ pour diminuer ou augmenter le zoom de 10 % en 10 %.

❼ Le bouton d'ajustement automatique à la fenêtre : cliquez sur ce bouton pour que le zoom s'ajuste automatiquement et que la diapositive s'affiche en entier dans la fenêtre PowerPoint quelle que soit la taille que vous lui donnez.

■ Pour choisir les éléments qui sont visibles sur la barre d'état, cliquez droit sur la barre d'état dans une zone vide. Le menu *Personnaliser la barre d'état* s'affiche, cochez les éléments que vous voulez voir figurer dans la barre d'état. Pour terminer, cliquez en dehors du menu.

Personnaliser la barre d'état	
✓ Indicateur d'affichage	Diapositive 4 de 6
✓ Thème	'Métro'
✓ Nombre de modifications d'auteurs	
✓ Vérifier l'orthographe	Erreurs
✓ Langue	Français (France)
✓ Signatures	Inactif
✓ Stratégie de gestion des informations	Inactif
✓ Autorisations	Inactif
✓ État du téléchargement	
✓ Mises à jour du document disponibles	Non
✓ Afficher les raccourcis	
✓ Zoom	76 %
✓ Curseur de zoom	
✓ Zoom d'ajustement	

BARRES DE DÉFILEMENT

■ Cliquez sur les icônes double flèche ⯮ ⯯ ❶, situées sous la barre de défilement verticale, pour passer à la diapositive suivante ou précédente.

■ Cliquez sur les icônes simple flèche vers le bas ou vers le haut ⯆ ⯅ ❷ pour faire défiler vers le bas ou vers le haut la diapositive affichée.

■ Faites glisser le curseur de défilement horizontal ❸ ou cliquez sur les icônes simple flèche vers la gauche ou vers la droite pour faire défiler la diapositive horizontalement dans la fenêtre. La barre de défilement horizontale n'apparaît que si le zoom d'affichage rend la diapositive plus large que le volet d'affichage.

L'ONGLET FICHIER

Onglet Fichier : donne accès au mode dit « backstage », le panneau de gauche présente les commandes de fichier, **Enregistrer, Ouvrir, Fermer, Informations, Imprimer**... Le panneau central propose des sous-commandes ou des paramétrages de la commande sélectionnée à gauche.

LES AUTRES ONGLETS DU RUBAN

Les autres onglets présentent les commandes sous forme d'icônes rangés par groupes. À droite de certains noms de groupe, se trouve une icône fléchée ❶ appelée **Lanceur.** En cliquant sur le Lanceur d'un groupe, vous ouvrez le dialogue complet des commandes du groupe.

Onglet Accueil : fournit les outils de création, de suppression et de mise en forme. Sous l'onglet **Accueil**, les boutons sont répartis dans les groupes **Presse-papiers, Diapositives, Police, Paragraphe, Dessin** et **Modification.** Pour ouvrir le dialogue *Police*, cliquez sur le **Lanceur** ❶ du groupe **Police**

Onglet Insertion : Permet d'insérer tous les types d'objets possibles.

Onglet Création : permet de perfectionner la mise en forme de la présentation.

Onglet Transitions : permet de régler les transitions entre diapos.

Onglet Animations : propose toutes les options d'animations.

LE RUBAN, LES ONGLETS, LES OUTILS

Onglet Diaporama : fournit les outils de paramétrage du diaporama.

Onglet Révision : fournit les outils de révision d'un document partagé.

Onglet Affichage : donne accès à toutes les possibilités d'affichage de votre présentation.

LES ONGLETS CONTEXTUELS

Les onglets contextuels apparaissent lors de la sélection de certains objets dans la diapositive ; les outils spécifiques de ces objets apparaissent sous l'onglet contextuel de l'objet (image, vidéo, tableau…). Vous avez, à portée d'un clic de souris, toutes les commandes applicables à cet objet.

Outils de dessin/Format : propose tous les outils de mise en forme pour des dessins et des formes.

Outils Image/Format : propose tous les outils de mise en forme pour des images.

Outils de tableau/Création et Outils de tableau/Disposition : structurer et mettre en forme un tableau.

Outils SmartArt/Création et Outils SmartArt/Format : composer et mettre en forme des SmartArt.

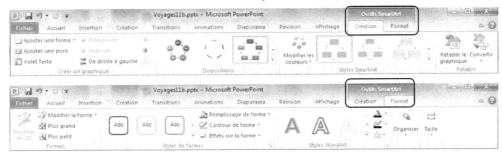

Outils de graphique/Création/Disposition/Mise en forme : composer et mettre en forme un graphique.

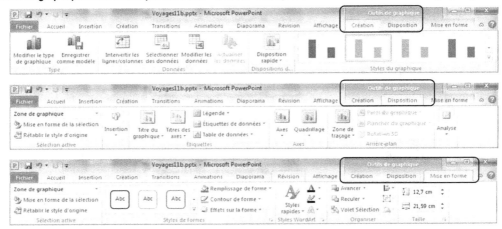

Outils audio/Format/Lecture : outils de gestion des clips sonores.

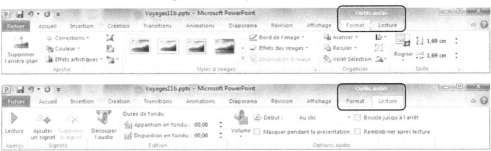

Outils vidéo/Format/Lecture : outils permettant d'insérer et gérer de la vidéo.

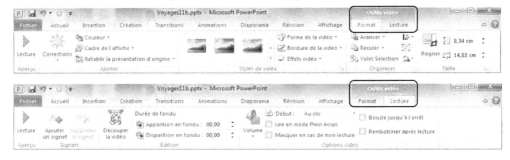

LE RUBAN, LES ONGLETS, LES OUTILS

TRAVAILLER AVEC UN RUBAN RÉDUIT

Lorsque le Ruban est réduit seuls les noms des onglets sont visibles, ce qui laisse plus de place pour l'affichage de la diapositive.

- Pour réduire le Ruban : Ctrl+F1, ou double-cliquez sur l'onglet actif du Ruban, ou cliquez droit sur un onglet puis sur Réduire le ruban, ou cliquez sur la flèche ❶.
- Pour accéder aux boutons lorsque le Ruban est réduit : cliquez sur l'onglet que vous voulez utiliser, les outils de cet onglet s'affichent, après exécution de la commande le Ruban se réduit de nouveau.

Pour restaurer le ruban : Ctrl+F1, ou double-cliquez sur un onglet du Ruban, ou cliquez droit sur un onglet du Ruban puis la commande Réduire le ruban, ou cliquez sur la flèche ❶ devenue ♡.

Selon la largeur de votre fenêtre PowerPoint, les boutons du Ruban seront réduits ou développés.

LES TOUCHES DE RACCOURCIS

Si vous êtes plus à l'aise avec le clavier qu'avec la souris, vous pouvez passer d'un onglet à l'autre et utiliser un bouton à l'aide des touches du clavier.

Utiliser les infobulles de clavier

- Appuyez sur la touche Alt.
  Après un court instant, une info bulle apparaît avec une lettre sur chaque onglet.

- Tapez la lettre correspondant à l'onglet sur lequel vous souhaitez aller.
  Une infobulle avec une lettre apparaît sous chaque bouton de l'onglet.

- Tapez ensuite la touche de la lettre associée au bouton que vous voulez utiliser.
- Si un menu s'affiche, chaque commande ou option du menu est précédé d'une infobulle avec une lettre, tapez la touche de cette lettre pour exécuter la commande.

Naviguer dans le Ruban en utilisant le clavier

- Après avoir affiché les infobulles de clavier en appuyant sur Alt utilisez les touches fléchées :
  - ⊡ ⊡ pour passer d'un onglet à l'autre, puis ⊡ pour passer dans les outils sous l'onglet.
  - ⊡ ⊡ ⊡ ⊡ pour passer d'un bouton de commande à l'autre dans un onglet.
- Exécutez la commande associée au bouton sélectionné par ↵.

Les raccourcis clavier courants de PowerPoint 2010 sont dans le chapitre Annexes.

LA BARRE D'OUTILS ACCÈS RAPIDE

La barre d'outils *Accès rapide* ❶ est située en haut à gauche de la fenêtre juste au-dessus ou au-dessous du Ruban selon votre choix. Vous y placerez vos outils fréquemment utilisés afin de les avoir immédiatement à portée de clic.

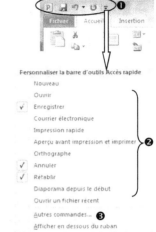

AFFICHER/MASQUER LES BOUTONS STANDARDS

Trois des boutons standards sont visibles par défaut dans la barre d'outils *Accès rapide* :

- *Enregistrer* : enregistre la présentation.
- *Annuler* : annule l'action précédente ou les dernières actions précédentes (en cliquant sur la flèche de l'outil).
- *Répéter* ou *Rétablir* : répète la dernière action effectuée, ou s'il s'agissait d'une annulation, restaure ce qui a été annulé.

Les boutons standards ❷ doivent être activés pour être visibles :

- ■ Cliquez sur la flèche à droite de la barre *Accès rapide*. Puis cliquez sur un des autres boutons standards proposés : Nouveau, Ouvrir, Courrier électronique, Impression rapide, Aperçu avant impression, Diaporama depuis le début, Ouvrir un fichier récent.

Pour masquer un bouton standard, effectuez la même procédure que pour le rendre visible, ce qui a pour effet de le désactiver.

AJOUTER/SUPPRIMER D'AUTRES BOUTONS

Ajouter un bouton qui figure sous un onglet du Ruban

- ■ Cliquez droit sur le bouton sous un onglet du Ruban, puis sur la commande Ajouter à la barre d'outils Accès rapide.

Ajouter un bouton qui ne figure pas sur le Ruban

- ■ Cliquez sur la flèche située à droite de la barre *Accès rapide*, puis sur Autres commandes...❸
- ■ Le dialogue *Options PowerPoint* s'affiche sur le choix Barre d'outils Accès rapide.

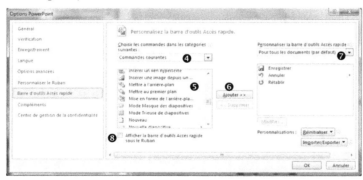

Dans ❹<Choisir les commandes dans les catégories suivantes> : choisissez la catégorie *Toutes les commandes* puis dans ❺ sélectionnez la commande, cliquez sur ❻ [Ajouter>>] ; dans ❼ <Personnaliser la barre d'outils Accès rapide>, choisissez *Pour tous les documents (par défaut)* ou *Pour nom_document_actif*, validez par [OK].

Dans ce dialogue, vous pouvez choisir de positionner la barre d'outils *Accès rapide* au-dessus (par défaut) ou au-dessous du Ruban ❽.

Supprimer un bouton

- ■ Cliquez droit sur le bouton dans la barre d'outils *Accès rapide*, puis sur la commande Supprimer de la barre d'outils *Accès rapide*.

MODES D'AFFICHAGE DE LA PRÉSENTATION

MODES D'AFFICHAGE

Il existe deux façons d'accéder aux modes d'affichages :

- Sous l'onglet **Affichage**>groupe **Affichage des présentations**, cliquez sur l'un des boutons ci-contre, ou utilisez les icônes d'affichage, situées sur la droite de la barre d'état.

Mode Normal

Affiche trois volets : la diapositive sélectionnée ❶, le volet *Diapositives/plan* ❷ et la zone des commentaires de la diapositive ❺. Vous pouvez modifier la dimension de chacune de ces zones en faisant glisser les barres de séparation ❻.

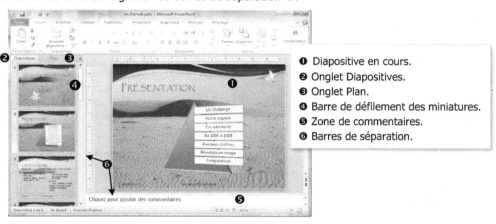

❶ Diapositive en cours.
❷ Onglet Diapositives.
❸ Onglet Plan.
❹ Barre de défilement des miniatures.
❺ Zone de commentaires.
❻ Barres de séparation.

Mode Trieuse de diapositives

Affiche les miniatures des diapositives de la présentation et permet de les manipuler et de les réorganiser par un simple cliquer-glisser.

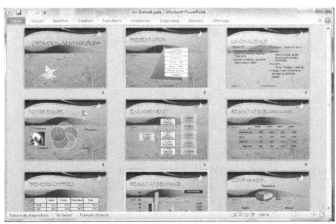

Mode Lecture

- Lance la présentation en affichant les diapositives les unes après les autres, en mode final, avec transitions et animations, dans la fenêtre de PowerPoint et non en plein écran comme avec les boutons sous l'onglet **Diaporama**>groupe **Démarrage du Diaporama**.

MODES D'AFFICHAGE DE LA PRÉSENTATION

Mode Page de commentaires

Affiche une diapositive miniature au-dessus d'une zone de texte dans laquelle sont visibles les commentaires associés à la diapositive. Vous pouvez saisir des commentaires destinés à être imprimés pour servir au présentateur durant le déroulement du diaporama ou à être distribués à l'assistance.

LE VOLET DIAPOSITIVES/PLAN

En mode d'affichage *Normal*, le volet à gauche de la fenêtre comprend 2 onglets : *Diapositives* ❶ et *Plan* ❷ :

L'onglet *Diapositives* sert à afficher les miniatures des diapositives dans le volet.

L'onglet *Plan* sert à afficher les textes (titre et textes) des diapositives. Vous pouvez masquer les textes pour ne voir que les titres (cf. Réorganiser le plan).

ZOOM

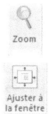

- Sous l'onglet **Affichage**>groupe **Zoom**, cliquez sur le bouton **Zoom**. Un dialogue s'affiche, qui permet de choisir le facteur de zoom que vous souhaitez.

- Le bouton **Ajuster à la fenêtre** permet d'obtenir une taille optimale pour la diapositive, ajustée à la dimension du volet d'affichage de la diapositive.

FENÊTRAGE

Avec l'outil **Nouvelle fenêtre** ❶ (sous l'onglet **Affichage**>groupe **Fenêtre**), vous pouvez visualiser deux diapositives en même temps dans deux fenêtres PowerPoint. Puis, vous pouvez organiser ces fenêtres en cliquant sur les boutons.

❷ **Réorganiser tout** : les diapositives seront côte à côte.

❸ **Cascade** : elles seront juxtaposées.

❹ Ce bouton permet de déplacer les barres de fractionnement des volets de la fenêtre de PowerPoint.

❺ Le bouton **Changer de fenêtre** permet de basculer d'une fenêtre PowerPoint à une autre.

MODES D'AFFICHAGE DE LA PRÉSENTATION

AFFICHAGE EN NUANCES DE GRIS OU EN NOIR ET BLANC

À tout moment, vous pouvez modifier les couleurs de votre diapositive pour passer en nuances de gris ou en noir et blanc.

■ Sous l'onglet **Affichage**>groupe **Couleur/Nuances de gris**, cliquez sur l'un des boutons **Couleur/Nuances de gris/Noir et blanc**.

La barre d'outils *Nuance de gris* qui apparaît, permet de choisir entre différents dégradés de gris.

AFFICHER LES RÈGLES

En mode d'affichage *Normal*, vous pouvez afficher une règle horizontale ❶ et une règle verticale ❷. Elles peuvent servir à créer des retraits de paragraphes et à aider au positionnement précis des objets.

■ Sous l'onglet **Affichage**>groupe **Afficher**, cochez **<☑ Règle>**.

AFFICHER LA GRILLE OU LES REPÈRES

Lorsque vous faites glisser un objet sur la diapositive, il se cale sur un point d'une grille invisible, mais que vous pouvez afficher ❻. Les points de la grille sont espacés par défaut de 0,2 cm ; vous pouvez modifier cet espacement ❹. Vous pouvez désactiver l'alignement sur la grille ❸.

Vous pouvez afficher des repères ❺ : un axe vertical et un axe horizontal que vous pouvez faire glisser à la position de votre choix (par défaut, ils se coupent au centre de la diapositive). Vous vous en servirez pour aligner horizontalement et verticalement des objets à l'endroit de votre choix sur la diapositive, et organiser vos images ou l'effet visuel sur un point décentré.

■ Cliquez droit sur le fond de la diapositive (en dehors d'un objet ou d'un espace réservé) puis sur Grilles et repères. Modifiez les options dans le dialogue, validez par [OK].

− Pour afficher ou non la grille, ❶ <☑/☐ Afficher la grille à l'écran>, vous pouvez paramétrer l'espacement des points de la grille ❹. Vous pouvez aussi cocher ou décocher **<☑ Quadrillage>**, sous l'onglet **Affichage**>groupe **Afficher**.

− Pour afficher ou non les repères, ❷ <☑/☐ Afficher les repères de dessin à l'écran>.

− Pour désactiver l'alignement sur la grille, décochez ❸ <☐ Aligner les objets sur la grille>.

PARCOURIR ET MANIPULER LES DIAPOSITIVES

Lors de l'élaboration d'une présentation, vous serez amené à insérer ou à supprimer des diapositives ou à modifier leur ordre.

INSÉRER UNE DIAPOSITIVE

- Utilisez le raccourci clavier Ctrl+M, ou sous l'onglet **Accueil**>groupe **Diapositives**, cliquez sur la **flèche** du bouton **Nouvelle diapositive**, cliquez sur la vignette de la disposition voulue. La nouvelle diapositive s'insère après la diapositive courante.

DUPLIQUER UNE DIAPOSITIVE

Dans le volet *Diapositives/Plan* ou en mode d'affichage *Trieuse*, employez l'un des deux procédés :

- Cliquez droit sur la diapositive à dupliquer ❶ puis sur Dupliquer la diapositive ❷. La nouvelle diapositive est identique et vient s'insérer après celle qui était sélectionnée. Ou,

- Maintenez appuyée la touche Ctrl, cliquez-glissez la diapositive (ou la sélection de diapositives) à dupliquer jusqu'à l'emplacement de destination, relâchez le bouton de la souris avant la touche Ctrl.

DÉPLACER UNE DIAPOSITIVE

- Dans le volet *Diapositive/Plan* ou en mode d'affichage *Trieuse*, glissez-déplacez la diapositive jusqu'à son nouvel emplacement, ou procédez par couper-coller.

SUPPRIMER UNE DIAPOSITIVE

- Dans le volet *Diapositives/Plan* ou en mode d'affichage *Trieuse*, cliquez sur la diapositive et appuyez sur la touche Suppr. Ou, cliquez droit sur la diapositive, puis sur la commande contextuelle Supprimer la diapositive ❸.

PARCOURIR LES DIAPOSITIVES

À l'aide du volet Diapositives/Plan

- En mode d'affichage *Normal*, utilisez la barre de défilement du volet *Diapositives/Plan* pour faire défiler les miniatures ou les titres des diapositives jusqu'à afficher la diapositive voulue.

❶ Onglet Diapositives.
❷ Onglet Plan.
❸ Fermeture du volet.
❹ Barre de défilement du volet.
❺ Diapositive en cours.

Avec l'ascenseur vertical de la diapositive

- Utilisez les boutons *Diapositive suivante* ⬇ et *Diapositive précédente* ⬆, situés au pied de la barre de défilement vertical. Ou, faites glisser l'ascenseur dans la barre de défilement vertical : un cadre affiche le numéro de la diapositive qui sera affichée à l'écran si vous relâchez le bouton de la souris.

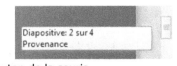

Avec les raccourcis clavier

Première diapositive	Ctrl + ↖	Diapositive suivante	⬇
Dernière diapositive	Ctrl + Fin	Diapositive précédente	⬆

LES OPTIONS POWERPOINT

- Cliquez sur l'onglet **Fichier** ❶ puis cliquez sur **Options** ❷ dans le panneau de gauche.

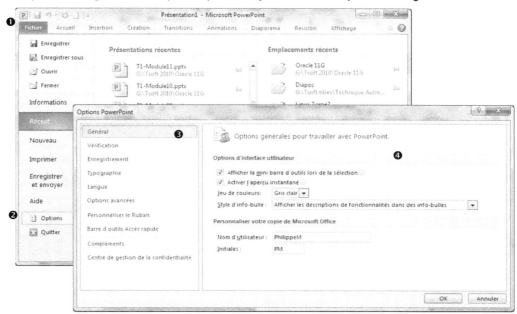

- Sélectionnez la catégorie d'option ❸ dans le panneau de gauche, puis faites défiler les rubriques d'options et spécifiez les options dans le panneau de droite ❹. Vous pouvez modifier les options dans plusieurs catégories avant de valider.
- Validez en cliquant sur [OK] ou en tapant sur la touche ↵.

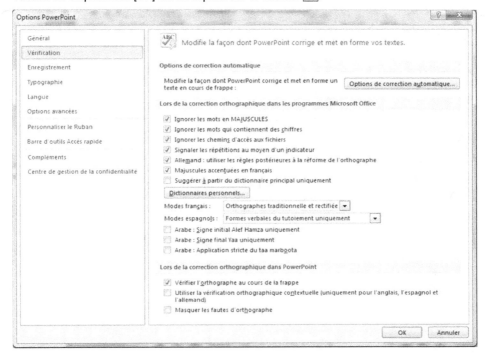

LES OPTIONS POWERPOINT

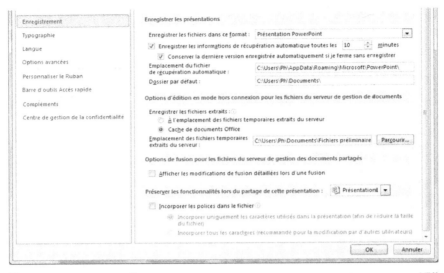

ANNULER OU RESTAURER

Pour annuler la dernière commande ou action

- Cliquez sur le bouton ⟲ dans la barre d'outils *Accès rapide* ou appuyez sur ⌈Ctrl⌉+Z.

Pour annuler/restaurer les dernières commandes ou actions

Si la dernière action est une annulation, le bouton ↻ *Répéter* se transforme en ⤾ *Rétablir* :

- Cliquez sur le bouton ⤾ *Rétablir* pour rétablir l'action qui a été annulée.

Il est possible de restaurer plusieurs actions annulées à la fois à condition d'avoir ajouté le bouton ⤾ ▾ *Restaurer* dans la barre d'outils *Accès rapide*. Cliquez alors sur la flèche du bouton ⤾ ▾, puis cliquez sur le nième item de la liste pour restaurer les n dernières annulations.

RÉPÉTER LA DERNIÈRE ACTION

La répétition peut être utile lorsque vous voulez appliquer une même action à d'autres éléments :

- Sélectionnez un élément sur lequel vous voulez répéter l'action que vous venez d'effectuer sur un autre élément, puis cliquez sur le bouton ↻ *Répéter* dans la barre d'accès rapide ou appuyez sur ⌈Ctrl⌉+Y.

RÉCUPÉRER LE FICHIER PRÉSENTATION APRÈS INCIDENT

Si PowerPoint a été arrêté anormalement, lors de son redémarrage PowerPoint récupère les présentations interrompues les plus à jour possible, à partir des fichiers de récupération qui ont été enregistrés automatiquement. Sous le nom de fichier normal de la présentation, vous aurez le dernier fichier enregistré normalement. Si une version plus récente a été enregistrée par récupération automatique, elle apparaîtra dans **Fichier>Informations** sous **Versions**.

Cliquez sur la version récupérée la plus à jour, examinez la présentation et, si elle semble correcte, cliquez sur [Restaurer] dans la ligne d'avertissement en haut de l'écran.

Pour obtenir une liste de fichiers de récupération, cliquez sur l'icône [Gérer les versions] ou sous l'onglet **Fichier**, cliquez sur **Récent**, puis sur Récupérer des présentations non enregistrées.

P Microsoft PowerPoint		Nom	Modifié le	Type
☆ Favoris		Affichage de la grille((Unsaved-301176622985662...	28/11/2010 17:07	Présentation Micr...
		qsdfg((Unsaved-3011727403691742240)).ppt	26/11/2010 18:45	Présentation Micr...

Par défaut, la récupération automatique est désactivée, mais vous pouvez l'activer et choisir sa périodicité pour PowerPoint dans les options PowerPoint (catégorie **Enregistrement**).

Si un fichier présentation reste endommagé, vous pouvez essayer de l'ouvrir par :

- Cliquez sur l'onglet **Fichier** puis sur **Ouvrir**, sélectionnez le fichier à réparer, cliquez sur la flèche associée au bouton [Ouvrir], puis cliquez sur Ouvrir et réparer.

SI L'INSTALLATION DE POWERPOINT SEMBLE ENDOMMAGÉE

Microsoft Office sait se réparer lui-même en identifiant et en régénérant les fichiers système endommagés ou manquants. Essayez cette procédure si PowerPoint se met à avoir un comportement inhabituel et devient régulièrement instable :

- Cliquez sur le bouton Démarrer de Windows, puis sur Panneau de configuration Programmes> Programmes et fonctionnalités>Microsoft Office 2010>Modifier.

UTILISER L'AIDE

■ Cliquez sur l'icône ⊕ *Aide de Microsoft PowerPoint* ou tapez sur la touche F1.

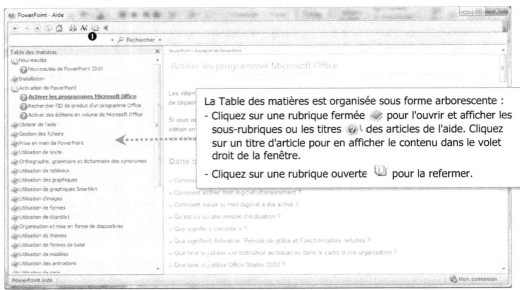

La barre d'outils contient neuf boutons  :

⊕ **Précédent :** .... article précédent.

⊕ **Suivant :** .... article suivant.

⊗ **Arrêter :** .... arrête la recherche en cours.

⊕ **Actualiser :** .... actualise le résultat de la recherche.

⌂ **Accueil :** .... affiche la page d'accueil de l'aide.

🖨 **Imprimer :** .... imprime l'article en cours.

A̅ **Modifier taille de la police :** .... propose 5 tailles de police d'affichage.

⊘ / ⊎ **Afficher / Masquer :** .... affiche ou non la table des matières dans le volet de gauche.

⊛ **Maintenir sur le dessus :** .... maintient l'Aide au-dessus de la fenêtre PowerPoint même active.

Pour lancer une recherche

■ Saisissez les mots dans <Recherche> ❶, puis cliquez sur le bouton [Rechercher], le résultat de la recherche est la liste des noms d'articles trouvés. Cliquez sur un article pour l'ouvrir.

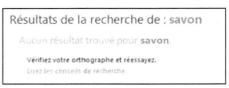

La flèche du bouton [Rechercher] permet de spécifier si la recherche doit s'effectuer sur le contenu de l'aide dans votre ordinateur (de cet ordinateur) ou sur le contenu dans Office Online.

Si les réponses ne sont pas satisfaisantes, vous pouvez changer les mots de recherche ou étendre la recherche à d'autres sources grâce aux liens en bas de page (si la recherche se fait « online »).

Si aucun résultat n'est trouvé, vous pouvez changer les mots de recherche ou étendre la recherche à d'autres sources grâce au lien Lisez les conseils de recherche, qui vous transporte vers une page de recherche sur tout Microsoft.com (si la recherche se fait « online »).

UTILISER L'AIDE

INFOBULLE D'AIDE SUR UN OUTIL DU RUBAN

- Amenez le pointeur sur le bouton, une infobulle décrit l'usage de l'outil. Si le texte du message l'indique, vous pouvez appuyer sur F1 pour obtenir plus d'informations.

L'affichage des infobulles peut être activé ou désactivé par les options PowerPoint : cliquez sur l'onglet **Fichier** puis sur **Options**, dans la catégorie *Standard*, puis choisissez l'option dans la zone <style d'info-bulles>.

OBTENIR DE L'AIDE SUR UN DIALOGUE

Lorsqu'un dialogue est ouvert, cliquez sur le bouton ![?] situé à droite de la barre de titre du dialogue, ou tapez F1. La fenêtre d'aide affiche les articles relatifs aux options du dialogue.

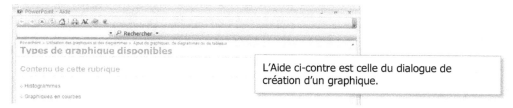

L'Aide ci-contre est celle du dialogue de création d'un graphique.

AIDE OFFICE ONLINE OU HORS CONNEXION

- Cliquez sur le bouton [État de la connexion...] situé au bas à droite de la fenêtre de l'Aide, vous pouvez choisir entre Afficher un contenu à partir d'Office.com ou à partir de cet ordinateur seulement. Ensuite, chaque fois que vous ouvrirez une fenêtre d'aide dans un des programmes Microsoft Office, la fenêtre d'Aide affichera le contenu de la source choisie.

L'aide à partir d'Office.com est plus à jour et peut-être plus complète que celle qui est installée sur votre ordinateur. Si votre connexion Internet est coupée, l'indicateur *Hors connexion* reste affiché.

MAINTENIR LA FENÊTRE D'AIDE AU PREMIER PLAN

La fenêtre d'Aide est configurée par défaut pour rester en permanence au premier plan, le dernier bouton de la barre d'outils se présente dans ce cas comme une épingle vue de dessus ![épingle]. Vous pouvez travailler dans votre document en conservant la fenêtre d'Aide sous vos yeux, la dimensionner et la déplacer. En cliquant sur ce bouton, vous désactivez l'affichage au premier plan de la fenêtre d'aide, le bouton se présente alors comme une épingle vue de côté ![épingle].

IMPRIMER UN ARTICLE DE L'AIDE

- Cliquez sur le bouton ![imprimer] pour imprimer la rubrique d'aide affichée.

DEMANDEZ DE L'AIDE À D'AUTRES UTILISATEURS

- Vous pouvez accéder à des communautés sérieuses sur les produits Microsoft sur le site `http://www.microsoft.com/france/communautes`. Sur ce site, vous pouvez chercher les communautés qui s'intéressent à PowerPoint.

LES NOUVEAUTÉS DE POWERPOINT 2010

Dans l'Aide, ouvrez la rubrique *Nouveautés*, puis cliquez sur l'article *Nouveautés de PowerPoint 2010*.

TRAVAILLER LES PRÉSENTATIONS

OUVRIR UNE PRÉSENTATION

- Cliquez sur l'onglet **Fichier** ❶ puis sur **Récent**. La partie droite du menu affiche la liste des présentations récemment utilisées ❷, double-cliquez sur la présentation voulue si elle y figure.

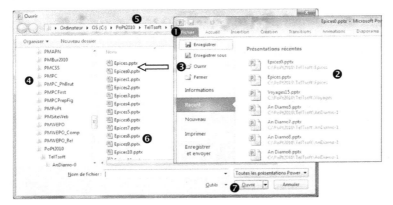

- Sinon, cliquez sur la commande **Ouvrir** ❸, le dialogue *Ouvrir* s'affiche.
- Pour sélectionner disque et dossier, parcourez l'arborescence dans le volet de gauche ❹.
- Le chemin d'accès apparaît en ❺.
- Dans le volet central ❻, double-cliquez sur le fichier ou sélectionnez le fichier et cliquez sur le bouton [Ouvrir] ❼. En sélectionnant plusieurs fichiers, vous pouvez les ouvrir simultanément.

Le haut du dialogue *Ouvrir* présente des outils :

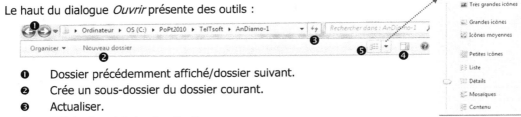

- ❶ Dossier précédemment affiché/dossier suivant.
- ❷ Crée un sous-dossier du dossier courant.
- ❸ Actualiser.
- ❹ Affiche le volet de visualisation.
- ❺ Options d'affichage des fichiers dans le volet central : *Miniatures, Icônes, Liste, Détails, Mosaïques, Contenu* (volet pour aperçu du contenu du fichier PowerPoint).

Utiliser les raccourcis

Le volet gauche du dialogue *Ouvrir* affiche des raccourcis vers certains dossiers, notamment :
Emplacements Récents sous **Favoris** : liste des derniers dossiers que vous avez consultés.
Bureau : liste les fichiers, dossiers et des raccourcis du bureau de Windows. **Mes documents** : accès direct au dossier *Mes documents*.

Types d'ouverture

- Dans la boîte de dialogue *Ouvrir*, le bouton [Ouvrir] est doté d'une flèche déroulante ❶ offrant différents choix de mode d'ouverture.

FERMER UNE PRÉSENTATION

- Cliquez sur l'onglet **Fichier** puis sur **Fermer**, ou cliquez sur la case de fermeture ❷ de la fenêtre de la présentation.
Si la présentation a été modifiée, un message propose de l'enregistrer.

CRÉER UNE PRÉSENTATION VIERGE

Au lancement de PowerPoint, une présentation vierge est créée automatiquement. En cours de session, vous pouvez aussi créer une nouvelle présentation vierge alors que vous travaillez déjà sur une autre présentation.

- Cliquez sur l'onglet **Fichier** ❶, puis sur **Nouveau** ❷. Cliquez sur l'icône *Nouvelle présentation* ❸ puis sur le bouton [Créer] ❹.

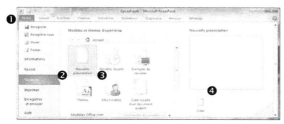

La première diapositive d'une présentation vierge est une page de titre.

Le Ruban affiche l'onglet **Accueil** ❶, sous cet onglet se trouvent les outils de création et de mise en forme des présentations : notamment les groupes **Diapositives** ❷, **Police** ❸ et **Paragraphe** ❹.
Vous disposez aussi des outils des groupes **Presse-papiers** ❺, **Dessin** ❻, et **Modification** ❼ pour le texte.

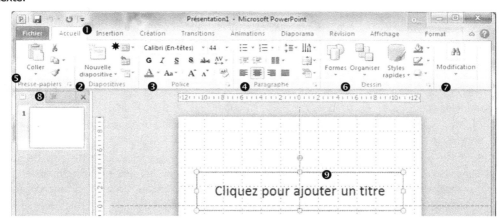

Le volet à gauche de la fenêtre permet l'affichage de miniatures des diapositives ou l'affichage en mode Plan selon l'onglet *Diapositives/Plan* ❽ choisi.

À partir de là, c'est à vous de créer votre présentation en ajoutant des diapositives, à l'aide des outils qui sont sur le Ruban.

La première diapositive par défaut sert de « page de garde » de la présentation. Elle contient deux espaces réservés pour du texte, respectivement le titre et le sous-titre.

- Cliquez dans l'espace réservé pour le titre ❾ et tapez votre texte. Puis cliquez dans l'espace réservé pour le sous-titre et saisissez votre texte.

- Si vous ne désirez pas de « page de garde », changez la disposition de la diapositive :
  Sous l'onglet **Accueil**>groupe **Diapositives** ❷, cliquez sur le bouton 🔲 ▾ **Disposition** ✳ et choisissez la disposition (définie dans le masque des diapositives) qui vous convient.

La « disposition » d'une diapositive fait partie du masque des diapositives de la présentation, elle définit l'organisation des contenus. Chaque diapositive est basée sur une disposition sous-jacente.

- Insérez et mettez au point les diapositives de votre nouvelle présentation.

CRÉER UNE PRÉSENTATION À PARTIR D'UN MODÈLE

Utiliser un modèle, c'est créer une présentation en partant d'un ensemble de diapositives, de dispositions adaptées à un objectif et préexistant dans le modèle.

■ Cliquez sur l'onglet **Fichier**, puis sur **Nouveau**.

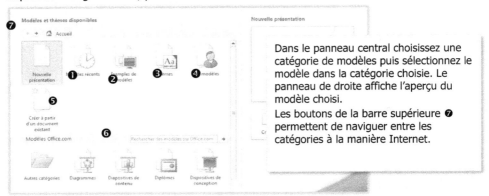

Dans le panneau central choisissez une catégorie de modèles puis sélectionnez le modèle dans la catégorie choisie. Le panneau de droite affiche l'aperçu du modèle choisi.

Les boutons de la barre supérieure ❼ permettent de naviguer entre les catégories à la manière Internet.

■ Dans le panneau central, l'icône Nouvelle présentation sert à créer une présentation basée sur le modèle par défaut, vous pouvez sélectionner un autre modèle dans les *Modèles récents* ❶ ou dans une autre catégorie.

– *Exemples de modèles* ❷ : choisir un modèle parmi les modèles fournis avec PowerPoint 2010 (installés en même temps que PowerPoint).

– *Thèmes* ❸ : « habiller » la présentation vierge en lui appliquant d'emblée un thème que vous sélectionnez dans la galerie des thèmes.

– *Mes modèles...* ❹ : choisir un modèle parmi ceux que vous avez créés dans votre dossier des modèles (pour créer vos propres modèles, cf. chapitre 7 de cet ouvrage).

– *Créer à partir d'un document existant* ❺ : prendre comme modèle une présentation existante déjà enregistrée dans un fichier d'extension `pptx`.

– Sous la barre **Modèles Office.com** ❻, les catégories de modèles que Microsoft Online met à votre disposition : sélectionnez une catégorie puis, dans le panneau de droite, sélectionnez le modèle qui vous convient, terminez en cliquant sur le bouton [Télécharger]. Un modèle téléchargé est automatiquement placé dans votre dossier *Exemples de modèles*.

■ Par exemple, si vous cliquez sur *Exemples de modèles* : le panneau central présente la galerie des modèles installés sur votre ordinateur. Cliquez sur le modèle (ici *Plaquette commerciale* ❶) puis sur le bouton [Créer] ❷.

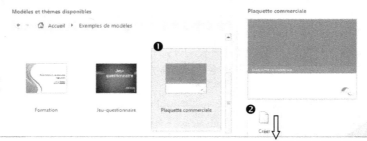

Changer le thème sur les modèles installés pose parfois des problèmes de taille de police dans les espaces réservés. En revanche, vous pouvez changer le jeu de couleurs et le jeu de police de thème.

THÈMES ET ARRIÈRE-PLAN

APPLIQUER UN THÈME

Vous pouvez mettre en forme rapidement et globalement une présentation pour la rendre plus professionnelle et moderne en appliquant un thème. Un thème de document est constitué d'un jeu de couleurs (assortiment de couleurs), d'un jeu de polices (assortiment de deux polices pour les titres et les textes) et d'un jeu d'effets (assortiment d'effets de lignes et de remplissages).

Il suffit de changer de thème pour que les mises en forme (polices, couleurs et effets) du nouveau thème s'appliquent partout dans votre présentation, garantissant ainsi la cohérence de mise en forme dans toutes les diapositives de votre présentation.

Évitez de modifier les polices, couleurs... ces mises en forme directes gêneraient l'application de thème, et risqueraient donc d'apporter des discordances d'aspect pour la finalisation de votre présentation. Gardez les ajustements ponctuels pour la finalisation de votre présentation. Les modifications communes à toute la présentation devront se faire dans le masque (voir chap. 7).

- Pour appliquer un thème : sous l'onglet **Création**>groupe **Thèmes,** amenez le pointeur sur une vignette de thème ❶, vous obtenez un aperçu immédiat sur les diapositives et sur les miniatures. Un jeu de flèches permet de faire défiler la galerie des vignettes de thème ❷. La flèche déroulante ❸ permet d'ouvrir une galerie plus large de thèmes et de gérer ces derniers. Cliquez sur le thème de votre choix.

- Pour changer le jeu de couleurs : cliquez sur le bouton **Couleur** ❹ sur le Ruban. Amenez le pointeur sur un jeu de couleurs ❻, et visualisez le résultat. Cliquez sur le jeu de couleurs qui vous convient. Vous pouvez définir votre propre jeu de couleurs ❼.

- Pour changer le jeu de polices : cliquez sur le bouton **Polices** ❺ sur le Ruban. Amenez le pointeur sur un jeu de polices ❽, et visualisez le résultat. Cliquez sur le jeu de police qui vous convient. Vous pouvez définir votre propre jeu de polices ❾.

MODIFIER LE STYLE D'ARRIÈRE-PLAN

Après avoir choisi le thème, le jeu de couleurs et les polices de votre présentation, définissez l'arrière-plan.

- Dans l'onglet **Création**>groupe **Arrière-plan**, cliquez sur le bouton **Styles d'arrière-plan** ❶.

- Une galerie se déroule, avec différents styles d'arrière-plan, accordés au jeu de couleurs que vous avez choisi. Amenez le pointeur sur une vignette et vous obtiendrez un aperçu du résultat sur votre présentation. Cliquez sur la vignette choisie et validez.

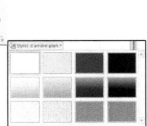

DISPOSITION DES DIAPOSITIVES

DÉFINIR LES DIMENSIONS ET L'ORIENTATION DES DIAPOSITIVES

Avant d'insérer des images dans les diapositives, il faut définir les dimensions et l'orientation des diapositives pour l'ensemble de votre présentation :

- Sous l'onglet **Création**>groupe **Mise en page**, utilisez les boutons **Mise en page** et **Orientation des diapositives**.

Il est important de définir globalement ces dimensions et orientations, car des images insérées risqueraient de changer de proportion en passant, par exemple, d'orientation portrait à paysage.

DISPOSITION PAR DÉFAUT D'UNE NOUVELLE DIAPOSITIVE

La disposition d'une diapositive est l'organisation des différents contenus qui la constituent. Les diapositives qui ont la même disposition ont leur contenu dans des zones de taille et d'emplacement identiques. Lorsqu'elles ont des dispositions différentes, les zones de contenu sont de taille et d'emplacement différents.

- Pour insérer une diapositive, sous l'onglet **Accueil**>groupe **Diapositives**, cliquez sur le bouton **Nouvelle diapositive** ❶. Lorsque vous insérez ainsi une nouvelle diapositive, elle prend la disposition de la diapositive précédente. Sauf après une *Diapositive de titre*, dans ce cas la nouvelle diapositive prend par défaut la disposition *Titre et contenu* : une zone de titre et une zone de texte à puces ❷, qui comporte six outils pour insérer des objets ❸.

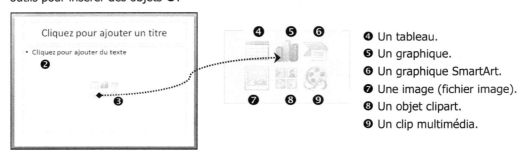

- ❹ Un tableau.
- ❺ Un graphique.
- ❻ Un graphique SmartArt.
- ❼ Une image (fichier image).
- ❽ Un objet clipart.
- ❾ Un clip multimédia.

- Pour choisir la disposition au moment de créer une nouvelle diapositive, cliquez sur la **flèche** du bouton **Nouvelle diapositive** ❶, la galerie des dispositions s'affiche. Cliquez sur la vignette de la disposition voulue.

MODIFIER LA DISPOSITION DE LA DIAPOSITIVE EN COURS

- Pour modifier la disposition de la diapositive active, cliquez sur le bouton ❷ **Disposition**. La galerie des dispositions s'affiche, PowerPoint propose, en standard, 9 dispositions dont les noms figurent sous la vignette.

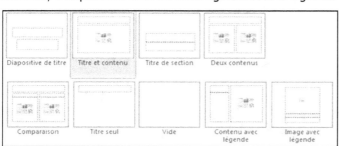

- La disposition actuelle est en surbrillance. Cliquez sur la vignette de la nouvelle disposition que vous voulez appliquer à la diapositive en cours.

IMPORTER ET MANIPULER DES DIAPOSITIVES

AJOUTER, SUPPRIMER, DÉPLACER OU DUPLIQUER UNE DIAPOSITIVE

Insérer une nouvelle diapositive

- Sous l'onglet **Accueil**>groupe **Diapositives**, cliquez sur la flèche du bouton **Nouvelle Diapositive**. La galerie des dispositions s'affiche, sélectionnez la disposition. La nouvelle diapositive s'insère après la diapositive en cours.

Pour insérer une diapositive de même disposition à la suite de la diapositive sélectionnée, vous pouvez appuyer sur Ctrl +M ou cliquer droit puis sur la commande Nouvelle diapositive.

Supprimer une diapositive

- Dans le volet *Diapositives*, sélectionnez la diapositive à supprimer (ou plusieurs diapositives), puis cliquez droit sur la sélection puis sur Supprimer la diapositive ou appuyez sur Suppr.

Déplacer une diapositive

- Dans le volet *Diapositives*, faites glisser la diapositive vers le haut ou vers le bas, jusqu'à son nouvel emplacement. Vous serez guidé par un trait horizontal.

Copier (dupliquer) une diapositive

- Dans le volet *Diapositives*, cliquez droit sur la diapositive, puis sur la commande Dupliquer la diapositive, ou maintenez appuyée la touche Ctrl et faites glisser la miniature.

IMPORTER DES DIAPOSITIVES D'UNE AUTRE PRÉSENTATION

- Sélectionnez la diapositive après laquelle vous désirez insérer des diapositives existantes.

- Sous l'onglet **Accueil**>groupe **Diapositives**, cliquez sur **Nouvelle diapositive**. Au bas de la galerie qui s'ouvre, cliquez sur Réutiliser les diapositives ❶.

- Dans le volet *Réutiliser les diapositives*, cliquez sur le bouton [Parcourir], puis sur Rechercher le fichier. Dans le dialogue <Parcourir>, sélectionnez le dossier dans lequel se trouve la présentation contenant les diapositives à importer. Sélectionnez la présentation, cliquez sur [Ouvrir].

Les diapositives de la présentation à importer apparaissent dans le volet *Réutiliser les diapositives*.

- Amenez le pointeur sur la diapositive à importer, la miniature s'agrandit, le nom de la présentation et le titre de la diapositive apparaissent ❷.

- Double cliquez sur la diapositive à importer. La diapositive s'intègre à la présentation. Cochez préalablement si besoin ❸ <☑ Conserver la mise en forme source>.

Un clic droit sur une diapositive permet de choisir entre insérer la diapositive ou toutes les diapositives ❹, d'appliquer le thème aux diapositives sélectionnées ou à toute la présentation ❺.

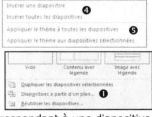

- Pour terminer, cliquez sur la case de fermeture ❻ du volet.

IMPORTER UN PLAN DE DOCUMENT WORD

- Sous l'onglet **Accueil**>groupe **Diapositives**, cliquez sur **Nouvelle diapositive**. Dans le volet qui s'ouvre, sous la galerie des dispositions cliquez sur Diapositives à partir d'un plan ❶.

Le plan Word doit être hiérarchisé en utilisant les styles, le titre 1 correspondant à une diapositive. PowerPoint importe seulement les textes affectés d'un style de titre.

MISE EN PAGE, APERÇU ET IMPRESSION

Il est important de définir dès le départ l'orientation et les dimensions des diapositives. Changer en cours de travail affecterait l'organisation et la mise en page des objets contenus dans les diapositives.

ORIENTATION ET DIMENSIONS DES DIAPOSITIVES

Orientation

- Dans l'onglet **Création**>groupe **Mise en page**, cliquez sur le bouton **Orientation de diapositives ❶**. Choisissez l'orientation de votre présentation.

Il n'est pas possible d'avoir des diapositives d'orientations différentes dans une même présentation.

Dimensionnement

- Choisissez le mode d'affichage de votre présentation : cliquez sur le bouton **Mise en page ❷**. Définissez la hauteur, la largeur des diapositives ❸ et le démarrage de la pagination ❹.

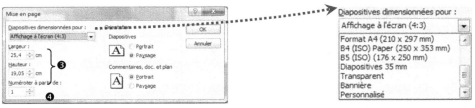

COULEUR OU NUANCES DE GRIS

- Sous l'onglet **Affichage**>groupe **Couleur/nuances de gris**, si le bouton **Couleur** est surligné : la présentation est en couleur. Les deux autres boutons, **Nuances de gris** et **Noir et blanc** affichent l'onglet contextuel **Nuances de gris**.

Vous pouvez décliner votre présentation dans différentes nuances de gris/blanc/noir, plus ou moins claires, inverser vos choix... Ce n'est pas irréversible, vous pouvez retourner à la couleur.

APERÇU AVANT IMPRESSION

- Cliquez sur le bouton *Aperçu avant impression* de la barre d'outils *Accès rapide*, s'il y est présent, ou cliquez sur l'onglet **Fichier** puis sur **Imprimer ❶** : l'aperçu apparaît dans le panneau de droite.

Vous visualisez alors les pages telles qu'elles seront imprimées. Vous pouvez les faire défiler à l'aide de la barre de défilement verticale ❷ ou des flèches ❸ et ❹ situées en bas.

MISE EN PAGE, APERÇU ET IMPRESSION

CHOISIR LES OPTIONS D'IMPRESSION ET IMPRIMER

- Pour choisir les options d'impression, cliquez sur **Fichier** puis sur **Imprimer**. Le panneau de droite du mode « backstage » affiche l'aperçu des pages qui seront imprimées. Le panneau central sert à modifier les options d'impression avant d'imprimer :

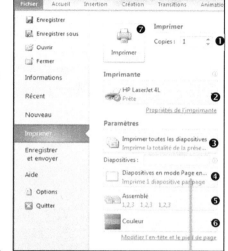

  ❶ Dans la zone <Copies>, spécifiez le nombre d'exemplaires à imprimer.

  ❷ Ce bouton sert à choisir l'imprimante ; en fin de liste, figure la commande Imprimer dans un fichier : le nom du fichier sera demandé dans un dialogue. Vous pourrez envoyer ce fichier pour impression sur un autre ordinateur qui n'a pas PowerPoint installé.

  ❸ Ce bouton sert à choisir d'imprimer toutes les diapos, ou seulement la diapositive active, ou les diapositives sélectionnées ou enfin des diapositives dont les numéros sont spécifiés.

  ❹ Ce bouton affiche une galerie de choix.
  Sous **Mode Page** : une diapositive par page, ou une diapositive par page avec ses commentaires, ou le plan de la présentation.

  Sous **Documents** : cliquez sur l'icône indiquant le nombre de diapositives par page et leur alignement.

  Options au bas de la galerie :

  ☑ Encadrer les diapositives : imprime une bordure autour des diapositives, des commentaires ou des documents.

  ☑ Mettre à l'échelle de la feuille : la taille des diapositives s'ajuste à la page.

  ☑ Qualité élevée : assure la haute qualité de l'impression.

  ☑ Imprimer les commentaires et les marques manuscrites : imprime aussi ces éléments

  ❺ En cas de copies multiples (définies avec le bouton ❶), ce bouton sert à préciser si les copies d'un même exemplaire doivent être assemblées ou non.

  ❻ Ce bouton permet de choisir d'imprimer en couleur, nuances de gris ou noir et blanc.

Les options d'impression que vous spécifiez seront conservées pour les impressions suivantes, au cours de la même session PowerPoint, tant que vous ne les changez pas.

- Lorsque les options sont spécifiées, cliquez sur l'icône *Imprimer* ❼ pour lancer l'impression.

IMPRIMER DIRECTEMENT

- Appuyez sur ⌨Ctrl+P, ou cliquez sur le bouton *Impression rapide* 🖨 s'il est activé sur la barre d'outils *Accès rapide*. Si vous imprimez directement, l'impression se fait avec les options précédemment spécifiées.

ENREGISTRER UNE PRÉSENTATION

ENREGISTREMENT RAPIDE

Lorsque vous élaborez ou modifiez votre présentation, il est conseillé de faire des enregistrements fréquents pour ne pas perdre votre travail en cas de coupure de courant ou de blocage système.

- Cliquez sur le bouton *Enregistrer* ![icône] de la *Barre d'outils Accès rapide*, ou appuyez sur Ctrl +S.

Si la présentation a déjà été enregistrée précédemment, aucun dialogue n'est affiché et les modifications récentes sont enregistrées en écrasant l'ancienne version du fichier sur disque.

S'il s'agit du premier enregistrement, la boîte de dialogue *Enregistrer sous* s'ouvre (voir ci-dessous), permettant de définir un nom et un dossier pour le fichier de votre présentation.

ENREGISTRER SOUS UN AUTRE NOM OU DANS UN AUTRE DOSSIER

- Cliquez sur l'onglet **Fichier**, puis sur **Enregistrer sous**.

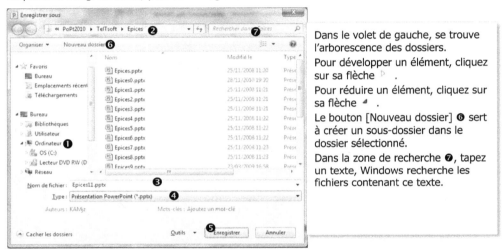

Dans le volet de gauche, se trouve l'arborescence des dossiers.

Pour développer un élément, cliquez sur sa flèche ▷ .

Pour réduire un élément, cliquez sur sa flèche ◢ .

Le bouton [Nouveau dossier] ❻ sert à créer un sous-dossier dans le dossier sélectionné.

Dans la zone de recherche ❼, tapez un texte, Windows recherche les fichiers contenant ce texte.

![icône] dossier précédemment affiché/dossier suivant (s'il a été précédemment affiché).

![icône] actualise l'affichage.

![icône] options d'affichage pour la liste des fichiers de présentations.

- Sélectionnez une unité de disque en cliquant sur le raccourci *Ordinateur* ❶ puis descendez l'arborescence jusqu'au dossier dans lequel vous voulez enregistrer le fichier de la présentation. Son nom apparaît dans la zone adresse ❷. Dans <Nom de fichier> ❸, saisissez un nom de fichier pour la présentation (jusqu'à 255 caractères, y compris des espaces). Dans <Type> ❹, choisissez éventuellement un format de fichier.

- Terminez en cliquant sur [Enregistrer] ❺.

SUPPRIMER UN FICHIER

- Procédez comme précédemment, dans le dialogue *Enregistrer sous*, sélectionnez le dossier et, dans la liste des fichiers, cliquez droit sur le nom du fichier puis sur Supprimer dans le menu contextuel.

CHANGER LE FORMAT D'ENREGISTREMENT

- Cliquez sur l'onglet **Fichier**, puis sur **Enregistrer et envoyer**, enfin sur le bouton *Modifier le type de fichier* dans le panneau central. Le panneau de droite propose alors plusieurs types de formats.

ENREGISTRER UNE PRÉSENTATION

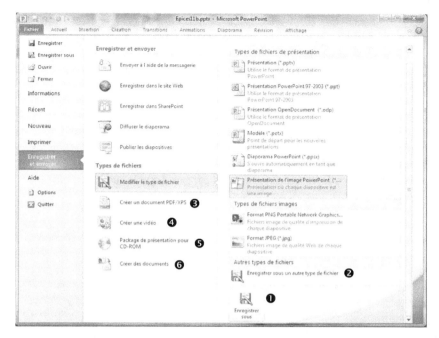

Présentation : enregistre selon le format par défaut défini dans les options de PowerPoint (en principe format 2007-2010, mais qui peut être défini au format 97-2003).

Présentation PowerPoint 97-2003 : enregistre dans un format compatible avec les versions antérieures de PowerPoint. Certaines options strictement 2010 ne seront pas applicables.

Présentation OpenDocument : enregistre dans le format compatible avec OpenOffice.org.

Modèle : enregistre en tant que modèle.

Diaporama PowerPoint : le fichier ainsi enregistré s'ouvrira directement en diaporama permettant ainsi une visualisation immédiate (extension .pps ou .ppsx).

Présentation de l'image PowerPoint : créera un fichier .pptx où chaque diapo sera une image, donc vous n'accéderez plus aux textes en tant que tels ; cela réduit la taille du fichier.

Types de fichiers images : enregistre chaque diapo sous forme d'un fichier image dans un dossier qui sera créé au nom de la présentation. Un dialogue permet de spécifier si toutes les diapos seront enregistrées ou seulement celle en cours. Vous avez le choix entre les **Format PNG** (bonne qualité d'image) ou **Format JPEG** (encombrement réduit, adapté au Web).

Autres types de fichiers : Cliquez sur *Enregistrer sous un autre type de fichier* ❷ pour ouvrir la boîte de dialogue *Enregistrer sous* qui permet de choisir un format parmi ceux définis lors de l'installation de PowerPoint.

- Après avoir choisi le type, vous cliquez sur le bouton *Enregistrer sous* ❶ qui affiche la boîte de dialogue *Enregistrer sous* pour spécifier dossier et nom de fichier.

- La commande *Créer un document PDF/XPS* ❸ permet de créer un document dont l'aspect sera indépendant du logiciel de visualisation et du système d'exploitation utilisé. XPS est un format de Microsoft, alternative au format d'échange et d'impression PDF d'Adobe.

- La commande *Créer une vidéo* ❹ permet de produire un fichier film qui déroule la présentation. Vous aurez à spécifier la qualité d'affichage à adopter (3 niveaux : haute, moyenne adaptée au Web et aux DVD normaux et basse) et l'utilisation des minutages et narrations.

- La commande *Package de présentation pour CD/ROM* ❺ crée un sous-dossier prêt à graver contenant la présentation plus les fichiers correspondants si celle-ci contient des liaisons à des fichiers annexes.
- La commande *Créer des documents* ❻ crée un document Word avec plusieurs diapos par page, accompagnées de textes (voir fin du chapitre 11).

OPTIONS D'ENREGISTREMENT

Ces options permettent de modifier le format d'enregistrement par défaut, le dossier d'enregistrement par défaut, ou servent à activer l'enregistrement automatique en cours de travail.

- Cliquez sur **Fichier**, puis sur **Options** dans le panneau de gauche. Sélectionnez ensuite la catégorie *Enregistrement* dans le volet de gauche des options. Le volet de droite affiche les options sous **Personnaliser l'enregistrement des documents**.

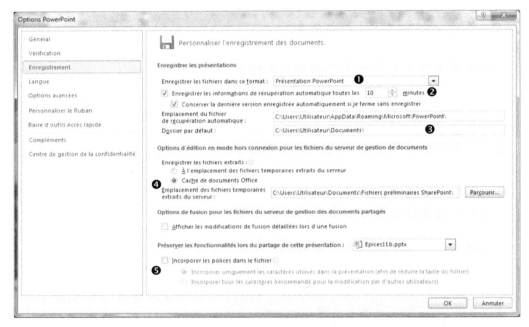

- ❶ Format d'enregistrement par défaut : sélectionnez l'un des formats *Présentation PowerPoint, Présentation prenant en charge des macros, Présentation PowerPoint 97-2003* ou *Présentation OpenDocument*.
- ❷ Active la fonction d'enregistrement automatique. Précisez la fréquence souhaitée.
- ❸ Spécifiez le dossier d'enregistrement par défaut pour les présentations.
- ❹ Options pour la gestion des fichiers en cas de travail distant.
- ❺ Option d'incorporation des polices dans le fichier de la présentation.
- Faites vos choix et validez en cliquant sur [OK].

■ Cliquez **Fichier**, puis sur **Informations**.

■ Dans le panneau de droite, cliquez sur la propriété que vous souhaitez définir ou modifier : titre ❶, balises (mots-clés) ❷, catégorie ❸, auteur(s) ❹ ... Ces renseignements pourront servir de clé de recherche pour retrouver la présentation.

Protéger la présentation

■ Cliquez sur l'icône *Protéger la présentation* ❺. Vous accédez aux commandes :

– Marquer comme final : lorsque vous marquez votre présentation comme finale, elle est enregistrée et passe en lecture seule ; l'indicateur [icône] est inscrit dans la barre d'état. Ce n'est qu'une précaution contre des modifications malencontreuses, car vous pouvez de la même façon annuler cet état.

– Chiffrer avec mot de passe : un mot de passe vous sera demandé et lorsque vous enregistrerez cette présentation, le document ne pourra plus être ouvert que si le mot de passe est connu. Pour supprimer le mot de passe, il suffira de chiffrer le document en supprimant tout mot de passe (mot de passe vide).

– Restreindre l'autorisation par les personnes : la gestion des droits relatifs à l'information (IRM) permet de spécifier des autorisations d'accès aux documents que vous diffusez, de façon à empêcher une personne non autorisée d'imprimer, transférer ou copier des informations confidentielles. Cette gestion IRM nécessite une version Windows prenant en charge les services RMS (*Rights Management Services*).

– Ajouter une signature numérique : la signature numérique aide à garantir que le contenu d'un document n'a pas été modifié ou falsifié depuis sa signature numérique. Vous pouvez signer numériquement une présentation pour la distribuer en garantissant personnellement son contenu.

Vérifier la présence de problèmes

■ Cliquez sur l'icône *Vérifier la présence de problèmes* ❻. Vous avez les choix :

– Inspecter le document : cette inspection consiste à détecter la présence éventuelle dans la présentation de métadonnées cachées ou privées en vue de les éliminer (si vous le souhaitez) avant de la distribuer : révisions, contenus invisibles, notes du présentateur...

– Vérifier l'accessibilité : cette vérification vous signale les diapos difficiles à lire pour des personnes handicapées.

– Vérifier la compatibilité : cette vérification vous informe des pertes possibles de fonctionnalités en cas d'enregistrement dans une version antérieure de PowerPoint.

Avec les versions précédentes de PowerPoint, les présentations pouvaient être enregistrées en tant que pages Web, c'est-à-dire au format HTML (fichiers ayant l'extension .htm ou .html).

Ce format est celui utilisé sur Internet et sur les réseaux intranet. Une présentation PowerPoint convertie au format HTML peut être publiée sur un serveur Web Internet ou sur un serveur Web intranet et mise à la disposition d'autres personnes.

En outre, cela facilite la consultation par des utilisateurs ne disposant pas de PowerPoint sur leur poste, en utilisant leur navigateur.

La possibilité de le faire directement (en choisissant le type dans le dialogue Enregistrer sous) a été écartée de la version 2010, probablement parce que cette version a été enrichie en possibilités de partage :

- On peut lire une présentation sans posséder PowerPoint : il suffit de télécharger gratuitement la Visionneuse De présentations PowerPoint offerte par Microsoft.
- L'utilisation de SharePoint a été améliorée (non traité dans cet ouvrage).
- Possibilité d'échanger des fichiers avec tout un chacun dans un espace Microsoft SkyDrive qu'on peut se constituer gratuitement : il suffit de s'inscrire sur Microsoft Live ou sur Hotmail (traité dans ce chapitre).
- La commande Diffuser le diaporama permet de dérouler un diaporama simultanément sur plusieurs ordinateurs (traité au chapitre 10).

ENREGISTRER UNE PRÉSENTATION COMME UNE PAGE WEB

Dans les versions précédentes, on obtenait une page Web présentant un menu de navigation appelant chaque diapo. Chaque diapo était représentée par un fichier `imgX.htm` et un fichier image *imgX.png*. Tous ces fichiers annexes (images, sons, vidéos, etc.) étaient enregistrés dans un sous-dossier nommé : `NomDeLaPrésentation_fichiers`.

Nous donnons ci-dessous un moyen de simuler approximativement ce fonctionnement pour les lecteurs habitués aux versions précédentes.

- ■ Commencez par enregistrer la présentation sous forme de fichiers images de chaque diapo par : **Fichier>Enregistrer et envoyer**, puis cliquez successivement sur [Modifier le type de Fichier] [Format JPEG] [Enregistrer sous] et [Chaque diapositive].
  Vous obtenez un sous-dossier `NomDeLaPrésentation` avec les fichiers `Diapositive1.JPG`, `Diapositive2.JPG`....

- ■ Dans ce sous-dossier, implantez le fichier *index.htm* suivant :
  ```
  <html>
  <body>
  <h3>Titre de la présentation</h3>
  <ul>
  <li><a href="Diapositive1.JPG">Diapositive1</a></li>
  <li><a href="Diapositive2.JPG">Diapositive2</a></li>
  ...❶
  </ul>
  </body>
  </html>
  ```

Complétez en ❶ pour avoir autant de lignes <li><a... qu'il y a de diapos. Voici l'affichage obtenu :

Titre de la présentation

- Diapositive1
- Diapositive2

PARTAGER UNE PRÉSENTATION SUR LE WEB

Pour voir une diapo, cliquez sur son lien. Cliquez sur le bouton [Affichage précédent] du navigateur pour revenir à la liste et en choisir une autre.

Ce mode d'emploi n'est pas très pratique, mais la construction de pages Web n'est pas le sujet de ce livre, donc nous nous sommes bornés à une page vraiment squelettique. Si vous voulez approfondir la question, vous pouvez consulter :

K. Turjmann	*Spécial débutants : Je crée mon site Web*	First
	Poche Micro HTML, XHTML, CSS	First
D-J David	*Développer un site Web*	Ellipses
	PHP – Ateliers Web	Ellipses
	Prise en main Créer son site Web	First

DONNER LA PRÉSENTATION À TÉLÉCHARGER

- Insérez dans un fichier HTML un lien de la forme :

```
<a href="nom_présentation.pptx">Télécharger la présentation</a>
```

- Le fichier de la présentation devra être chez l'hébergeur dans le même sous-dossier que le fichier HTML de la page Web.

Lorsque l'internaute clique sur ce lien, la plupart des navigateurs proposent le choix entre ouvrir la présentation (si l'internaute possède PowerPoint ou la Visionneuse) et télécharger le fichier.

PARTAGER LA PRÉSENTATION DANS UN ESPACE SKYDRIVE

- Si vous n'avez pas d'adresse Microsoft Live, commencez par vous en créer une, ou créez une adresse Hotmail : appelez `http://explore.live.com/`. Cliquez sur [Inscrivez-vous].

Remplissez le questionnaire et cliquez sur [J'accepte]. Vous êtes connecté. Déconnectez-vous pour vous entraîner (bouton [Se déconnecter] en haut à droite de la fenêtre).

- Si vous avez une adresse Live ou Hotmail, connectez-vous.

PARTAGER UNE PRÉSENTATION SUR LE WEB

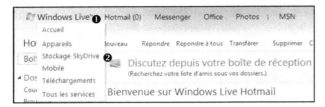

- Approchez le curseur souris de Windows Live ❶ et cliquez sur Stockage SkyDrive ❷.

- Cliquez sur Nouveau ❶, puis Dossier ❷.

- Fournissez un nom dans la zone <Nom> et amenez le curseur ❸ au niveau voulu dans la zone <Partager avec>.

- Cliquez sur [Suivant] ❹.

- Vous arrivez sur la page *Ajouter des documents à NomDossier*. Cliquez sur [Parcourir]. Choisissez le disque, le dossier et le fichier de la présentation à partager. Cliquez sur [Télécharger]. Au bout de quelques instants, le fichier est dans votre dossier SkyDrive.

- Cliquez sur Partager ❶, puis Envoyer le lien.

- La page d'envoi s'ouvre, où vous n'avez plus qu'à fournir l'adresse e-mail de la personne avec qui vous voulez partager la présentation. Cliquez sur [Envoyer].

Vous pouvez fournir plusieurs adresses, séparées par « , » ou « ; ».

- L'écran affiche la confirmation « Vous venez de partager ce dossier et d'envoyer son lien. »

- Votre correspondant reçoit un mail contenant :

Il n'a plus qu'à cliquer sur l'icône [Afficher le dossier], puis sur la présentation. Celle-ci s'ouvre dans son navigateur avec, en haut de l'écran, les commandes Ouvrir dans PowerPoint, Modifier dans le navigateur, Partager et Démarrer le diaporama.

GÉRER LES FICHIERS DE PRÉSENTATION

AFFICHER LA LISTE DES FICHIERS DE PRÉSENTATION

- Cliquez sur **Fichier** puis **Ouvrir**, ou [Ctrl] +O.

La boîte de dialogue *Ouvrir* s'affiche :

- Déroulez l'arborescence dans le volet de gauche ❶ et sélectionnez le disque ou le dossier contenant la présentation. Sélectionnez le type en cliquant sur le bouton ❹.
- Vous pouvez modifier l'affichage du volet central ❷, en cliquant sur l'icône ❸ située en haut du dialogue. Par exemple Très grandes icônes affiche la miniature de la première diapositive de la présentation, Détails indique la taille du fichier, la date de la dernière modification, etc.

SÉLECTIONNER DES FICHIERS

- Pour sélectionner un fichier, cliquez sur l'icône du fichier dans le volet de droite ❷.
- Pour sélectionner plusieurs fichiers dont les noms se suivent dans la liste, cliquez sur le premier, maintenez appuyée la touche [⇧] et cliquez sur le dernier. Pour sélectionner plusieurs fichiers dont les noms ne se suivent pas, maintenez appuyée la touche [Ctrl] et cliquez successivement sur les noms des fichiers.

Si vous sélectionnez plusieurs fichiers, vous pouvez les ouvrir tous en cliquant sur le bouton [Ouvrir]. Pensez à la taille de votre mémoire vive avant d'ouvrir plusieurs présentations volumineuses en même temps.

AFFICHAGE DES INFORMATIONS SUR LES FICHIERS

Dans le volet central de la boîte de dialogue *Ouvrir*, vous pouvez visualiser les noms des fichiers de présentation sous différentes formes et d'autres informations.

- Cliquez sur le bouton ❶ situé en haut à droite du dialogue.
- Très grandes icônes ❷ : affiche le nom de chaque présentation, précédé d'une très grande icône PowerPoint (ou représentant la première diapositive si cet aperçu a été activé dans les propriétés avancées de la présentation).
- Icônes de différentes tailles : affiche le nom de chaque présentation précédé d'une icône PowerPoint (ou représentant la première diapositive).
- Liste : affiche la liste des noms des fichiers de présentation.
- Détails : affiche la liste des noms de fichiers avec des informations : taille, date de modification...
- Mosaïques : affiche le nom de chaque présentation, précédé d'une icône moyenne PowerPoint (ou représentant la première diapositive) et avec la définition et la taille du fichier.
- Contenu : affiche une petite icône, le nom et quelques détails.

LANCER L'IMPRESSION DE PLUSIEURS PRÉSENTATIONS SANS LES OUVRIR

■ Sélectionnez les fichiers des présentations, cliquez droit sur la sélection, puis sur Imprimer ❶. Les présentations s'ouvriront toutes et se fermeront au fur et à mesure de leur impression.

SUPPRIMER, RENOMMER, COPIER DES FICHIERS

Supprimer des présentations

■ Sélectionnez les fichiers des présentations, cliquez droit sur la sélection, puis cliquez sur Supprimer ❷. Confirmez la suppression en cliquant sur [Oui].

Renommer des présentations

■ Cliquez droit sur le nom de la présentation, puis cliquez sur Renommer ❸, ensuite saisissez le nouveau nom et validez par ⏎.

■ Pour renommer plusieurs présentations avec un nom générique : sélectionnez les présentations, cliquez droit sur la sélection puis sur Renommer, saisissez le nouveau nom générique ⏎. Vous donnerez ainsi un nom générique à vos présentations, il sera suivi d'un numéro d'ordre.

Si l'extension des fichiers est visible, attention à ne pas la supprimer, ou bien pensez à la réécrire.

Copier des présentations sur un autre disque de stockage

■ Sélectionnez les fichiers des présentations, cliquez droit sur la sélection puis sur la commande Envoyer vers ❹ et choisissez la destination de la présentation.

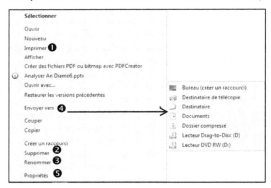

MODIFIER LES PROPRIÉTÉS D'UNE OU DE PLUSIEURS PRÉSENTATIONS

■ Sélectionnez les fichiers des présentations, cliquez-droit sur la sélection puis sur Propriétés ❺. Le dialogue *Propriétés* s'affiche, cliquez sur l'onglet *Détails*. Modifiez les champs <Titre>, <Objet>, <Mots-clés>, <Catégories>, <Commentaires> : ces modifications de propriétés s'appliquent à tous les fichiers de présentation sélectionnés. Validez en cliquant sur [OK].

TRAVAILLER LES TEXTES

Pour saisir le texte des diapositives de votre présentation, vous pouvez choisir le mode *Plan* ou le mode *Normal*.

En mode *Normal*, lorsque vous insérez une nouvelle diapositive, elle contient des espaces réservés, destinés à contenir du texte. Il existe trois types d'espaces réservés pour les textes, ceux destinés aux titres ❶, aux légendes ❷ et au texte ❸.

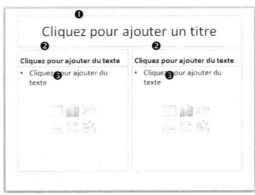

SAISIR DANS UN ESPACE RÉSERVÉ

- Passez en mode *Normal*. Insérez une diapositive contenant un espace réservé de texte. Cliquez dans un espace réservé et saisissez le texte.

Par défaut le texte d'un espace réservé est du texte à puces ; la puce est définie et modifiable dans le masque. Si vous ne souhaitez pas de puce, sous l'onglet **Accueil**>groupe **Paragraphe**, cliquez sur le bouton **Puces** ⌸.

Lorsque vous tapez votre texte, il adopte la police et la couleur définies dans le masque. Si votre texte dépasse la taille de l'espace réservé, PowerPoint réduit la taille de la police et l'interligne au fur et à mesure que vous saisissez des lignes, de manière à ajuster la taille du texte.

Vous pouvez utiliser les touches d'édition de texte suivantes :

↵	Nouveau paragraphe : insère un nouveau paragraphe à puce.
←	Efface le caractère à gauche du curseur.
Suppr	Efface le caractère à droite du curseur.
Ctrl + ←	Efface le mot précédent.
Ctrl + Suppr	Efface le mot suivant.

- Cliquez en dehors de l'espace réservé pour terminer.

MODIFIER LA MISE EN FORME DU TEXTE

Par défaut les polices d'une nouvelle présentation vierge sont des polices de thème, au nombre de deux : une pour les titres et une pour le corps du texte. Il est préférable de conserver ces polices. D'une part, ceci assure une esthétique d'aspect car les thèmes ont été conçus dans cet esprit, d'autre part, si vous changez le thème, le changement se fera partout de façon cohérente.

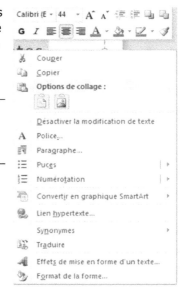

Si les mises en forme du texte ne doivent affecter que la diapositive en cours, faites-les sur la diapositive. Si elles doivent affecter la totalité de la présentation, faites-les dans le masque des diapositives.

Mise en forme avec la minibarre d'outils

Lorsque vous sélectionnez du texte et cliquez droit sur la sélection, une minibarre d'outils et un menu déroulant apparaissent. Cette barre reprend les boutons les plus courants des groupes **Police** et **Paragraphe** situés sous l'onglet **Accueil**. Le menu déroulant est un peu plus complet.

- Cliquez sur les boutons de cette barre, selon les mises en forme souhaitées.

SAISIR ET METTRE EN FORME LE TEXTE

Mise en forme des caractères

La mise en forme des caractères s'applique au texte sélectionné, ou au mot courant si le curseur est simplement placé dans un mot.

- Utilisez les outils de l'onglet **Accueil**>groupe **Police**, ou la boîte de dialogue *Police* que vous ouvrez en cliquant sur le **Lanceur** du groupe ❶.

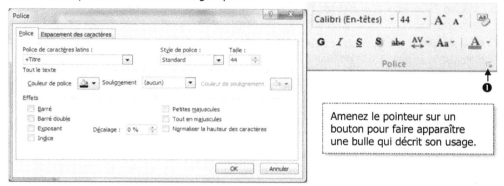

Amenez le pointeur sur un bouton pour faire apparaître une bulle qui décrit son usage.

La boîte de dialogue *Police* apporte quelques mises en forme supplémentaires, comme <☑ Barré double>, <☑ Exposant>, <☑ Indice> ou <☑ Petites majuscules>.

- Pour changer la casse des caractères :
Sélectionnez le texte à convertir, cliquez sur le bouton ❷ dans le groupe **Police** puis sélectionnez l'une des options proposées. Ou utilisez le raccourci clavier Maj+F3, qui alterne entre les options.

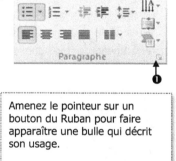

Mise en forme des paragraphes

Une mise en forme s'applique aux paragraphes sélectionnés ou au paragraphe courant. Les paragraphes créés à la suite avec la touche Entrée adoptent la même mise en forme.

- Utilisez les outils de l'onglet **Accueil**>groupe **Paragraphe**, ou la boîte de dialogue *Paragraphe* que vous ouvrez en cliquant sur le **Lanceur** du groupe ❶.

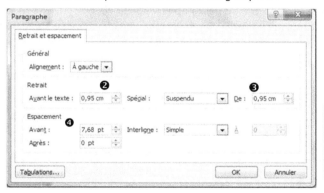

Amenez le pointeur sur un bouton du Ruban pour faire apparaître une bulle qui décrit son usage.

Le dialogue *Paragraphe* apporte des possibilités supplémentaires : la valeur du retrait gauche du texte ❷, de l'alinéa de première ligne ❸ et de l'espacement avant et après les paragraphes ❹.

Les raccourcis clavier pour les paragraphes

Ctrl + ⇧ +G   Alignement à gauche.   Ctrl + ⇧ +D   Alignement à droite.

Ctrl +E   Alignement centré.

Interligne rapide

Un changement d'interligne s'applique aux paragraphes sélectionnés ou au paragraphe courant. Lorsque vous insérez un paragraphe par la touche Entrée, il adopte l'interligne (et l'alignement) du paragraphe précédent.

- Pour modifier l'interligne, cliquez sur le bouton **Interligne** ❶ dans le groupe **Paragraphe** et choisissez l'écartement voulu entre les lignes du paragraphe.

- Pour spécifier d'autres options d'interligne : Cliquez sur Options d'interligne… ❷ qui affiche le dialogue *Paragraphe* où l'on peut fixer plus précisément la hauteur de l'interligne :

- Outre les options interligne *simple, 1,5 ligne, double* ou *multiple,* vous avez la possibilité de définir exactement l'interligne dont vous avez besoin, avec le choix *Exactement* ❸.

Changer le retrait des paragraphes avec les taquets

Le retrait s'applique aux paragraphes sélectionnés ou au paragraphe courant. Lorsque vous insérez un paragraphe par la touche Entrée, il adopte le retrait du paragraphe précédent.

- Affichez la règle si elle ne l'est pas : sous l'onglet **Affichage**>groupe **Afficher**, cochez ☑ Règle ❶.

- Placez le curseur dans le texte, puis :

- faites glisser le taquet ▽ ❷pour augmenter ou réduire le retrait des puces. Il s'agit du retrait spécial de la première ligne du paragraphe vers la gauche (suspendu) ou vers la droite par rapport au reste du paragraphe dans le dialogue *Paragraphe*.

- faites glisser le taquet ⌂ ❸ pour augmenter ou réduire le retrait des paragraphes. Il s'agit du retrait avant le texte dans le dialogue *Paragraphe*.

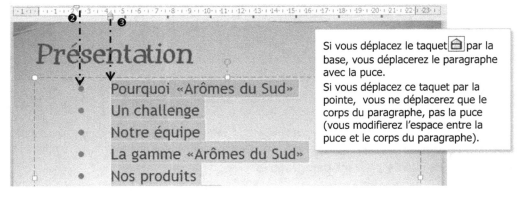

Si vous déplacez le taquet ⌂ par la base, vous déplacerez le paragraphe avec la puce.
Si vous déplacez ce taquet par la pointe, vous ne déplacerez que le corps du paragraphe, pas la puce (vous modifierez l'espace entre la puce et le corps du paragraphe).

LISTES À PUCES ET NUMÉROTÉES

Par défaut, les paragraphes de tous les espaces réservés d'une diapositive sont des paragraphes à puces, à moins que vous ayez modifié cette mise en forme dans le masque. Vous pouvez créer une liste numérotée ou une liste hiérarchisée, chaque niveau utilisant un style de puce ou de numéro différent.

Pour modifier dans une seule diapositive le style des puces, effectuez les changements dans la diapositive. Pour modifier le style des puces dans toute la présentation, effectuez les changements dans le masque des diapositives.

CRÉER, MODIFIER UNE LISTE À PUCES

- Sélectionnez les paragraphes puis, sous l'onglet **Accueil**>groupe **Paragraphe,** cliquez sur la **flèche** du bouton **Puces ❶** : la galerie de puces s'affiche. Cliquez sur la puce que vous souhaitez appliquer.

Si vous cliquez sur le bouton **Puce** (et non sur sa **flèche**), le dernier type de puce est utilisé.

Si vous souhaitez personnaliser la puce ou la numérotation, cliquez sur la commande Puces et numéros ❷ au bas du menu. Vous pouvez modifier la taille ❸ et la couleur ❹ des puces, choisir une image ❺ ou définir un caractère spécial ❻ en guise de puce.

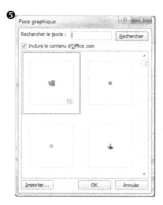
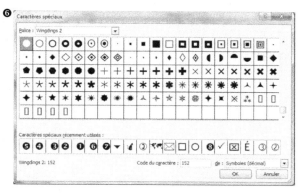

- Si vous cliquez sur le bouton [Image...] ❺, vous obtenez une galerie d'images. Ce sont des images/dessins dont vous ne pourrez changer que la taille, pas la couleur. Vous pouvez importer une image d'un fichier en cliquant sur le bouton [Importer...].
- Si vous cliquez sur le bouton [Personnaliser...] ❻, la table des caractères spéciaux s'affiche. Sélectionnez une police de caractères dédiée aux caractères spéciaux (*Symbol*, *Wingdings*, *ZapfDingbats*, etc.), puis double-cliquez sur le caractère choisi, dont vous pouvez changer la taille et la couleur.

LISTES À PUCES ET NUMÉROTÉES

CRÉER, MODIFIER UNE LISTE NUMÉROTÉE

- Sélectionnez les paragraphes puis, sous l'onglet **Accueil**>groupe **Paragraphe,** cliquez sur la **flèche** du bouton **Numérotation** ❶, un menu propose une galerie de numérotation. Cliquez sur le style de numérotation que vous souhaitez appliquer.

Si vous cliquez sur le bouton **Numérotation** (et non sur la **flèche**), le dernier type de numérotation est utilisé.

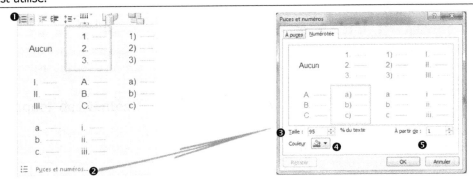

Si vous souhaitez personnaliser la numérotation, cliquez sur la commande Puces et numéros ❷. Vous pouvez modifier la taille ❸ et la couleur ❹ des puces et changer le point de départ de la numérotation ❺.

La nouvelle mise en forme de la numérotation s'applique aux paragraphes sélectionnés.

UTILISER PLUSIEURS NIVEAUX HIÉRARCHIQUES

Les paragraphes d'une liste à puces ou numérotée peuvent être structurés à plusieurs niveau. Le premier niveau est activé par défaut dans un espace réservé de texte.

- Pour descendre d'un niveau en cours de frappe : appuyez sur ⭾.
- Pour remonter d'un niveau en cours de frappe : appuyez sur ⇧+⭾.
- Sur des paragraphes existants : sélectionnez les paragraphes et utilisez les mêmes touches.

Lorsque vous insérez un paragraphe avec la touche ↵, il conserve le niveau du paragraphe précédent.

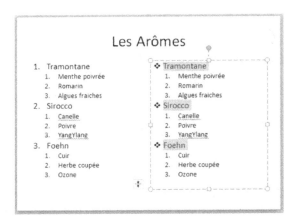

Si vous avez appliqué plusieurs niveaux hiérarchiques et que vous souhaitez en modifier localement le style de puce ou de numéro pour un même niveau, sélectionnez tous les paragraphes de même niveau (touche Ctrl) et modifiez la puce ou le numéro pour ce niveau.

METTRE EN FORME UN ESPACE RÉSERVÉ

Les espaces réservés sont des zones délimitées par des bordures en pointillé destinées à recevoir du texte, ils sont positionnés et mis en forme lors de la création de la diapositive comme le définit la disposition choisie. Les espaces réservés peuvent être remis en forme : on peut leur attribuer contour, taille et couleur, ou changer leur taille ou leur emplacement.

BORDURE ET REMPLISSAGE DU FOND

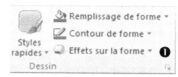

- Cliquez dans l'espace réservé puis, sous l'onglet **Accueil**> groupe **Dessin**, utilisez les boutons **Remplissage de forme**, **Contour de forme** et **Effets sur la forme ❶**.

- Cliquez sur **Remplissage de forme** puis sélectionnez une couleur ❷ pour le fond de l'espace réservé. Si vous voulez conserver les avantages que procurent les thèmes, chosissez dans les palettes de couleurs du thème, plutôt que dans les couleurs standards. On peut aller plus loin et définir dans les menus déroulants ❸, des textures ou dégradés, ou choisir une image comme fond. Pour enlever tout remplissage, cliquez sur Aucun remplissage.

- Cliquez sur **Contour de forme**, puis sélectionnez ❹ une couleur de trait pour l'encadrement de l'espace réservé ; vous pouvez choisir dans les menus déroulants ❺, l'épaisseur et le style du trait. Pour enlever tout contour, cliquez sur Sans contour.

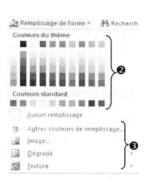
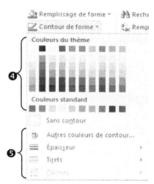

DÉPLACER L'ESPACE RÉSERVÉ

L'espace réservé occupe une position et une taille prédéfinie dans la disposition dans le masque. Vous pouvez les modifier dans une diapositive tout comme dans la disposition :

- Cliquez dans l'espace réservé, le pourtour en pointillé apparaît, des cercles blancs marquent les angles et des carrés blancs, les milieux des côtés : des « poignées ».

- Amenez le pointeur sur le pourtour, il se transforme en croix ⊕, glissez-déplacez l'espace réservé pour changer son emplacement.

REDIMENSIONNER L'ESPACE RÉSERVÉ

Par glisser-déplacer avec la souris

- Amenez le pointeur sur une des « poignées », il se transforme en flèche ↔, glissez-déplacez la « poignée » afin d'agrandir ou de rétrécir le pourtour en pointillé.

Modifier la taille en utilisant les poignées des angles vous permettra de conserver les proportions de la zone de texte. Avec les poignées carrées des côtés, vous modifierez la largeur ou la hauteur.

En spécifiant les dimensions sur le ruban

- Sous l'onglet contextuel **Format/Outils de dessin**>groupe **Taille**, spécifiez les dimensions exactes en cm.

SÉLECTIONNER DU TEXTE

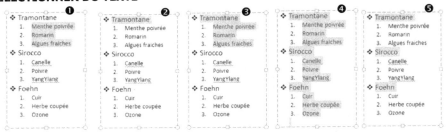

- Pour sélectionner un bloc de texte, cliquez au début du bloc de texte et faites glisser le pointeur jusqu'à la fin du bloc de texte ❶.

- Pour sélectionner un paragraphe entier, cliquez trois fois de suite dans le paragraphe ❷ ou cliquez sur la puce qui le précède (cette dernière manière sélectionne aussi les niveaux dépendants ❸).

- Pour sélectionner tout le contenu d'un espace réservé, appuyez sur Ctrl+A ❹, ou cliquez sur la bordure de l'espace réservé pour le sélectionner dans sa totalité (le texte ne sera pas en surbrillance, mais toute commande passée s'appliquera sur tout le texte contenu).

Vous pouvez *sélectionner* des blocs de texte non contigus en maintenant la touche Ctrl appuyée pendant la sélection ❺.

EFFACER DU TEXTE

- Sélectionnez le texte à effacer, puis appuyez sur Suppr.

DÉPLACER DU TEXTE

- Sélectionnez le texte à déplacer puis au choix :
- Cliquez sur la puce ou sur la sélection et faites glisser vers un nouvel emplacement, à l'intérieur de l'espace réservé ou dans un autre espace réservé.
- Sélectionnez le texte à déplacer, puis sous l'onglet **Accueil**>groupe **Presse-papiers**, cliquez sur le bouton ✂ **Couper** (ou appuyez sur Ctrl+X). Placez ensuite le point d'insertion à l'endroit où vous voulez insérer le texte, puis cliquez sur le bouton **Coller** 📋 (ou Ctrl+V).

COPIER (DUPLIQUER) DU TEXTE

- Sélectionnez le texte à déplacer puis au choix :
- Maintenez Ctrl enfoncée et glissez-déplacez la sélection vers un nouvel emplacement.
- Sous l'onglet **Accueil**>groupe **Presse-papiers**, cliquez sur le bouton **Copier** 📑 (ou appuyez sur Ctrl+C). Placez ensuite le point d'insertion à l'endroit où vous voulez dupliquer le texte, puis cliquez sur le bouton **Coller** 📋 (ou appuyez sur Ctrl+V).

COPIER LA MISE EN FORME UNIQUEMENT

- Sélectionnez le texte ayant les mises en forme à recopier puis, sous l'onglet **Accueil**> groupe **Presse papiers**, cliquez sur **Reproduire** 🖌 : le pointeur prend la forme d'un pinceau.

- Glissez-déplacer le pinceau sur le texte sur lequel vous voulez appliquer la même mise en forme.

Un double-clic sur le bouton 🖌 vous permettra de réappliquer la mise en forme sur plusieurs objets à la suite. Pour quitter le pinceau, appuyez sur Echap ou cliquez à nouveau sur 🖌.

LE MODE PLAN

Un moyen rapide pour construire une présentation consiste à utiliser le volet de plan. Vous saisissez les éléments titre ou texte des diapositives en revenant à la ligne entre chaque élément. Puis, pour définir s'il s'agit d'un titre de diapositive, d'un texte de premier niveau de puces, de deuxième niveau de puces, vous mettez en retrait les paragraphes les uns par rapport aux autres.

Il est également possible d'importer un plan saisi dans une autre application telle que Word. Inversement, vous pouvez exporter le plan en tant que fichier texte, pour le reprendre dans Word.

■ Ouvrez une nouvelle présentation ou une présentation existante. Par défaut, elle s'affiche en mode *Normal*. Dans le volet *Diapositives/Plan*, cliquez sur l'onglet *Plan* ❶.
Vous pouvez élargir le volet en faisant glisser la barre de séparation (le pointeur se transforme en double flèche ⊹), le volet de diapositive rétrécit d'autant.

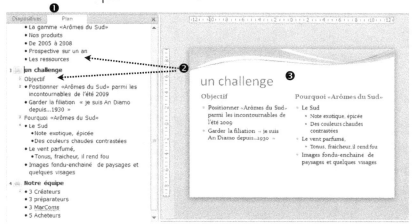

❶ Onglet *Plan*, permettant d'afficher le plan hiérarchisé de la présentation.

❷ Zone de saisie du texte en mode plan, les titres et les textes des diapositives.

❸ La diapositive qui s'affiche est la diapositive sélectionnée dans le plan.

SAISIR UNE NOUVELLE PRÉSENTATION SOUS FORME DE PLAN

■ Créez une nouvelle présentation puis, dans le volet de gauche, cliquez sur l'onglet *Plan*.

■ Placez le point d'insertion à droite du numéro de la première diapositive, saisissez le titre de cette dernière. Appuyez ensuite sur ⏎ pour créer la diapositive suivante, saisissez son titre.

■ Appuyez sur Ctrl + ⏎ pour passer au paragraphe de niveau inférieur.

■ Saisissez le paragraphe, appuyez sur ⏎ pour insérer une fin de paragraphe et passer à la ligne au paragraphe suivant de même niveau. Saisissez le texte, etc.

■ Lorsque vous avez saisi tous les éléments textes de la diapositive, appuyez sur Ctrl + ⏎ pour créer une nouvelle diapositive.

Lors de la saisie dans le volet *Plan*, la combinaison de touches Ctrl + ⏎ permet, lorsque le point d'insertion est dans un niveau titre, de passer au niveau inférieur de texte. Inversement, lorsque le point d'insertion est dans un niveau texte, la combinaison Ctrl + ⏎ insère un niveau titre après et place le point d'insertion au niveau de ce titre.

CRÉER DES RETRAITS DANS LE PLAN

■ La touche ⇥ descend l'élément courant (titre, paragraphe ou texte) d'un niveau, un élément titre peut devenir ainsi un texte (sous le titre précédent).

■ La combinaison sur ⇧ + ⇥ remonte l'élément courant d'un niveau, un élément texte peut devenir ainsi un titre et créer de ce fait une nouvelle diapositive.

RÉORGANISER LE PLAN

Le volet de gauche comporte deux onglets : *Plan* et *Diapositives*. Chacun d'eux permet de modifier le plan de la présentation.

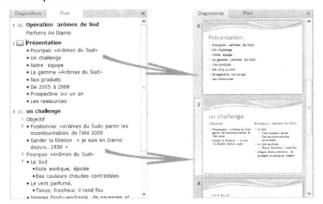

Dans le plan, il est possible de ne voir que les titres des diapositives et de masquer le texte.

- Cliquez droit dans un texte d'une diapositive, puis sur la commande contextuelle Réduire (pour la diapositive en cours) ou Réduire Tout (pour toutes les diapositives).

- Pour réafficher les textes : cliquez droit dans le titre d'une diapositive, puis sur Développer (pour la diapositive en cours) ou Développer Tout (pour toutes les diapositives).

DÉPLACER UN PARAGRAPHE ENTRE DIAPOSITIVES

- Sous l'onglet *Plan*, sélectionnez le paragraphe à déplacer, puis faites glisser la sélection vers le haut ou vers le bas.

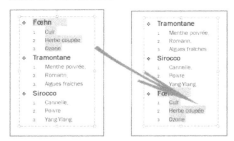

DÉPLACER DES DIAPOSITIVES ENTIÈRES

- Sous l'onglet *Plan*, cliquez sur l'icône qui précède le titre de la diapositive et faites-la glisser vers le haut ou vers le bas.

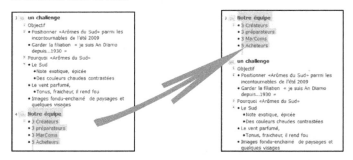

- Sous l'onglet *Diapositives*, cliquez sur la miniature de la diapositive à déplacer et glissez-déplacez la miniature avant ou après une autre miniature diapositive.

IMPORTER/EXPORTER UN PLAN

IMPORTER UN PLAN DANS UNE NOUVELLE PRÉSENTATION POWERPOINT

PowerPoint permet d'importer le plan d'une présentation s'il a été saisi dans un fichier au format Word (.docx ou .doc), RTF (.rtf), Texte (.txt), HTML (.htm ou .html), etc.

Pour indiquer le niveau des textes (titre de diapositive, premier niveau de puces, second niveau de puces) dans Word, vous devez indiquer les niveaux en appliquant aux textes les styles prédéfinis *Titre 1, Titre 2, Titre 3...* (évitez un plan plus en profondeur).

- Sous l'onglet **Accueil**>groupe **Diapositives**, cliquez sur la **flèche** du bouton **Nouvelle diapositive** ❶, puis sur la commande Diapositive à partir d'un plan ❷. Dans le dialogue *Insérer un plan*, sélectionnez le fichier contenant le plan ❸, puis cliquez sur [Insertion] ❹.

Pour insérer un plan dans une présentation existante, procédez de la même manière, en partant de la diapositive à partir de laquelle vous souhaitez insérer le plan.

EXPORTER UN PLAN DE DIAPOSITIVES VERS WORD

- Cliquez sur l'onglet **Fichier** puis sur **Enregistrer et envoyer**, puis sur le bouton *Créer des documents* dans le panneau central, puis sur l'icône *Créer des documents* dans le panneau de droite. Dans le dialogue *Envoyer vers Microsoft Office Word*, cochez <⊙ Plan uniquement>, cliquez sur [OK]. Word est lancé, un nouveau document Word est créé et le plan y est inséré.

Le dialogue *Envoyer vers Microsoft Office Word* offre plusieurs options :

❶ Diapositives miniatures et commentaires à côté ;

❷ Diapositives miniatures avec des lignes de prise de notes ;

❸ Une page par diapositive et commentaires sous la diapo ;

❹ Une page par diapositive avec lignes de prise de notes ;

❺ Le plan hiérarchisé de la présentation.

Si vous activez l'option <⊙ Coller avec liaison>, les modifications apportées dans la présentation PowerPoint seront reprises dans le document Word, à la prochaine réouverture du fichier Word.

RECHERCHER/REMPLACER DU TEXTE

RECHERCHER DU TEXTE DANS UNE PRÉSENTATION

Passez en mode d'affichage *Normal* pour une recherche dans les diapositives, ou passez en mode d'affichage *Page de commentaires* pour une recherche dans les commentaires.

■ Sous l'onglet **Accueil**>groupe **Modification**, cliquez sur le bouton **Rechercher**, ou appuyez sur ‹Ctrl›+**F**. Dans la zone <Rechercher> ❶, saisissez le texte à rechercher.

– <☑ Respecter la casse> ❷ limite la recherche aux mots ayant la même casse que celui saisi dans la zone <Rechercher>.

– <☑ Mot entier> ❸ limite la recherche aux occurrences constituées par des mots entiers et non par des parties de mots.

■ Cliquez sur [Suivant] ❹.

PowerPoint affiche la diapositive contenant le texte et met en surbrillance la première occurrence trouvée dans le volet de plan ou dans la diapositive, suivant l'endroit où se trouvait le curseur.

■ Cliquez sur [Suivant] pour trouver l'occurrence suivante du mot recherché, ou cliquez sur [Fermer] pour mettre fin à la recherche.

REMPLACER DU TEXTE DANS UNE PRÉSENTATION

■ Passez en mode d'affichage *Normal.*

■ Sous l'onglet **Accueil**>groupe **Modification**, cliquez sur **Remplacer**, ou appuyez sur ‹Ctrl›+**H**.

■ Saisissez en ❺ le texte à rechercher et en ❻ celui par lequel vous voulez le remplacer.

■ Cochez éventuellement les options <☑ Respecter la casse>ou <☑ Mot entier> ❼ si c'est utile pour affiner votre recherche.

■ Cliquez sur [Suivant] pour trouver la première occurrence.

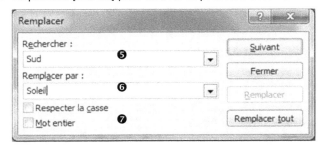

PowerPoint affiche la diapositive contenant le texte et le met en surbrillance dans la diapositive et dans le volet de plan, suivant l'endroit où se trouvait le curseur.

Ensuite, en fonction du résultat :

■ Cliquez sur [Remplacer] pour remplacer le texte trouvé.

■ Cliquez sur [Suivant] pour chercher l'occurrence suivante.

■ Cliquez sur [Remplacer tout], pour remplacer toutes les occurrences du mot.

■ Cliquez sur [Fermer], pour mettre fin à la procédure de remplacement.

COMMENTAIRES DE RÉVISION

Les commentaires de révision facilitent le travail à plusieurs, ils offrent la possibilité de révision et correction des diapositives par plusieurs relecteurs. Les commentaires de révision sont ajoutés par les relecteurs sur les diapositives, la présence d'un commentaire est marquée par un « Post-it » en couleur à l'écran. Tous les commentaires d'un même relecteur sont d'une même couleur.

Ne confondez pas les commentaires de révision avec les commentaires des diapositives qui sont destinés au présentateur et qui peuvent être imprimés en tant que pages de commentaires.

INSÉRER UN COMMENTAIRE

- Sous l'onglet **Révision**>groupe **Commentaires**, cliquez sur **Nouveau commentaire** ❶. Dans le cadre de texte qui apparaît, saisissez le texte de votre commentaire. Pour terminer cliquez en dehors du cadre de texte.

Le nom de l'auteur (renseigné dans les options de PowerPoint) et la date sont inscrits automatiquement dans le haut du cadre de commentaire.

CONSULTER ET MODIFIER LES COMMENTAIRES

Les marques de commentaires peuvent être masquées ou visibles :

- Sous l'onglet **Révision**>groupe **Commentaires**, cliquez sur **Afficher les marques** ❻.
  Si les marques de commentaires sont visibles sur les diapositives, elles le seront aussi à l'impression, mais pas sur les miniatures de diapositives dans le volet *Diapositives/Plan* ni sur le diaporama. Il vaut mieux supprimer les commentaires de révision une fois que le travail collectif est terminé, en effet les révisions ne sont plus nécessaires une fois la présentation finalisée.

Pour déplacer un commentaire sur la diapositive :

- Faites glisser le Post-it du commentaire à un autre emplacement.

Pour consulter un commentaire :

- Amenez le pointeur sur le Post-it, une bulle affiche le texte du commentaire en entier.

Pour parcourir les commentaires :

- Sous l'onglet **Révision**>groupe **Commentaires**, cliquez sur **Précédent** ❹ ou **Suivant** ❺.
  Vous voyez le nom de l'auteur du commentaire s'afficher en haut de la bulle de commentaire, et les commentaires de deux relecteurs différents sont de couleurs différentes.

Pour modifier un commentaire :

- Double-cliquez sur le Post-it ou cliquez sur le Post-it et sous l'onglet **Révision**>groupe **Commentaires**, cliquez sur **Modifier le commentaire** ❷, puis modifiez le texte dans la bulle.

Pour supprimer un commentaire :

- Sous l'onglet **Révision**>groupe **Commentaires**, cliquez sur **Supprimer** ❸.

Vous pouvez aussi utiliser les commandes contextuelles :

- Cliquez droit sur le Post-it du commentaire.
  Vous retrouvez les commandes Modifier ❼, Nouveau ❾ ou Supprimer ❿ le commentaire.

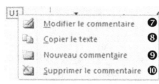

- Vous pouvez également copier le texte du commentaire ❽.
  L'ensemble du commentaire, incluant le nom d'auteur et la date, est copié dans le Presse-papiers. Vous pouvez ensuite le coller ailleurs.

VÉRIFIER L'ORTHOGRAPHE EN COURS DE FRAPPE

Cette fonction souligne les fautes d'orthographe dans le texte à l'aide de traits ondulés rouges. Pour l'activer, le cas échéant, cliquez sur l'onglet **Fichier**, puis sur **Options**, enfin sur *Vérification.*

Le volet de droite du menu présente les options de correction automatique qui correspondent aux corrections générales dans Microsoft Office et celles spécifiques à PowerPoint.

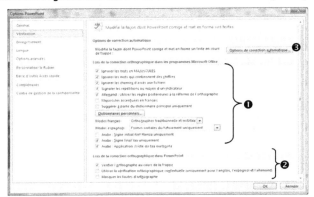

- Dans le dialogue *Options PowerPoint*, vérifiez que les cases correspondant à vos choix de corrections sont cochées, en ❶ les corrections générales dans Microsoft Office, en ❷ les corrections spécifiques à PowerPoint

- Le bouton [Options de correction automatique] ❸ affiche un dialogue à deux onglets, correspondant aux corrections générales dans Microsoft Office. Vérifiez que ces corrections vous conviennent, puis cliquez sur [OK].

Pour corriger une faute

- Cliquez droit sur un mot souligné d'un trait ondulé rouge, puis sur une suggestion dans le menu contextuel. Pour accepter l'orthographe actuelle cliquez sur Ignorer.

LANCER LE VÉRIFICATEUR D'ORTHOGRAPHE

Le programme identifie automatiquement la langue utilisée. Les dictionnaires installés par défaut concernent le français, l'anglais et l'allemand. Si PowerPoint n'arrive pas à déterminer la langue utilisée par le texte, vous pouvez l'indiquer manuellement sous l'onglet **Révision**>groupe **Langue**, en cliquant sur le bouton **Langue**, puis sur Définir la langue de vérification.

- Sous l'onglet **Révision**>groupe **Vérification**, cliquez sur le **Orthographe** ✎ ou appuyez sur `F7`.

Pour ne vérifier qu'une partie du texte, sélectionnez le texte avant de lancer la commande.

Le dialogue du vérificateur d'orthographe s'affiche dès qu'un mot inconnu est rencontré.

- Tapez l'orthographe correcte en ❶ ou sélectionnez un mot de remplacement en ❷, puis cliquez sur :
  - [Remplacer] pour corriger l'occurrence ;
  - [Remplacer tout] pour corriger toutes les occurrences du mot.

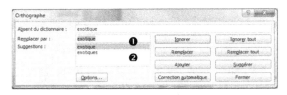

Fonction des autres boutons

[Ignorer] : laisse le mot inchangé et poursuit la vérification, [Ignorer tout] : saute le mot inconnu et toutes ses occurrences. [Ajouter] : ajoute le mot au dictionnaire personnel. [Correction automatique] : ajoute le mot inconnu et sa correction à la liste des corrections automatiques.

DICTIONNAIRES ET SITES DE RECHERCHES

Outre une aide orthographique, PowerPoint fournit aussi des services de recherche dans des dictionnaires (synonyme ou traduction) ou des sites d'informations.

LES DICTIONNAIRES DES SYNONYMES ET TRADUCTION

- Sous l'onglet **Révision**>groupe **Vérification**, cliquez sur **Traduction**.
  Le volet *Rechercher* s'ouvre à droite de la fenêtre Word.

  – Dans <Rechercher> ❶ : le mot/phrase sélectionné dans la diapositive est inscrit, vous pouvez saisir un autre mot/phrase. Et, au-dessous, le service *Traduction* est sélectionné.

  – Dans la zone<Résultat> ❷ : sous la rubrique **Traduction**, les choix de langue <De> et <Vers> ❸ sont spécifiés ; ils peuvent être modifiés. Le mot ou la phrase traduit s'affiche sous *Microsoft Translator* ❹.

- De même, pour chercher un synonyme, sous l'onglet **Révision**>groupe **Vérification**, cliquez sur **Dictionnaire des synonymes**. Le volet *Rechercher* s'ouvre à droite de la fenêtre.

  – Dans <Rechercher> : le mot sélectionné dans la diapositive est inscrit, vous pouvez saisir un autre mot. Et, au-dessous, le service *Dictionnaire des synonymes* est sélectionné.

  – Dans la zone <Résultat> : sous la rubrique **Dictionnaire des synonymes : Français (France)**, les synonymes seront listés ❹.

AUTRES SERVICES : DICTIONNAIRE ENCARTA, SITES DE RECHERCHE

- Sous l'onglet **Révision**>groupe **Vérification**, le bouton **Recherche** ouvre le volet *Rechercher* ou le ferme s'il est ouvert.

  – Dans <Rechercher>, le service précédent ❶ est encore sélectionné. Sélectionnez un autre service (site de recherche ou encyclopédie), par exemple *Dictionnaire Encarta* (en ligne, par Microsoft). Puis dans la zone ❷, saisissez le mot que vous voulez rechercher.

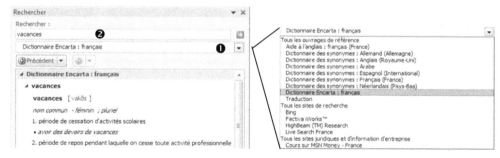

ACTIVER LES SERVICES À CONSULTER

- Cliquez sur Options de recherche… au bas du volet *Rechercher* et cochez les ressources que vous voulez pouvoir utiliser.

  [Contrôle parental…] : ce bouton permet de n'autoriser l'accès qu'aux services qui peuvent filtrer le contenu pour bloquer les résultats inconvenants et d'activer ce filtre.

  [Ajouter des services…] : ce bouton permet d'ajouter des services qui seront disponibles dans le futur, que des prestataires pourront proposer.

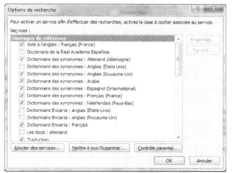

TRAVAILLER LES TABLEAUX

CRÉER UN TABLEAU

Pour insérer un tableau dans une diapositive, soit la diapositive contient un espace réservé encore vide avec au centre un outil de création de tableau, auquel cas il suffit de cliquer sur l'icône de cet outil, soit vous utilisez les outils du Ruban sous l'onglet **Insertion**>groupe **Tableaux**.

Vous pouvez aussi sélectionner un tableau dans Word ou dans Excel et le copier-coller dans une diapositive ; le tableau inséré peut ensuite être modifié et mis en forme dans PowerPoint.

INSÉRER UN TABLEAU

- Sous l'onglet **Insertion**>groupe **Tableaux**, cliquez sur le bouton **Tableau** ❶. Sur la grille qui s'affiche, cliquez sur la case à l'intersection du nombre de lignes et de colonnes ❷ ou cliquez sur la commande Insérer un tableau... ❸ et spécifiez le nombre de lignes et de colonnes puis validez par [OK].

Le tableau se positionne à la place du premier espace réservé texte encore vide (il se substitue à l'espace réservé), sinon il se positionne au centre de la diapositive par-dessus les textes.

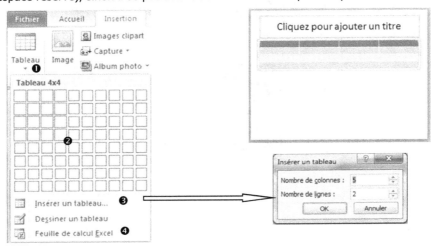

Lorsque le tableau a été créé et que le point d'insertion est dans le tableau, les onglets contextuels **Outils de tableau/Création** et **Disposition** sont accessibles.

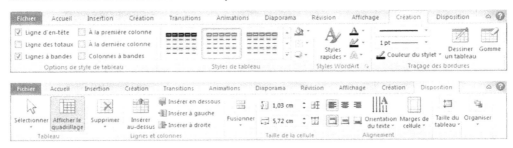

UTILISER UN ESPACE RÉSERVÉ D'UNE NOUVELLE DIAPOSITIVE

- Sous l'onglet **Accueil**>groupe **Diapositives**, cliquez sur la **flèche** du bouton **Nouvelle diapositive**. Une galerie des dispositions de contenu s'affiche, cliquez sur la disposition voulue.

CRÉER UN TABLEAU

- La nouvelle diapositive est insérée.
- Cliquez sur l'icône *Insérer un tableau* ❶ parmi les icônes proposées au centre d'un des espaces réservés. Puis spécifiez le nombre de lignes et de colonnes dans le dialogue *Insérer un tableau*.

DESSINER UN TABLEAU

Cette méthode consiste à dessiner à la souris les contours du tableau, puis les lignes séparatrices.

- Sous l'onglet **Insertion**>groupe **Tableaux**, cliquez sur le bouton **Tableau**, puis cliquez sur la commande Dessiner un tableau. Le pointeur se transforme en crayon. Faites glisser le pointeur en diagonale pour définir les contours extérieurs du tableau.

- Avant de dessiner, choisissez l'épaisseur et la couleur du trait ❶, sous l'onglet contextuel **Outils de tableau/Création**, puis cliquez sur le bouton **Dessiner un tableau** ❷ (le pointeur se transforme en outil *Crayon*).

- Faites glisser l'outil *Crayon*, pour créer les lignes et les colonnes.

Attention, ne démarrez pas trop près de la bordure du tableau pour tirer un trait, vous créeriez un nouveau tableau à l'intérieur du premier.

EFFACER DES LIGNES À L'AIDE DE LA SOURIS DANS UN TABLEAU

Le bouton **Gomme** ❸ (le pointeur se transforme en outil *Gomme*) permet de supprimer les limites de cellule, de ligne ou de colonne, cela revient à fusionner les cellules. On peut fusionner des cellules adjacentes, verticalement ou horizontalement. Les outils *Gomme* et *Crayon* pourront servir dans tous les tableaux PowerPoint, sauf les objets tableau incorporés Excel.

- Sous l'onglet contextuel **Outils de tableau/Création**>groupe **Traçage des bordures**, cliquez sur le bouton **Gomme**. Le pointeur de la souris prend la forme d'une gomme. Cliquez sur la portion de trait à effacer.

Pour cesser l'usage de l'outil *Gomme*, appuyez sur `Echap` ou cliquez une nouvelle fois sur le bouton **Gomme**.

INSÉRER UNE FEUILLE DE CALCUL EXCEL

Il est possible de créer un objet Excel incorporé, mais dans ce cas vous ne pourrez le modifier ou le mettre en forme qu'en l'ouvrant avec Excel par un double-clic sur l'objet.

- Sous l'onglet **Insertion**>groupe **Tableaux**, cliquez sur l'outil **Tableau**, puis cliquez sur la commande Feuille de calcul Excel...

Un objet Excel s'insère sur la diapositive. Les poignées noires ❶ permettent d'agrandir la fenêtre pour afficher le nombre de lignes et de colonnes désirées. Il ne vous reste plus qu'à saisir, modifier et mettre en forme les données dans la feuille Excel.

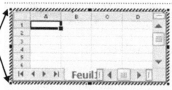

- Terminez en cliquant hors de l'objet Excel.

SAISIR ET SÉLECTIONNER LES DONNÉES D'UN TABLEAU

PLACER LE POINT D'INSERTION DANS UNE CELLULE

Le point d'insertion est matérialisé par un tiret vertical clignotant, il marque la position d'insertion des caractères saisis au clavier. On désigne par cellule active ou courante la cellule dans laquelle est placé le point d'insertion.

- Pour déplacer le point d'insertion dans la cellule suivante : utilisez la touche de tabulation ⇥ ou cliquez dans la cellule.
- Pour déplacer le point d'insertion dans la cellule précédente : utilisez la combinaison de touches Alt + ⇥, ou cliquez dans la cellule.
- Pour déplacer le point d'insertion dans les données d'une cellule, utilisez les touches fléchées, ou cliquez sur la position voulue.

SAISIR LES DONNÉES

- Cliquez dans la cellule, puis saisissez le texte ou les nombres.
- Pour aller à la ligne dans le texte d'une cellule de tableau, utilisez la touche ↵.
- Pour effacer du texte, utilisez Suppr ou EffacArr comme dans un paragraphe de texte.

SÉLECTIONNER DES CELLULES DU TABLEAU

Vous sélectionnez des cellules lorsque vous voulez leur appliquer une même mise en forme, ou lorsque vous voulez copier leur contenu pour le coller à un autre emplacement du tableau ou dans un autre tableau.

	2007	2008	2009	2010
L-Bio	540	500	700	950
P&CT	700	900	1500	2000
An-Diamo	250	600	1200	2500

	2007	2008	2009	2010
L-Bio	540	500	700	950
P&CT	700	900	1500	2000
An-Diamo	250	600	1200	2500

Pour sélectionner une plage de cellules

- Cliquez dans la première cellule, puis faites glisser le pointeur sur les cellules.

Pour sélectionner une colonne

- Placez le pointeur au-dessus de la colonne (il prend la forme d'une flèche vers le bas) et cliquez. Vous pouvez ensuite cliquer-glisser le pointeur vers la droite ou la gauche pour sélectionner les colonnes adjacentes.

Pour sélectionner une ligne de cellules

- Placez le pointeur à gauche de la ligne (il prend la forme d'une flèche vers la droite) et cliquez. Vous pouvez ensuite cliquer-glisser le pointeur vers le haut ou le bas pour sélectionner les lignes adjacentes.

Pour sélectionner tout le tableau

- Cliquez dans le tableau, puis appuyez sur Ctrl+A, ou cliquez droit dans le tableau, puis sur la commande contextuelle Sélectionner le tableau.
- Vous pouvez aussi utiliser les outils du ruban : après avoir cliqué dans une cellule du tableau, sous l'onglet contextuel **Outils de tableau/Disposition**>groupe **Tableau,** cliquez sur le bouton **Sélectionner ❶**, puis sur la commande contextuelle **❷**.

RÉORGANISER UN TABLEAU

Les modifications de construction du tableau peuvent presque toutes se faire via l'onglet contextuel **Outils du tableau/Disposition**.

INSÉRER/SUPPRIMER DES LIGNES OU DES COLONNES

Insérer des lignes

- Sélectionnez une ou plusieurs lignes au-dessus ou en dessous de la position souhaitée pour l'insertion (il sera inséré autant de lignes que vous en sélectionnez). Puis, sous l'onglet **Outils du tableau/Disposition**>groupe **Lignes et colonnes**, cliquez sur **Insérer au-dessus** ❶ ou **Insérer en dessous** ❷, ou cliquez droit dans la sélection, puis sur la commande Insérer des lignes.

Pour insérer une ligne à la fin d'un tableau, cliquez dans la dernière cellule et appuyez sur ⭾.

Insérer des colonnes

- Sélectionnez une ou plusieurs colonnes à droite ou à gauche de la position souhaitée pour l'insertion (il sera inséré autant de colonnes que vous en sélectionnez). Puis, sous l'onglet **Outils du tableau/Disposition**>groupe **Lignes et colonnes**, cliquez sur **Insérer à gauche** ❸, ou **Insérer à droite** ❹, ou cliquez droit dans la sélection, puis sur la commande Insérer des colonnes.

Supprimer des lignes ou des colonnes

- Sélectionnez les lignes ou les colonnes à supprimer puis, sous l'onglet **Outils du tableau/Disposition**>groupe **Lignes et colonnes**, cliquez sur **Supprimer** ❺, puis sur Supprimer les colonnes ou Supprimer les lignes. Ou, cliquez droit dans la sélection, puis sur la commande Supprimer les colonnes ou Supprimer les lignes.

Supprimer la totalité du tableau

- Cliquez dans le tableau, cliquez sur sa bordure grisée, puis appuyez sur ⌫Suppr ou cliquez droit sur la bordure grisée, puis sur la commande Couper.

DIMENSIONNER LES LIGNES ET LES COLONNES

Modifier la largeur de colonne/hauteur d'une ligne

Utilisez l'un des deux procédés :

- Placez le pointeur sur le quadrillage, à la limite droite de la colonne ou à la limite basse de la ligne dont vous voulez modifier la taille ; le pointeur se transforme en ✛ ; faites alors glisser la limite jusqu'à la largeur/hauteur souhaitée.

- Sous l'onglet **Outils de tableau/Disposition**>groupe **Taille de la cellule**, spécifiez en cm la hauteur ❶ et la largeur ❷.

Attribuer la même largeur de colonne/hauteur de ligne

Sélectionnez les colonnes ou la totalité du tableau puis, sous l'onglet **Outils du tableau/disposition**>groupe **Taille de la cellule**, cliquez sur **Distribuer les lignes** ❸ ou **Distribuer les colonnes** ❹.

La nouvelle largeur est calculée de façon que la largeur totale du tableau ne soit pas modifiée, en divisant la largeur totale par le nombre de colonnes.

RÉORGANISER UN TABLEAU

FUSIONNER OU FRACTIONNER DES CELLULES

Fusionner des cellules

- Sélectionnez les cellules à fusionner, puis sous l'onglet **Outils du tableau/Disposition**>groupe **Fusionner**, cliquez sur le bouton **Fusionner**, ou cliquez droit dans la sélection, puis sur la commande Fusionner les cellules.

Fractionner une cellule

- Placez le curseur dans la cellule à fractionner, puis sous l'onglet **Outils de tableau/Disposition**> groupe **Fusionner**, cliquez sur le bouton **Fractionner**, ou cliquez droit dans la sélection, puis sur la commande Fractionner les cellules.

POSITIONNER LE CONTENU DES CELLULES

Alignement horizontal ou vertical

- Sélectionnez les cellules, puis sous l'onglet **Outils de tableau/Disposition**> groupe **Alignement**, cliquez sur le bouton d'alignement horizontal ou vertical voulu.

Orientation du texte

- Sélectionnez les cellules puis, sous l'onglet **Outils de tableau/ Disposition**>groupe **Alignement,** cliquez sur le bouton **Orientation du texte**. Puis cliquez sur l'option de votre choix : Horizontal/Faire pivoter tout le texte de 90°/Faire pivoter tout le texte de 270°/Empilé.
  La commande Autres options… est redondante : elle ouvre un dialogue donnant accès aux mêmes paramètres d'alignement ou d'orientation.

LES MARGES DE CELLULE

- Sous l'onglet **Outils de tableau/Disposition**>groupe **Alignement,** cliquez sur le bouton **Marges de cellule**. Dans le menu, sélectionnez des marges prédéfinies : *Normal, Aucune, Rétrécir, Large*. Vous pouvez aussi choisir la commande Marges personnalisées… pour spécifier d'autres tailles de marge.

DÉPLACER, COPIER OU SUPPRIMER UN TABLEAU

Un tableau est un objet inséré dans la diapositive. Comme tel, il se déplace, se duplique, ou se supprime de la même manière qu'un objet, une image, un graphique… à condition de le sélectionner par sa bordure.

- Pour déplacer un tableau : faites glisser la bordure du tableau jusqu'au nouvel emplacement.

- Pour redimensionner un tableau, faites glisser les poignées de redimensionnement, ou sous l'onglet **Outils de tableau/ Disposition**> groupe **Taille du tableau**, spécifiez la hauteur et la largeur du tableau en cm.

- Pour copier un tableau, sous l'onglet **Accueil**>groupe **Presse-papiers**, cliquez sur **Couper** (ou Ctrl+X), puis après avoir placé le point d'insertion, cliquez sur **Coller** (ou Ctrl+V).

- Pour supprimer un tableau, cliquez sur sa bordure puis appuyez sur la touche Suppr, ou cliquez droit puis sur Couper.

METTRE EN FORME UN TABLEAU

Appliquer un style de tableau revient à appliquer un ensemble de mises en forme. De plus, si vous utilisez les couleurs et les polices du thème qui sont communes à Word, Excel et PowerPoint, vous aurez une mise en forme homogène dans tous vos documents.

APPLIQUER UN STYLE DE TABLEAU

- Sous l'onglet **Outils du tableau/Création**>groupe **Styles de tableau**, sélectionnez une vignette de style dans la zone des styles ❶ sur le Ruban.

- Les flèches de défilement ❷ permettent de faire défiler les styles proposés ; la flèche de déroulement ❸ ouvre la galerie des styles.

- Dans la galerie, les styles sont classés par catégorie : Clair, Moyen, Foncé et Meilleure correspondance pour le document qui sont les styles à thème. Si vous cliquez sur la barre de titre ❹ de la galerie des styles, vous pourrez limiter l'affichage à une catégorie.

- Au bas de la galerie, la commande Effacer le tableau ❺ sert à effacer totalement la mise en forme du tableau.

Les options de style de tableau

- Sous l'onglet contextuel **Outils de tableau/Création**, vous pouvez définir les caractéristiques des premières et dernières lignes et colonnes : en-tête, totaux, etc.

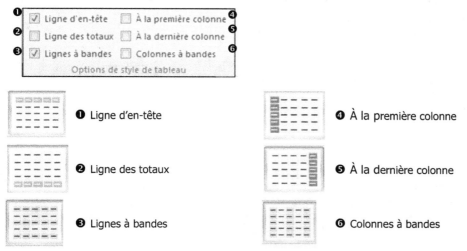

METTRE EN FORME UN TABLEAU

MODIFIER LA TRAME DE FOND

- Sélectionnez le tableau ou les cellules auxquelles vous souhaitez appliquer une trame de fond. Vous avez le choix entre arrière-plan des cellules et arrière-plan du tableau.

Lorsque vous appliquez une trame à une sélection de cellules, chacune adopte la trame de fond par exemple une couleur ou une image. Lorsque vous l'appliquez au tableau, vous obtenez une seule image ou une seule couleur de fond pour l'ensemble du tableau.

- Sous l'onglet **Outils de tableau/Création**>groupe **Styles de tableau**, cliquez sur la **flèche** du bouton **Trame de fond** ❶. Choisissez une couleur du thème ou une couleur standard. Vous pouvez également choisir une image ❷, un dégradé de couleur ❸, une texture ❹ ou l'arrière-plan ❺.

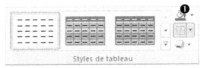

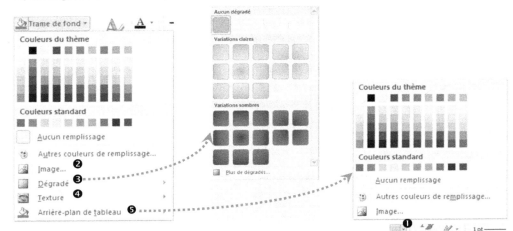

MODIFIER LES BORDURES

- Sous l'onglet **Outils de tableau/Création**>groupe **Styles de tableau**, cliquez sur la **flèche** du bouton **Bordures** ❶.

Si vous cliquez sur le bouton **Bordures** hors de sa flèche, c'est la bordure précédemment utilisée qui s'applique.

Tracer les bordures

De même que vous pouvez dessiner un tableau, vous pouvez dessiner ses bordures :

- Sous l'onglet **Outils de tableau/Création**>groupe **Traçage des bordures**, choisissez un type de trait ❶, une épaisseur de trait ❷ et une couleur ❸. Le pointeur se transforme en crayon, cliquez sur les bordures à tracer ou modifier.

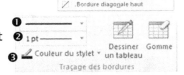

MODIFIER LES EFFETS

Vous pouvez appliquer des effets au tableau ou à ses cellules :

- Sous l'onglet **Outils de tableau/Création**>groupe **Styles de tableau**, cliquez sur le bouton **Effets** ❶. Le menu propose trois types d'effets : *Biseau* qui s'applique aux cellules sélectionnées et *Ombre* et *Réflexion* qui s'appliquent à l'ensemble des cellules du tableau.

COPIER/COLLER UN TABLEAU EXCEL OU WORD

Si vous désirez utiliser dans une diapositive un tableau comportant des calculs, les options de tableau de PowerPoint ou de Word risquent de s'avérer insuffisantes. Il est alors conseillé d'insérer plutôt un tableau Excel.

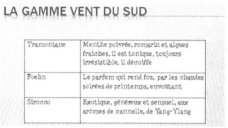

- Dans la fenêtre du document contenant le tableau (Word ou Excel), sélectionnez le tableau puis sous l'onglet **Accueil**>groupe **Presse-papiers**, cliquez sur le bouton **Copier** (ou Ctrl+C).
- Basculez dans la fenêtre PowerPoint, affichez la diapositive dans laquelle placer le tableau, collez le contenu du presse-papiers, selon l'une des commandes suivantes.

Collage standard : colle le tableau en tant qu'objet PowerPoint

- Sous l'onglet **Accueil**>groupe **Presse-papiers**, cliquez sur le bouton **Coller** (ou Ctrl+V).
Le tableau inséré devient un objet PowerPoint par simple collage. Vous pourrez donc le mettre en forme comme tous les autres objets de la présentation.

Collage spécial : colle le tableau en tant qu'objet Excel ou Word

- Sous l'onglet **Accueil**>groupe **Presse-papiers**, cliquez sur la **flèche** du bouton **Coller ❶**, puis sur Collage spécial ❷. Dans la boîte de dialogue, Sélectionnez *Objet Feuille de calcul Microsoft Excel* ❸ ou *Objet document Microsoft Word*. Validez par [OK].

Pour modifier un tableau ainsi incorporé, vous devez double-cliquer sur le tableau, puis utiliser les commandes de l'application d'origine.

Collage spécial avec liaison : conserve une liaison avec le document source

Si vous avez inséré un tableau Excel ou Word en activant, dans le dialogue *Collage spécial*, l'option <⊙ Coller avec liaison>❹, les modifications du document source sont automatiquement reprises dans le tableau de la diapositive.

Dans ce cas, les modifications du tableau doivent toujours être faites dans le document source. Pour cela, double-cliquez sur le tableau pour ouvrir la fenêtre Excel (ou celle Word) du document source, modifiez le document source puis enregistrez-le.

Si vous modifiez le tableau dans la diapositive PowerPoint, ces modifications seront perdues lorsque vous mettrez à jour la liaison vers le document source.

TRAVAILLER LES GRAPHIQUES

Vous pouvez incorporer un graphique dans votre présentation. Le graphique apparaît d'abord avec ses données associées dans une feuille de données. Dans cette feuille, vous pouvez entrer vos données, les importer d'un fichier texte ou les coller depuis une autre application.

Si Office Excel 2010 est installé, la feuille de données du graphique est une feuille de calcul Excel qui est incorporée dans le fichier PowerPoint. Si Office Excel 2010 n'est pas installé, c'est une feuille Microsoft Graph qui s'ouvre lorsque vous créez un graphique dans PowerPoint 2010.

Vous pouvez également coller un graphique d'Office Excel 2010, les données figurant dans le graphique restent alors liées à la feuille de calcul Excel. Dans ce cas, pour modifier les données du graphique, vous devez modifier celles de la feuille de calcul Office Excel 2010 liée.

INSÉRER UN GRAPHIQUE

- Sous l'onglet **Insertion**>groupe **Illustrations** ❶, cliquez sur le bouton **Graphique** ❷. PowerPoint ouvre une boîte de dialogue *Insérer un graphique*.

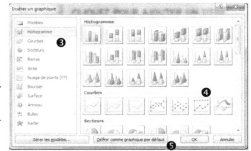

- Sélectionnez, dans le volet de gauche, le type de graphique ❸.

- Cliquez dans le volet de droite sur la vignette de la variante du graphique ❹.

- Cliquez sur [OK].

Le bouton ❺ sert à définir le graphique choisi comme graphique par défaut.

Vous obtenez une feuille de calcul Excel, avec un tableau de données exemple.

- Saisissez vos données à la place des données exemple ; la première colonne ❹ et la première ligne ❺ sont réservées aux intitulés. Vous pouvez aussi coller des données copiées depuis une autre application.

- Les données représentées sont dans une zone délimitée de la feuille. Il faut étirer ou réduire la zone délimitée pour y inclure ou en exclure des lignes ou des colonnes de données, en faisant glisser le coin ❻ inférieur droit de la zone.

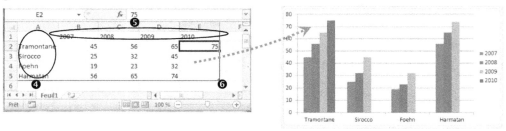

Le graphique se crée au fur et à mesure de la saisie des données.

- Quand vous avez terminé la saisie de vos données, fermez le classeur Excel sans enregistrer. Le graphique créé incorpore les données dans la diapositive PowerPoint. Le graphique reste seul visible dans la diapositive.

Pour modifier les données représentées par un graphique, le plus simple est de cliquer droit sur l'objet graphique, puis sur Modifier les données... pour faire apparaître la feuille de données.

CRÉER UN GRAPHIQUE

CRÉER UNE DIAPOSITIVE AVEC UN CONTENU GRAPHIQUE

- Sous l'onglet **Accueil**>groupe **Diapositives**, cliquez sur la **flèche** du bouton **Nouvelle diapositive**, puis choisissez la disposition de contenu que souhaitez : un graphique en pleine page, avec du texte ou un autre objet.

Comparaison

Deux contenus

Titre et contenu

Contenu avec légende

La diapositive est créée avec la disposition d'espaces réservés que vous avez choisie. Au centre de l'espace réservé dans lequel vous souhaitez placer le graphique se trouve une panoplie d'icônes de création d'objets.

- Cliquez sur l'icône *Graphique* ❶.
La boîte de dialogue *Insérer un graphique* s'ouvre, continuez comme ci-dessus, pour saisir les données et créer le graphique.

DÉPLACER UN GRAPHIQUE

Vous pouvez repositionner le graphique dans la même diapositive.

- Amenez le pointeur sur la bordure en dehors d'une poignée de dimensionnement : le pointeur se transforme en flèches cardinales. Cliquez et faites glisser la bordure du graphique.

REDIMENSIONNER UN GRAPHIQUE

- Amenez le pointeur sur une des poignées de dimensionnement latérales ou sur un coin, il se transforme en double flèche, cliquez et faites glisser la poignée jusqu'à la taille voulue. Ou spécifiez les mesures précises du graphique dans le Ruban, sous l'onglet **Outils de graphique/Mise forme**>groupe **Taille**.

DUPLIQUER UN GRAPHIQUE DANS UNE AUTRE DIAPOSITIVE

- Cliquez sur la bordure du graphique puis, sous l'onglet **Accueil**>groupe **Presse-papiers**, cliquez sur le bouton **Copier** ; ou utilisez le raccourci `Ctrl`+C ; ou cliquez droit sur la bordure du graphique, puis sur la commande contextuelle Copier.

- Ensuite, cliquez dans l'autre diapositive puis sur le bouton **Coller** du Ruban ou utilisez le raccourci `Ctrl`+V, ou cliquez droit puis sur la commande Coller. Ensuite, dimensionnez et positionnez le graphique dans la diapositive.

Pour déplacer un graphique d'une diapositive dans une autre, procédez de façon semblable, mais en utilisant le bouton **Couper** du Ruban ou la commande contextuelle Couper.

DUPLIQUER UN GRAPHIQUE DANS LA MÊME DIAPOSITIVE

- Amenez le pointeur sur la bordure : il se transforme en flèches cardinales ; faites glisser l'objet graphique jusqu'à la position voulue, en maintenant la touche `Ctrl` appuyée.

SUPPRIMER UN GRAPHIQUE

- Cliquez sur la bordure du graphique, puis appuyez sur la touche `Suppr`, ou cliquez droit sur la bordure puis sur la commande Couper.

Vous pouvez copier-coller un graphique déjà créé sous Excel dans la diapositive choisie.

- Basculez dans la fenêtre Excel ouverte sur le classeur contenant le graphique, sélectionnez le graphique puis, sous l'onglet **Accueil**>groupe **Presse-papiers**, cliquez sur le bouton **Copier** (ou appuyez sur [Ctrl]+C).

- Basculez dans la fenêtre PowerPoint. En mode *Normal*, affichez la diapositive dans laquelle vous voulez importer le graphique, vous pouvez maintenant le coller de trois façons différentes.

COLLAGE STANDARD : COLLE LE GRAPHIQUE EN TANT QU'OBJET POWERPOINT

- Sous l'onglet **Accueil**>groupe **Presse-papiers**, cliquez sur le bouton **Coller** (ou [Ctrl]+V).

  Le graphique inséré devient un objet PowerPoint par simple collage. Il prend, par défaut, la mise en forme définie pour votre présentation. Lorsque vous voulez modifier les données représentées ou la mise en forme, vous utilisez les commandes du Ruban PowerPoint. Les données représentées et le graphique ont été copiés dans PowerPoint.

COLLAGE SPÉCIAL : COLLE LE GRAPHIQUE EN TANT QU'OBJET INCORPORÉ EXCEL

- Sous l'onglet **Accueil**>groupe **Presse-papiers**, cliquez sur la **flèche** du bouton **Coller** ❶, puis sur Collage spécial ❷. Dans le dialogue, sélectionnez *Objet graphique Microsoft Office* ❸. Enfin, validez par [OK].

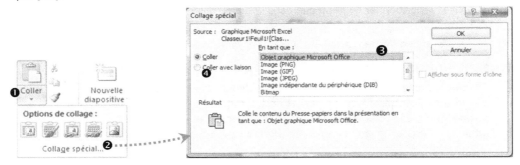

- Pour modifier un graphique ainsi incorporé, vous devez double-cliquer sur le graphique puis utiliser les commandes de l'application d'origine Excel.

La totalité du document source, le classeur Excel contenant le graphique, est incorporée dans la diapositive PowerPoint. Le fichier PowerPoint sera donc plus volumineux si le classeur Excel source contient beaucoup de données, y compris des données non directement représentées par le graphique. L'objet graphique Excel incorporé « vit sa vie » indépendamment du document source.

COLLAGE SPÉCIAL AVEC LIAISON : CONSERVE UNE LIAISON AVEC LE DOCUMENT SOURCE

Si vous avez inséré un graphique Excel en activant, dans le dialogue *Collage spécial*, l'option <⊙ Coller avec liaison> ❹, les modifications du graphique source Excel sont automatiquement reprises dans le graphique cible de la diapositive.

Les modifications du graphique doivent alors toujours être faites dans le document source, sinon elles seraient perdues car, à chaque mise à jour du lien, les données du document source écrasent les données du graphique cible dans la diapositive PowerPoint.

Pour modifier les données du graphique, double cliquez sur la bordure du graphique dans la diapositive : la fenêtre Excel contenant le graphique source s'ouvre ; modifiez alors le document source et enregistrez-le. Les modifications du graphique dans le document source sont automatiquement reprises dans le graphique cible.

MODIFIER LES SÉRIES ET LE TYPE DE GRAPHIQUE

Une fois le graphique inséré dans Powerpoint, vous pouvez modifier le type de représentation, les données, personnaliser les titres les axes, etc.

CHANGER LE TYPE DE REPRÉSENTATION GRAPHIQUE

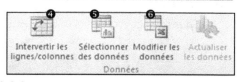

- Sous l'onglet **Outils de graphique/Création**>groupe **Type**, cliquez sur **Modifier le type de graphique** ❶. Dans le dialogue *Modifier le type de graphique*, choisissez le type de graphique ❷ dans le volet de gauche, puis la variante dans le volet de droite ❸. Cliquez sur [OK].

MODIFIER LES SÉRIES DE DONNÉES

- Sous l'onglet contextuel **Outils de graphique/Création**> groupe **Données**, cliquez sur le bouton **Modifier les données**.

La feuille de données s'affiche dans une fenêtre à côté de la fenêtre PowerPoint. Dans la fenêtre PowerPoint, les boutons du groupe **Données** du Ruban sont activés ❹❺❻.

Définir les séries à représenter dans le graphique

Une série du graphique représente graphiquement une colonne ou une ligne de la plage de données du graphique. Vous pouvez modifier les cellules ❽ représentées par une série. Vous pouvez ajouter ❼ ou supprimer ❾ des séries, vous pouvez changer leur ordre d'affichage. Pour autant les données ne sont pas ajoutées, supprimées ou déplacées dans la feuille de données.

- Cliquez sur **Sélectionner les données** ❺, ou cliquez droit sur le graphique puis sur la commande contextuelle Sélectionner les données...

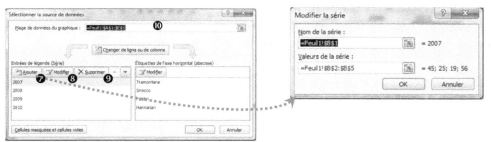

Le bouton [Cellules masquées et cellules vides] permet de définir la représentation des points de données correspondant à des cellules vides ou à des cellules masquées.

Si vous redéfinissez la plage dans la zone des données ❿, toutes les modifications de séries que vous aurez pu faire seront effacées et les séries par défaut pour cette plage de données sont rétablies.

Intervertir les données de ligne en colonne

Bascule les séries de données de ligne en colonne (ou l'inverse). Ce bouton n'est actif que lorsque la feuille de données est ouverte.

- Cliquez sur le bouton **Intervertir les lignes/colonnes** ❹ ou sur le bouton [Changer de ligne ou de colonne] dans le dialogue *Sélectionner la source de données*.

Actualiser les données

Lorsque le graphique est lié à un graphique Excel externe, il faut actualiser le graphique au cas où le graphique source dans le fichier Excel aurait été modifié.

- Cliquez sur **Actualiser les données**.

DISPOSER LES ÉLÉMENTS SUR LE GRAPHIQUE

DISPOSITIONS PRÉDÉFINIES DU GRAPHIQUE

Une disposition prédéfinie donne un positionnement des éléments du graphique : emplacement du titre, des légendes, des étiquettes, espacement pour les barres, etc.

- Sous l'onglet **Outils de graphique/Création**>groupe **Dispositions du graphique** ❶, cliquez sur la flèche déroulante ❷, puis sélectionnez la disposition que vous souhaitez.

Pour positionner les éléments exactement comme vous le souhaitez, appliquez d'abord une disposition prédéfinie approchée, puis apportez les modifications plus personnalisées.

DISPOSITION DES ÉTIQUETTES

- Sous l'onglet contextuel **Outils de graphique/Disposition**>groupe **Étiquettes**.

La position de chaque catégorie d'étiquette peut être modifiée. Les titres du graphique ❹ ou des axes❺, les légendes ❻, les étiquettes de données ❼ et l'affichage de la source de donnée ❽ peuvent être organisés en utilisant les menus déroulants de chaque bouton.

DISPOSITION DES AXES ET DU QUADRILLAGE

- Sous l'onglet contextuel **Outils de graphique/Disposition**>groupe **Axes**, utilisez les boutons **Axes** ou **Quadrillage**.
- – Cliquez sur **Axes** puis sélectionnez l'axe ❶ puis son affichage ❷.
- – Cliquez sur **Quadrillage**, sélectionnez le quadrillage ❸ puis son affichage ❹.

DISPOSITION DES ARRIÈRE-PLANS

- Sous l'onglet contextuel **Outils de graphique/Disposition**> groupe **Arrière-plan**, utilisez les boutons :
- – **Paroi du graphique** : pour afficher et choisir une couleur pour la paroi du graphique (murs du fond).
- – **Plancher du graphique** : pour afficher et choisir une couleur pour le fond du plancher du graphique.
- – **Zone de traçage** : pour afficher et choisir une couleur pour la zone de traçage.

METTRE EN FORME LES ÉLÉMENTS DU GRAPHIQUE

Lorsque vous créez un graphique, les polices des caractères et les couleurs des formes graphiques sont celles du thème choisi pour la présentation. Vous pouvez changer la mise en forme des éléments du graphique. Pour cela, commencez par appliquer un style prédéfini puis affinez la mise en forme des éléments.

APPLIQUER UN STYLE PRÉDÉFINI

Les styles prédéfinis concernent seulement les couleurs des séries de données, le remplissage des parois et du plancher du graphique, et le fond de la zone de traçage.

- Sous l'onglet **Outils de graphique/Création**>groupe **Styles du graphique** ❶, cliquez sur la flèche déroulante ❷ pour afficher la galerie, puis sur la vignette du style qui convient.

MODIFIER L'APPARENCE DES ÉLÉMENTS

- Sélectionnez l'élément :
  Cliquez directement sur l'élément dans le graphique, ou sous l'onglet contextuel **Outils de graphique/Mise en forme**>groupe **Sélection active**, zone déroulante <**Éléments de graphique**> ❸, sélectionnez l'élément à modifier.

- Appliquez ensuite un style du groupe **Styles de forme** : la galerie de styles rapides permet de choisir une mise en forme globale de l'élément (couleur, trait, épaisseur du trait) ❹.

- Pour affiner en dernier lieu, cliquez sur :
- **Remplissage de forme** ❺ si vous souhaitez modifier l'intérieur de l'élément ;
- **Contour de forme** ❻ pour modifier le trait ;
- **Effets de la forme** ❼ pour lui apporter un aspect particulier.
- Si vous voulez annuler toutes les modifications de mise en forme d'un élément, sous l'onglet contextuel **Outils de graphique/Mise en forme**>groupe **Sélection active**, cliquez sur le bouton **Rétablir le style d'origine** ❽.

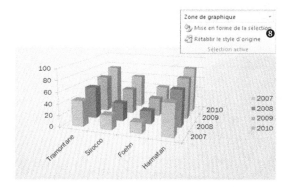

Si vous enregistrez votre présentation au format 97-2003, le graphique ne sera plus exploitable : il sera transformé en un simple dessin sans possibilité de modifications graphiques.

TRAVAILLER LES DESSINS ET IMAGES

INSÉRER DES FORMES

Microsoft Office PowerPoint fournit une galerie de formes que vous pouvez insérer et grouper afin de créer vos propres formes ou dessins. Une fois l'objet dessin créé, vous pouvez le remplir d'une couleur ou d'un motif, modifier son style de trait, le redimensionner, le déplacer, le faire pivoter ou le retourner, lui appliquer une ombre ou le transformer en objet à trois dimensions.

- Sous l'onglet **Insertion**>groupe **Illustrations** (ou **Accueil**>groupe **Dessin**), cliquez sur le bouton **Formes**.
  La galerie des formes s'affiche, regroupées en rubriques : **Lignes, Rectangles, Formes de base, Flèches pleines, Formes d'équation, Organigrammes, Étoiles et bannières, Bulles et légendes**.

- Cliquez sur l'outil de la forme que vous voulez insérer : le pointeur se transforme en croix ; cliquez dans la diapositive et tracez en faisant glisser le pointeur. La procédure de traçage peut être différente selon la forme choisie. Relâchez la pression de la souris pour terminer la création de la forme.

Pour les formes autres que les lignes :

- si au lieu de tracer le dessin vous cliquez simplement, le dessin est créé avec une taille standard, que vous pouvez modifier ensuite.
- Pour obtenir des formes parfaites : carrés, cercles, triangles isocèles..., maintenez la touche ⇧ appuyée en traçant le dessin.
- Pour obtenir des formes homothétiques par rapport au centre du dessin, maintenez [Ctrl] appuyée en traçant le dessin.

LES TRAITS DROITS

- Sous la rubrique **Lignes**, cliquez sur l'outil ⬚ *Trait*, amenez le pointeur sur la feuille : il se transforme en +. Cliquez à l'endroit où vous voulez commencer le trait, puis faites glisser le pointeur jusqu'à l'endroit où vous voulez terminer le trait.
- Pour imposer au trait des angles de 15 degrés à partir du point de départ : maintenez la touche ⇧ appuyée tout en faisant glisser la souris.
- Pour allonger le trait : cliquez dessus, puis faites glisser une poignée de redimensionnement.

LES FLÈCHES

- Sous la rubrique **Lignes** : cliquez sur l'outil ⬚ *Flèche* ou ⬚ *Flèche à deux pointes*, puis procédez de la même façon que pour un trait.
- Pour modifier/supprimer une pointe de flèche : cliquez sur le trait, sous l'onglet **Outils de dessin/Format**>groupe **Styles de forme**, cliquez sur le bouton **Contour de forme**, puis sur la commande Flèches... Cliquez sur le style de flèche voulu (pour supprimer la tête de flèche, sélectionnez le premier style *Flèche 1*). La commande Autres flèches... ouvre un dialogue servant à personnaliser la flèche.

LES COURBES, LIGNES BRISÉES OU TRACÉS À MAIN LEVÉE

Trois outils permettent de tracer des lignes en forme libre :

⬚ *Courbe* : cliquez sur le bouton, puis cliquez dans la page et déplacez le pointeur. Pendant le tracé, cliquez à chaque point de courbure, terminez par un double-clic.

⬚ *Forme libre* : cliquez sur le bouton, puis cliquez dans la page, et déplacez le pointeur. Pendant le tracé, chaque clic crée un angle, terminez par un double-clic.

INSÉRER DES FORMES

 Dessin à main levée : cliquez sur le bouton, cliquez dans la page et maintenez le bouton gauche de la souris enfoncé. Le pointeur se transforme en crayon, faites glisser le crayon, le tracé est totalement libre, terminez en relâchant le bouton de la souris.

Ces trois types de dessins vont être insérés dans une zone rectangulaire. Pour sélectionner l'objet tracé, cliquez bien sur le trait de la forme dessinée et non pas sur l'encadrement de zone.

MODIFIER LES POINTS D'UNE FORME LIBRE

Une forme libre est une forme sur laquelle on peut faire apparaître les points de courbure (ou d'angle) afin d'affiner le tracé en déplaçant les points. Les trois outils ⬠, ⬡, ⬢ produisent par défaut des formes libres, les autres formes sont prédéfinies mais peuvent aussi être transformées en formes libres.

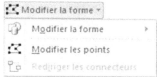

Pour modifier point par point une forme libre :

- Cliquez droit sur le tracé de la forme, puis sur la commande contextuelle Modifier la forme, ou sous l'onglet **Outils de dessin/Format**>groupe **Insérer des formes**, cliquez sur le bouton ⋮⋮ **Modifier la forme**, puis sur la commande Modifier les points.

- Des points carrés noirs sont disposés sur le tracé à chaque angle ou point de courbure. On appelle segment la portion de courbe entre deux points de courbure.

- Pour déplacer un point de courbure : faites glisser le point à déplacer.

- Pour insérer un point de courbure : cliquez sur le segment et faites glisser légèrement.

- Pour supprimer un point de courbure : appuyez sur Ctrl en cliquant sur le point.

- Chaque point de courbure peut être lisse, symétrique ou d'angle. Pour changer la nature d'un point, cliquez droit sur le point puis sélectionnez sa nature.

Lorsque vous cliquez sur un point lisse, symétrique ou d'angle ❶, une barre avec deux carrés blancs aux extrémités apparaît. Le carré noir central sert à modifier la courbure des deux segments de part et d'autre à la fois ❷. Les carrés blancs vous permettront de modifier la courbure d'un seul segment, celui du côté du carré blanc ❸.

CONVERTIR UNE FORME PRÉDÉFINIE EN FORME LIBRE

Vous pouvez (1) transformer toute forme prédéfinie en forme libre pour pouvoir l'affiner point par point et inversement (2) transformer une forme libre en une forme prédéfinie.

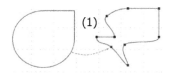 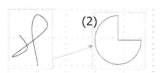 

- (1) Insérez une forme prédéfinie puis, sous l'onglet **Outils de dessin/Format**>groupe **Insérer des formes**, cliquez sur ⋮⋮ **Modifier la forme** ❶, puis Modifier les points. Il apparaît des carrés noirs que vous pouvez déplacer pour modifier la forme point par point.

INSÉRER DES FORMES

■ (2) Sélectionnez la forme libre puis, sous l'onglet **Outils de dessin/Format**>groupe **Insérer des formes**, cliquez sur 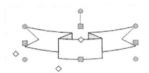 **Modifier la forme ❶**, puis sur Modifier la forme et enfin choisissez la forme prédéfinie.

AJUSTER, DIMENSIONNER ET PIVOTER UNE FORME

■ Cliquez sur le dessin, un contour de sélection apparaît autour du dessin, avec des poignées d'ajustement (losange jaune) pour certaines formes, une poignée de rotation (rond vert) et des poignées de dimensionnement (carrés et ronds bleus).

UTILISER DES CONNECTEURS

Un connecteur est un trait qui se termine par des points de connexion et qui reste relié aux formes auxquelles vous l'attachez. Il existe trois types de connecteurs : droits, en angle et en arc.

Lorsque vous déplacez des formes reliées par des connecteurs, ceux-ci restent attachés et se déplacent avec ces formes.

Deux formes au moins doivent avoir été créées.

■ Dans la liste des formes automatiques, sous la rubrique **Lignes**, choisissez la ligne qui servira de connecteur.

■ Amenez le pointeur sur la première forme, cliquez sur un des points de connexion (carrés rouges) qui sont apparus, puis faites glisser le pointeur jusqu'à l'autre forme, les points de connexion (carrés rouges) apparaissent, continuez à faire glisser le pointeur jusque sur le point de connexion que vous voulez utiliser.

Lorsque vous amenez le pointeur sur une forme, les connecteurs non rattachés s'affichent sous la forme de carrés rouges, les connecteurs rattachés sont des ronds rouges.

Si vous avez réorganisé les formes, vous devrez peut-être replacer certains connecteurs pour qu'ils suivent le trajet le plus direct et ne traversent pas d'autres formes. Vous pouvez les modifier à la souris, mais cela se fait plus facilement par une commande :

■ Onglet **Outils de dessin/Format**>groupe **Insérer des formes**, cliquez sur le bouton **Modifier la forme**, puis sur la commande Rediriger les connecteurs, ou cliquez droit sur le connecteur et choisissez Rediriger les connecteurs.

METTRE DU TEXTE SUR UNE FORME

Vous pouvez insérer du texte sur toute forme sauf sur les traits et les flèches :

■ Cliquez sur la forme, puis saisissez le texte.

Le texte fait partie intégrante de la forme, il se déplace et il pivote avec la forme.

Si votre texte est trop long, il vous faudra adapter soit le texte, soit la forme. Si vous modifiez la forme, il faudra adapter la mise en forme de votre texte.

STYLISER UNE FORME

MODIFIER L'APPARENCE DES FORMES

- Double-cliquez sur la forme, les outils de l'onglet **Outils de dessin/Format** sont sur le Ruban.

Utiliser les styles de formes

- Cliquez sur la forme dont vous souhaitez modifier l'aspect.
  Vous pouvez sélectionner plusieurs formes en cliquant sur les formes avec Ctrl appuyée.

  Si vous modifiez la forme d'un dessin composé, la totalité du dessin prendra la mise en forme nouvelle. Pour mettre en forme chacun des éléments, il faut d'abord le dissocier du dessin.

- Dans le groupe **Styles de formes** ❶, sélectionnez une vignette de style dans la galerie. Le style est un ensemble d'attributs de remplissage, de contour et d'ombre. Cliquez sur la flèche déroulante ❷ pour afficher en grand la galerie des styles. En amenant simplement le pointeur sur un style, vous obtenez l'aperçu du résultat directement sur la forme.

- Vous pouvez ensuite affiner la mise en forme à partir de celle venant du style : le remplissage, le contour et les effets apportés aux formes.

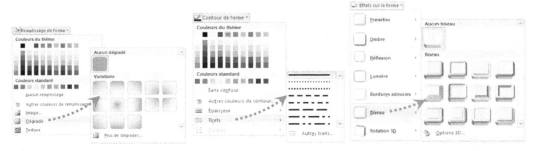

Remplissage de forme

- Dans le groupe **Styles de formes**, cliquez sur **Remplissage de forme** ❸.
  Vous avez le choix entre les couleurs du thème ou les couleurs standards, vous pouvez ensuite choisir différents dégradés. Vous pouvez à la place de la couleur choisir un remplissage par une image en fond ou une texture.

Contour de forme (couleur, type et épaisseur du trait…)

- Dans le groupe **Styles de formes**, cliquez sur **Contour de forme** ❹.
  Vous avez le choix entre les couleurs du thème ou les couleurs standard. Vous choisissez aussi les différents types de trait, leur épaisseur.

Effets sur la forme (ombrage, lumière, rotation…)

- Dans le groupe **Styles de formes**, cliquez sur **Effets sur la forme** ❺.
  Vous avez le choix entre différents effets de forme. Certains peuvent s'additionner comme l'effet réflexion et l'ombrage, ou l'effet lumière et rotation 3D.

STYLISER UNE FORME

UTILISER LES DIALOGUES

- Cliquez sur le lanceur du groupe **Styles de formes** qui affiche un dialogue *Format de la forme* dans lequel vous trouvez toutes les options de mise en forme en complément de celles que nous avons déjà décrites précédemment. Dans le volet gauche du dialogue sélectionnez une option.

Remplissage

- *Aucun remplissage* : cadre de la forme seul.
- *Remplissage uni* : choisissez la couleur et sa transparence.
- *Remplissage dégradé* : définissez le dégradé, son orientation, son point de départ ou choisissez un dégradé prédéfini.
- *Remplissage avec image ou texture* : insérez une image ou une texture.
- *Remplissage de l'arrière-plan de la diapositive* : la forme prendra la même couleur que celle du remplissage de l'arrière-plan de la diapositive.

Couleur du trait

- *Aucun trait* : seul le contenu sera visible.
- *Trait plein* : choisissez la couleur et sa transparence.
- *Trait dégradé* : définissez le dégradé, son orientation, son point de départ ou choisissez un dégradé prédéfini.

Style de trait

- <Largeur> : spécifiez l'épaisseur du trait.
- <Type de composé> : style composé de deux ou trois traits.
- <Type de tiret> : style composé de tirets.
- <Type de lettrine> : style utilisé à la fin du trait.
- <Type de connexion> : style utilisé lorsque deux traits se rencontrent.

Certains styles de trait ne sont visibles que si l'on augmente l'épaisseur du trait.

Ombre

Vous pouvez modifier la couleur, l'effet ou le décalage d'une ombre en utilisant les options suivantes.

- <Valeurs prédéfinies> : effet d'ombrage prédéfini.
- <Couleur> : couleur de l'ombre.
- <Transparence> : niveau de transparence.
- <Taille> : taille de l'ombre par rapport à la forme.
- <Flou> : définissez le rayon de l'effet de flou sur l'ombre ; plus le rayon est large, plus la forme ou le trait sera flou.
- <Angle> : angle d'application de l'ombre ; déplacez le curseur *Angle* ou entrez une valeur dans la zone à côté du curseur.
- <Distance> : distance d'application de l'ombre dans l'angle.

STYLISER UNE FORME

Format 3D

Ces paramètres servent à donner du relief à la forme en la faisant passer en 3 dimensions.

Biseau : effet de bord en trois dimensions qui peut être appliqué sur le bord supérieur ou inférieur de la forme.

– <Haut> : ⬛ effet de relief sur bord supérieur.
<Largeur> : largeur du bord supérieur.
<Hauteur> : hauteur du bord supérieur.

– <Bas> : ⬛ effet de relief sur bord inférieur.
<Largeur> : largeur du bord inférieur.
<Hauteur> : hauteur du bord inférieur.

Profondeur : distance de la forme par rapport à sa surface.

– <Couleur> : couleur pour la profondeur.

– <Profondeur> : largeur du relief.

Contour : contour de la forme.

– <Couleur> : couleur pour le contour.

– <Taille> : épaisseur du contour.

Surface : surface de la forme.

– <Matériel> : aspect dépoli, plastique, métallique ou translucide.

– <Éclairage> : incidence de la lumière sur la surface de la forme.

– <Angle> : pivoter les lumières des éclairages autour de la face avant de la forme.

– [Réinitialiser] : ce bouton supprime la mise en forme 3D.

Rotation 3D

Permet de modifier l'orientation horizontale et verticale de la forme. X représente l'axe horizontal, Y l'axe vertical et Z la troisième dimension ou profondeur. Les valeurs de ces axes sont complémentaires.

– <X> : orientation de l'axe horizontal. Vous pouvez utiliser les boutons 🔲 🔲 pour déplacer l'axe vers la gauche ou la droite.

– <Y> : orientation de l'axe vertical. Vous pouvez utiliser les boutons 🔲 🔲 pour déplacer l'axe vers le haut ou le bas.

– <Z> : fait pivoter la forme dans le sens des aiguilles d'une montre ou dans le sens inverse. Vous pouvez utiliser les boutons 🔲 🔲 pour déplacer l'axe dans le sens des aiguilles d'une montre ou dans le sens inverse.

– <Perspective> : ampleur de l'effet de rapprochement appliqué à la forme, à savoir le grossissement et le raccourcissement de l'objet en fonction de la profondeur.

– ☑ *Garder le texte plat* : évite que le texte à l'intérieur d'une forme n'effectue une rotation lorsque vous faites pivoter la forme.

– <Distance à partir du sol> : déplace la forme vers l'avant ou vers l'arrière dans un espace en 3D, entrez une valeur dans cette zone.

– [Réinitialiser] : ce bouton supprime les effets de rotation 3D et de perspective.

STYLISER UNE FORME

Corrections des images

Permet de régler la netteté et la clarté relative d'une image (luminosité) ou la différence entre les zones les plus sombres et les zones les plus claires (contraste).

- <Ajuster la netteté> : se comprend de soi-même.
- <Luminosité> : modifie la luminosité de l'image.
- <Contraste> : modifie les contrastes de l'image.
- [Réinitialiser] : ce bouton rétablit les paramètres par défaut de luminosité et de contraste de l'image.

Couleur de l'image

- <Saturation de la couleur> : rend les couleurs plus ou moins vives.
- <Nuance des couleurs> : choisit une palette plus ou moins chaude ou froide.
- <Recolorier> : appliquer à l'objet ou à l'arrière-plan de la diapositive un effet stylisé, tel que des nuances de gris ou un ton sépia.

Ces deux onglets s'appliquent à une image plutôt qu'à une forme.

Zone de texte

Une zone de texte permet d'insérer du texte sur une forme, indépendamment des espaces réservés.

Disposition du texte

- <Alignement vertical> et <Orientation du texte> : spécifie l'orientation et la position du texte dans une forme.

Ajustement automatique

- <⊙ Ne pas ajuster automatiquement> : désactive ou non le redimensionnement automatique.
- <⊙ Réduire le texte dans la zone de débordement> : réduit ou non la taille du texte afin qu'il ne dépasse pas de la forme.
- <⊙ Ajuster la forme au texte> : ajuste verticalement la taille de la forme afin que le texte ne dépasse pas de la forme.

Marge intérieure

La marge intérieure est la distance entre le texte et la bordure extérieure d'une forme.

- <À gauche> : distance entre la bordure gauche d'une forme et le texte.
- <À droite> : distance entre la bordure droite d'une forme et le texte.
- <Haut> : distance entre la bordure supérieure d'une forme et le texte.
- <Bas> : distance entre la bordure inférieure d'une forme et le texte.
- <☑ Renvoyer le texte à la ligne dans la forme> : passage automatique à la ligne lorsque le texte atteint le bord droit de la forme.
- [Colonnes...] : ce bouton ouvre un dialogue pour spécifier le nombre de colonnes de texte dans une forme et l'espacement entre les colonnes.
    - <Nombre> : nombre de colonnes de texte dans la forme.
    - <Espacement> : espacement entre les colonnes de texte dans la forme.

CRÉER ET STYLISER UNE ZONE DE TEXTE

CRÉER UNE ZONE DE TEXTE AVEC L'OUTIL ZONE DE TEXTE

Les zones de texte permettent de placer du texte n'importe où dans une diapositive et ne dépendent pas d'une forme. Vous pouvez ajouter une bordure, un remplissage, une ombre ou un effet à trois dimensions au texte d'une zone de texte.

- Onglet **Insertion**>groupe **Texte**, cliquez sur le bouton **Zone de texte ❶**, puis cliquez dans la diapositive et faites glisser le pointeur pour tracer la zone de texte. Enfin, saisissez le texte.

- Pour modifier la taille et la police des caractères, sélectionnez les caractères, puis utilisez les outils du Ruban sous l'onglet **Accueil**>groupe **Police** ou la minibarre d'outils.

La zone de texte s'adaptera au texte que vous écrivez, au fur et à mesure de l'écriture.

- Pour positionner la zone, amenez le pointeur sur le pourtour de la zone, et faites-le glisser.

CRÉER UNE ZONE DE TEXTE AVEC L'OUTIL WORDART

Il est possible de créer une zone de texte avec l'outil WordArt.

- Onglet **Insertion**>groupe **Texte**, cliquez sur le bouton **WordArt ❷**. Dans la galerie de lettrines, choisissez une vignette de style puis tapez votre texte, il sera directement mis en forme et s'affichera au milieu de la diapositive. Il restera à le positionner.

STYLISER LES CARACTÈRES AVEC LES STYLES WORDART

WordArt sert à créer des effets décoratifs sur les caractères.

- Sélectionnez la zone de texte en entier ou une partie du texte puis, sous l'onglet **Outils de dessin/Format**>groupe **Style WordArt**, cliquez sur la flèche déroulante ❸ pour agrandir la galerie des styles WordArt, cliquez sur la vignette style qui vous convient.

Si vous avez sélectionné une partie du texte, vous pouvez tout de même appliquer le style à tout le texte si vous choisissez un style sous la rubrique **S'applique à tout le texte de la forme ❹**.

Vous pouvez ensuite affiner la décoration avec les autres outils :

Remplissage du texte : couleur, dégradé, texture des caractères.

Contour du texte : tracé, épaisseur et couleur des caractères.

Effets du texte : Ombre, Réflexion, Lumière, Biseau, Rotation 3D et Transformer. Rotation 3D et Transformer ❺ agissent sur l'ensemble de la zone même si une partie seule du texte est sélectionnée.

STYLISER LE FOND ET LE CONTOUR DE LA ZONE DE TEXTE

Avec les styles de forme, il s'agit de personnaliser le fond et le contour de la zone texte.

- Cliquez sur la zone de texte puis, sous l'onglet **Outils de dessin/Format**>groupe **Styles de forme**, cliquez sur la flèche déroulante pour agrandir la galerie des formes, cliquez sur la forme qui vous convient.

- Vous pouvez ensuite affiner la décoration avec les autres outils.
  Remplissage de la forme : couleur, dégradé et texture du fond de la zone.
  Contour de forme : tracé, épaisseur et couleur du contour de la zone
  Effets sur la forme : réflexion, lumière, rotation 3D de la zone.

Pour utiliser la synergie lecture/vision, insérez des images dans vos diapositives : l'image à pour but d'illustrer et d'augmenter l'impact de votre texte.

Une image peut être importée, copiée-collée, insérée à partir des différents outils de Microsoft (Presse-papiers, Bibliothèque multimédia) ou de ceux dont vous disposez : scanneur, appareil photo, disque dur ou téléchargement via Internet (Microsoft Office Online par exemple).

INSÉRER UNE IMAGE CLIPART

- Dans la nouvelle diapositive contenant les outils d'insertion au centre d'un espace réservé, cliquez sur l'outil *ClipArt* ❶ ou sous l'onglet **Insertion**>groupe **Images**, cliquez sur le bouton **Images clipart** ❷.

- Le volet *Images clipart* est affiché sur la droite de la fenêtre. Dans la zone <Rechercher> ❶, saisissez un mot-clé pouvant être associé à l'image voulue, cliquez sur [OK].

- Les vignettes des images trouvées s'affichent dans la zone ❷. Cliquez sur la vignette de l'image à insérer dans la diapositive courante.

  – Vous pouvez élargir la recherche à Microsoft Office.com sur Internet en cochant la case <☑ Inclure le contenu Office.com> ❸.

  – Vous pouvez éliminer de la recherche certains types de clips en décochant l'option dans la zone <Les résultats devraient être> ❹.

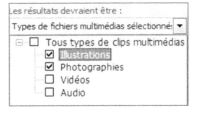

  – Gérez vos images dans la Bibliothèque : supprimez un clipart ❺, modifiez les mots-clés ❻...

Les mots-clés sont essentiels pour retrouver les clips que vous voulez utiliser. Des mots-clés existent initialement pour chaque clip ; pour ajouter, supprimer ou modifier des mots-clés associés à un clip, cliquez droit sur le clip, puis sur la commande Modifier les mots-clés...

LA BIBLIOTHÈQUE MULTIMÉDIA

La Bibliothèque multimédia organise les photos, les cliparts et autres fichiers multimédia dans des collections séparées. La première fois que vous ouvrez la Bibliothèque multimédia, vous pouvez la laisser rechercher les fichiers multimédia sur votre ordinateur.

La Bibliothèque multimédia ne copie, ni ne déplace les fichiers sur votre ordinateur, elle les laisse à leur emplacement d'origine et crée des raccourcis vers les fichiers dans ses dossiers de collections. Ces raccourcis servent à afficher l'aperçu d'un fichier, à ouvrir ou à insérer celui-ci sans avoir à vous rendre à son emplacement d'installation.

INSÉRER UNE IMAGE OU UN CLIPART

- Cliquez sur le bouton *Démarrer*, puis successivement sur *Microsoft Office, Outils Microsoft Office (2010)* et *Bibliothèque multimédia Microsoft*.

- Cliquez sur [Liste des Collections...] pour ouvrir la liste des collections, puis cliquez sur une collection pour voir les images de la collection dans le volet droit de la fenêtre.

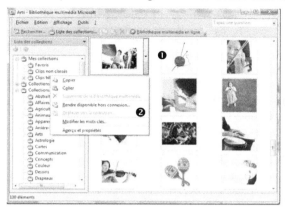

- Cliquez sur la flèche située à droite du clipart ❶. Le menu déroulant permet de copier et coller les dessins, de les supprimer de la Bibliothèque multimédia, de les déplacer entre collections, de modifier et rajouter des mots-clés, de rendre disponibles hors connexion ceux du Web ❷.

Vous pouvez créer vos collections, ajouter des clips (fichiers multimédia comprenant des images, du son, des animations ou une vidéo.) que vous trouvez sur Internet ou que vous copiez sur votre ordinateur.

INSÉRER UNE IMAGE À PARTIR D'UN SCANNEUR

Vous devez passer par la Bibliothèque multimédia pour numériser une image et l'insérer comme un fichier image.

- Dans la Bibliothèque multimédia, exécutez Fichier>Ajout de clips dans la Bibliothèque multimédia, puis À partir d'un scanneur ou d'un appareil photo...

Le programme de numérisation associé à votre scanneur est lancé.

TÉLÉCHARGER DE NOUVELLES IMAGES SUR INTERNET

Dans le volet *Images clipart*, cliquez sur le lien Plus d'informations sur Office.com. Votre navigateur est lancé et une connexion au site Web *office.microsoft.com,* onglet *Images* s'effectue.

- Cliquez sur la catégorie ❶, puis sur le type ❷ et d'autres caractéristiques ❸ des images que vous recherchez.

- Amenez la souris sur une image qui vous intéresse ❹.

- Cliquez sur [Ajouter au panier] ❺ puis [Télécharger].

Les images sélectionnées sont téléchargées et ajoutées à la Bibliothèque multimédia dans la catégorie *Images téléchargées*.

INSÉRER UNE IMAGE OU UN CLIPART

INSÉRER UNE IMAGE PAR LE PRESSE-PAPIERS

Lorsque vous copiez une image, quelle que soit l'application Windows, elle est mémorisée dans une mémoire intermédiaire appelée *Presse-papiers*.

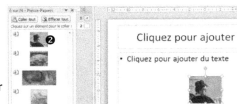

- Sous l'onglet **Accueil**>groupe **Presse-papiers**, cliquez sur le **Lanceur** ❶, un volet *Presse-papiers* s'ouvre à gauche de la fenêtre PowerPoint ❷. Ce volet permet d'afficher une liste des copies que vous avez faites durant votre travail, de façon à les récupérer si besoin est.

- Un clic sur l'objet dans le volet *Presse-papiers* permet d'insérer l'image au milieu de la diapositive. Vous pouvez aussi utiliser la barre fléchée située à droite de l'objet ❸ et choisir Coller ❹. Vous pouvez également cliquer sur le bouton [Coller tout].

  Pour effacer des éléments du Presse-papiers, choisissez la commande Supprimer ❺, ou cliquez sur le bouton [Effacer tout].

  Sans utiliser le volet *Presse-papiers*, vous pouvez utiliser les actions classiques de couper/coller, sous l'onglet **Accueil**>groupe **Presse-papiers**, pour récupérer le dernier élément copié.

INSÉRER UNE IMAGE ENREGISTRÉE DANS UN FICHIER

- Dans une zone présentant les outils d'insertion d'objets, cliquez sur l'cône *Image* ❶ ou sous l'onglet **Insertion**>groupe **Illustrations**, cliquez sur le bouton **Image** ❷. Le dialogue *Insérer une image* s'affiche.

- Choisissez le dossier contenant le fichier image ❸ et sélectionnez le fichier image puis cliquez sur [Insérer], ou double-cliquez sur le fichier image (vous pouvez filtrer les fichiers image ❹).

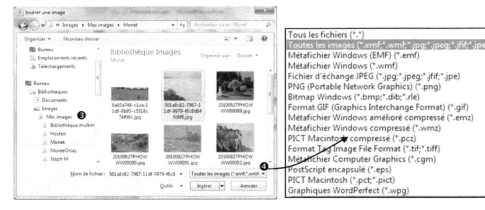

PowerPoint place l'image au centre de la diapositive. On peut alors la redimensionner en faisant glisser ses poignées ou la déplacer en la faisant glisser.

Si vous n'arrivez pas à importer un fichier dans la Bibliothèque multimédia, c'est peut-être que l'installation de Microsoft Office n'a pas mis en place le filtre pour ce type de fichier. Exécutez à nouveau le programme d'installation pour réviser ou mettre à jour la liste des filtres graphiques.

MANIPULER ET STYLISER UNE IMAGE

Avant d'effectuer une manipulation sur une image, il faut la sélectionner en cliquant dessus lorsque le pointeur se transforme en croix : ⊹. Aux coins et au milieu des côtés, des cercles blancs symbolisent des poignées de dimensionnement.

MANIPULER UNE IMAGE AVEC LA SOURIS

Déplacer une image

- Cliquez sur l'image et faites-la glisser à une autre position.

Redimensionner une image

- Cliquez sur l'image pour la sélectionner, puis cliquez et faites glisser l'une des poignées de dimensionnement dans le sens de la flèche du pointeur.

Supprimer une image

- Cliquez sur l'image pour la sélectionner, puis appuyez sur Suppr.

METTRE EN FORME UNE IMAGE OU UN CLIPART

- Utilisez les outils du Ruban sous l'onglet contextuel **Outils Image/Format**.

Utiliser les styles d'image

Un style d'image prédéfini regroupe des effets de forme, de bord (épaisseur, couleur...) ou d'image (ombre, orientation 3D...).

- Pour appliquer un style prédéfini, cliquez sur la flèche déroulante ❶ pour agrandir la fenêtre de la galerie, puis cliquez sur la vignette du style d'image dans la galerie.

Vous pouvez affiner directement ces effets à l'aide des boutons ❷ du groupe **Styles d'images**.

- **Bord de l'image** : pour modifier le style, l'épaisseur et la couleur du bord de l'image.
- **Effets des images** : pour donner des effets d'ombre, de miroir, de rotation et de relief ❻.

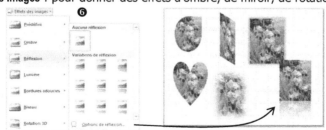

Pour mettre l'image en fond d'une forme, créez la forme. Dans **Outils de dessin/Format** – **Styles de forme**, cliquez sur **Remplissage de forme**, choisissez Image et spécifiez le fichier image.

Ajuster la luminosité, le contraste et les couleurs

- Onglet **Outils Image/Format**>groupe **Ajuster**, utilisez les boutons ❼.
- **Corrections** : agit sur la luminosité et le contraste.
- **Couleur** : permet modifier la couleur dominante de l'image afin de lui donner un ton particulier : sépia, monochrome bleu ou vert, sanguine...

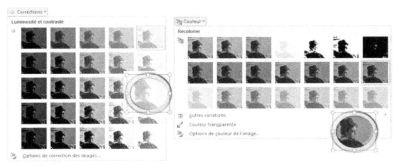

- **Remplacer l'image** ❹ permet de remplacer l'image par une autre.
- **Rétablir l'image** ❺ enlève tous les mises en forme que vous avez appliquées.

Régler la compression des images

Les images sont compressées par défaut au moment de l'enregistrement du document, mais vous pouvez gérer différemment la compression :

- Onglet **Outils Image/Format**>groupe **Ajuster**, cliquez sur le bouton **Compresser les images** ❸.

Le dialogue vous permet de compresser, sans attendre l'enregistrement, toutes les images ou uniquement celles sélectionnées.

Cela permet de ne pas effectuer de compression lors de l'enregistrement, ou que les zones rognées ne soient pas supprimées (et pouvoir les restaurer) ou d'augmenter la compression selon la sortie cible.

Rogner

Le rognage consiste à supprimer une ou plusieurs parties latérales de l'image. Vous pouvez rogner une photo ou un clipart mais pas une forme automatique. Tant que vous n'avez pas compressé les images, vous pouvez restaurer les zones rognées par la même manipulation, en sens inverse.

- Onglet **Outils Image/Format**>groupe **Taille**, cliquez sur le bouton **Rogner** ⊞, le curseur se transforme en outil de rognage et des poignées de rognage apparaissent autour de l'image. Faites glisser les poignées pour rogner la partie de l'image.

- Pour rogner ensemble de façon égale deux côtés opposés : maintenez ⌷Ctrl⌷ appuyée en faisant glisser une poignée de l'un de ces côtés.
- Pour rogner ensemble, de façon égale, les quatre côtés : maintenez ⌷Ctrl⌷ appuyée en faisant glisser une des poignées d'angle.

- Pour terminer, cliquez à nouveau sur ⊞ **Rogner** ou ⌷Echap⌷ ou cliquez à l'extérieur de l'image.

MODIFIER UN CLIPART OU UN DESSIN COMPOSÉ

MODIFIER UNE IMAGE CLIPART

Un clipart est un fichier image d'extension `wmf`. Une fois inséré en tant qu'objet, vous pouvez le styliser (cadre, fond du cadre...), mais vous pouvez aussi le transformer ; pour cela il faudra le convertir en objet dessiné Microsoft Office.

- Onglet **Outils Image/Format**>groupe **Organiser**, cliquez sur le bouton **Grouper** [图], puis sur Dissocier, un dialogue vous prévient que l'objet va changer de statut : il deviendra un objet PowerPoint. Cliquez sur [Oui].

Le dessin étant sélectionné, cliquez à nouveau sur le bouton **Grouper** [图], puis sur Dissocier. Le dessin se couvre de groupe de points quelquefois très serrés, ce sont les poignées de chacun des éléments du dessin. Si vous ne souhaitez pas modifier le dessin, gardez l'objet sélectionné et regroupez-le immédiatement (bouton **Grouper** [图], puis Grouper ou Regrouper). Sinon, cliquez en dehors du dessin pour le désélectionner et revenez un à un sur les éléments à modifier.

 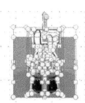 

GROUPER ET DÉGROUPER DES FORMES

Lorsque vous créez un dessin composé de plusieurs formes ou cliparts, vous devez les grouper pour en faire un seul objet. Vous pouvez alors manipuler et styliser l'objet dessin.

Vous pouvez toujours modifier chacun des éléments de la forme groupée, mais il faut d'abord dégrouper l'objet composé.

- Onglet **Outils Image/Format**>groupe **Organiser**, cliquez sur le bouton **Grouper** [图], puis sur la commande Dissocier ❶.

- Modifiez ensuite, un par un, les éléments que vous voulez changer.

- Pour reconstituer votre objet, cliquez ensuite sur le bouton **Grouper** [图] puis sur la commande Regrouper.

Attention, si vous modifiez la taille d'un objet composé d'éléments groupés, les éléments changent en proportion ❷. Si vous avez simplement sélectionné les éléments dans un état dégroupé avant de modifier leur taille, ils seront modifiés indépendamment les uns des autres ❸.

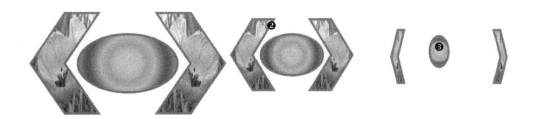

INSÉRER UN SMARTART

Un objet SmartArt est une représentation graphique d'une idée, d'un concept, d'un processus, etc. Il existe sept types de SmartArt : Liste, Processus, Cycle, Hiérarchie, Relation, Matrice ou Pyramide.

CRÉER UN GRAPHIQUE SMARTART

- Soit dans un espace réservé d'une diapositive de contenu, vous cliquez sur l'outil *Insérer un graphique SmartArt* ❶. Soit sous l'onglet **Insertion**>groupe **Illustrations**, vous cliquez sur le bouton **SmartArt** ❷.

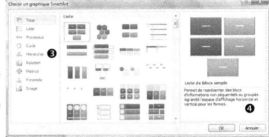

- Dans le dialogue *Choisir un graphique SmartArt*, choisissez une catégorie de graphique SmartArt ❸, puis cliquez sur une vignette dans la galerie. Un descriptif s'affiche dans le volet de droite du dialogue ❹.

- Cliquez sur [OK] pour insérer.

Le graphique apparaît accompagné d'un volet dans lequel vous pouvez saisir votre texte.

- Saisissez les textes dans les zones [Texte] ❺ ou dans le volet *Texte* ❻.

Vous pouvez fermer le volet texte en cliquant sur sa case de fermeture, et l'ouvrir à nouveau en cliquant sur les flèches situées sur le bord gauche de l'objet SmarArt lorsqu'il est sélectionné. Ou, cliquez sur le bouton [Volet texte] ❼ dans le groupe **Créer un graphique** ❽.

Les textes que vous avez saisis s'affichent dans les formes SmartArt.

TRANSFORMER UN TEXTE EN SMARTART

- Sélectionnez du texte dans un espace réservé de la diapositive. Si ce texte contient des paragraphes avec retraits ou puces, ils seront « traduits » en formes hiérarchisées.

- Cliquez droit sur le texte sélectionné, puis sur la commande Convertir en graphique SmartArt, et choisissez le graphique SmartArt de votre choix.

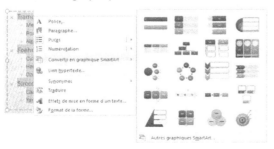

MODIFIER UN SMARTART

Un SmartArt est constitué de plusieurs formes, vous pouvez le styliser dans son ensemble. Vous pouvez ajouter, supprimer et styliser des formes.

STYLISER L'ENSEMBLE DU SMARTART : LA DISPOSITION OU LES COULEURS

- Double-cliquez sur le SmartArt, cliquez sur l'onglet **Outils SmartArt/Création**, les outils de mise en forme du SmartArt s'affichent sur le Ruban.

- Groupe **Disposition** : cette galerie sert à choisir une autre disposition des formes. Cliquez sur la flèche déroulante ❶ de la galerie, puis sur Autres dispositions (au bas de la galerie agrandie), vous retrouvez le dialogue *Choisir un graphique SmartArt* pour changer de catégorie de graphique puis de disposition dans la catégorie.

- Groupe **Styles SmartArt** ❷ : la galerie sert à choisir une variation dans la disposition des formes. Le bouton [Modifier les couleurs] permet de changer les couleurs de thème.

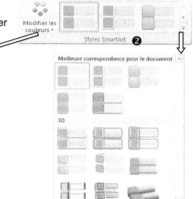

STYLISER ET MODIFIER DES FORMES

Sélectionner une ou plusieurs formes d'un SmartArt

- Cliquez sur la forme jusqu'à ce qu'elle soit entourée du rectangle de sélection. Vous pouvez sélectionner plusieurs formes en appuyant sur la touche [Ctrl].

Styliser une forme

- Sélectionnez une (des) forme(s) dont vous voulez modifier l'aspect différemment des autres, puis utilisez les outils sous l'onglet **Outils SmartArt/Format**>groupe **Styles de forme** ❶.

Ces outils vous permettent de modifier la couleur de remplissage, le contour, les effets 3D, comme pour tout objet graphique de PowerPoint. Il est cependant conseillé de ne pas en abuser pour conserver l'homogénéité d'ensemble du SmartArt.

Modifier une forme

- Sélectionnez la (les) forme(s) que vous voulez modifier, puis utilisez les outils sous l'onglet **Outils SmartArt/Format**>groupe **Formes**.
- **Modifier la forme** : affiche la galerie des formes pour choisir une autre forme.
- **Plus grand** ou **Plus petit** : servent à augmenter ou à réduire la taille de la forme.

MODIFIER UN SMARTART

Styliser les caractères

Vous pouvez sélectionner tout le SmartArt pour styliser tous les textes de toutes les formes ou sélectionner une ou des formes, et même une partie de texte dans une forme.

- Utilisez ensuite les outils sous l'onglet **Outils SmartArt/Format**>groupe **Styles WordArt**.

Supprimer une forme

- Cliquez sur la forme, puis appuyez sur ⌐Suppr⌐.

Ajouter une forme

- Sélectionnez la forme à côté de laquelle vous souhaitez ajouter la nouvelle forme puis, sous l'onglet **Outils SmartArt/Création**>groupe **Créer un graphique**, cliquez sur la **flèche** du bouton **Ajouter une forme ❶.**

- Choisissez la position de la nouvelle forme par rapport à la forme actuellement sélectionnée.

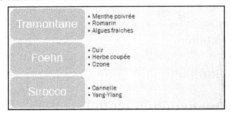

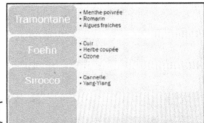

Forme ajoutée {

- **Ajouter une puce ❷** : ajoute un texte à puce après les autres dans la forme sélectionnée.
- **De droite à gauche ❸** : exerce une permutation des formes de droite à gauche.
- **Promouvoir ❹** : augmente le niveau de puce ou de la forme sélectionnée.
- **Abaisser ❺** : abaisse le niveau de puce ou de la forme sélectionnée.

Modifier les textes

- Pour ouvrir le volet texte, utilisez l'un des deux procédés :
  - Cliquez sur les flèches sur le bord de l'objet SmartArt ❶ lorsqu'il est sélectionné.
  - Onglet **Outils SmartArt/Création**>groupe **Formes**, cliquez sur le bouton **Volet Texte**.
- Puis, dans ce volet, modifiez le texte voulu.

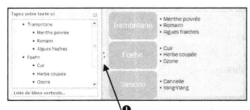

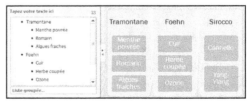

Selon la disposition du graphique SmartArt choisie, chaque puce du volet *Texte* est représentée dans le graphique SmartArt par une nouvelle forme ou par une puce à l'intérieur d'une forme.

INSÉRER UN ORGANIGRAMME

- Onglet **Insertion**>groupe **Illustrations**, cliquez sur le bouton **SmartArt** ; dans le dialogue *Choisir un graphique SmartArt*, cliquez sur *Hiérarchie* dans le volet gauche, puis cliquez sur une des vignettes de disposition hiérarchique (ici *Organigramme*, la première), cliquez sur [OK].

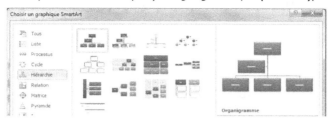

- Pour entrer vos textes : cliquez dans une forme du SmartArt puis tapez votre texte. Ou, dans le volet Texte (cf. page précédente) chaque puce ● [Texte] correspond à une forme de l'organigramme, cliquez sur chaque [Texte] puis saisissez le texte.

Dans le volet texte seulement, ⏎ ajoute une forme de même niveau après la forme sélectionnée, ⇥ abaisse le niveau de la forme, ⇧+⇥ promeut le niveau de la forme sélectionnée.

AJOUTER UNE FORME

- Cliquez sur la forme près de laquelle vous voulez ajouter une autre forme puis, sous l'onglet **Outils SmartArt/ Création**>groupe **Créer un graphique**, cliquez sur ▢ **Ajouter une forme**. Sélectionnez la position de la nouvelle forme par rapport à la forme sélectionnée : Ajouter la forme avant/Ajouter la forme après/Ajouter la forme au-dessus/Ajouter la forme au-dessous.

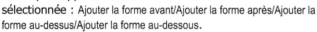

- Vous pouvez aussi cliquer droit sur la forme puis sur Ajouter une forme, et choisissez la position de la nouvelle forme par rapport à la forme sélectionnée.

PROMOUVOIR OU ABAISSER UNE FORME

- Cliquez sur la forme puis, sous l'onglet **Outils SmartArt/Création**>groupe **Créer un graphique**, cliquez sur **Abaisser** ou **Promouvoir**. Ou, dans le *volet* Texte, la touche ⇥ pour abaisser la forme ou ⇧+⇥ pour la promouvoir.

CHANGER LA DISPOSITION DE L'ORGANIGRAMME

- Onglet **Outils SmartArt/Création**>groupe **Disposition**, dans la galerie choisissez une autre disposition pour votre organigramme. Pour la première disposition de la galerie nommée *Organigramme*, le bouton **Disposition** du groupe **Créer un graphique** permet d'orienter les branches.

STYLISER LE SMARTART GLOBALEMENT

- Onglet **Outils SmartArt/Création**>groupe **Styles SmartArt**, la galerie permet de choisir un aspect avec un entourage, des reliefs ou un effet 3D. Le bouton **Modifier les couleurs** sert à choisir les couleurs des formes. Ici, ces commandes s'appliquent à tout le SmartArt.

STYLISER LES CARACTÈRES

- Onglet **Outils SmartArt/Format**>groupe **Styles WordArt**, ces outils permettent de styliser les caractères d'une ou plusieurs formes sélectionnées. Le groupe **Styles de forme** permet de styliser une forme différemment des autres.

POSITIONNER LES OBJETS

OUVRIR LE VOLET DE SÉLECTION

- Onglet **Accueil**>groupe **Modification**, cliquez sur la **flèche** du bouton [Sélectionner]. Ou, si un objet est sélectionné, sous l'onglet contextuel **Format**>groupe **Organiser**, cliquez sur [Volet de sélection].

- Pour fermer le volet de sélection, cliquez sur la case de fermeture ✖ à droite du titre du volet.

Le volet de sélection liste tous les objets figurant sur la diapositive en cours en mentionnant leur nom et permet de les sélectionner et de les masquer.

- Masquer/réafficher un objet : cliquez sur l'icône en forme d'œil 👁 à droite du nom de l'objet, si l'objet est masqué, l'œil l'est aussi.

- Masquer/réafficher tous les objets : cliquez sur le bouton [Masquer tout], pour les réafficher tous, cliquez sur [Afficher tout].

SÉLECTIONNER DES OBJETS

- Pour sélectionner un objet : cliquez sur l'objet ou sur son tracé si l'objet n'est pas plein. Vous pouvez aussi cliquer sur le nom de l'objet dans le volet sélection. L'objet sélectionné apparaît alors bordé de traits, de carrés et de cercles : les poignées.

- Pour sélectionner plusieurs objets : maintenez Ctrl ou ⇧ appuyée et sélectionnez un à un les objets dans la diapositive ou dans le volet de sélection. Ou, sous l'onglet **Accueil**>groupe **Modifications**, cliquez sur **Sélectionner**, puis sur Sélectionner les objets. Faites glisser le pointeur pour tracer un périmètre rectangulaire englobant les objets à sélectionner.

Si un objet est recouvert par un autre, sélectionnez-le par le volet de *Sélection*, ou cliquez sur un autre objet le recouvrant, puis tapez ⇥ jusqu'à le sélectionner.

UTILISER LA GRILLE ET LES REPÈRES DE POSITIONNEMENT

Lorsque vous faites glisser un objet sur la diapositive, le coin en haut à gauche de l'objet se cale sur un point d'une grille invisible de points que vous pouvez afficher. Vous pouvez aussi afficher les repères : un axe vertical et un axe horizontal que vous pouvez faire glisser à la position de votre choix (par défaut, ils se coupent au centre de la diapositive) pour positionner vos images autour d'un point focal décentré, le même sur toutes les diapositives.

Pour neutraliser ponctuellement le calage automatique, appuyez sur Alt pendant le déplacement.

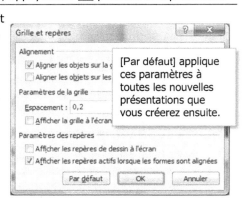

- Pour paramétrer la grille et les repères, cliquez droit sur le fond de la diapositive, puis sur Grille et repères. Dans le dialogue, spécifiez les paramètres. Validez par [OK].

- Pour rendre visible/invisible la grille, cochez/décochez <☑ Afficher la grille à l'écran> dans *Grille et repères*. Vous pouvez aussi cocher ou décocher ☑ **Quadrillage**, sous l'onglet **Affichage**>groupe **Afficher**.

- Pour afficher ou non les repères, cochez ou décochez <☑ Afficher les repères de dessin à l'écran>.

- Cochez ou décochez les options d'alignement :

  - <☑ Aligner les objets sur la grille> pour que les objets que vous glissez se calent sur le point de la grille le plus proche (la distance entre les points se modifie dans la zone <Espacement>).

  - <☑ Aligner les objets sur les autres objets> pour que les objets que vous glissez se calent aussi sur la bordure de l'objet le plus proche.

POSITIONNER LES OBJETS

ALIGNER PLUSIEURS OBJETS SÉLECTIONNÉS

Vous pouvez aligner des objets sélectionnés par rapport à la diapositive (à gauche, à droite, au milieu... de la diapositive) ou par rapport à des objets sélectionnés (sur celui le plus à gauche, à droite... d'entre eux).

- Pour choisir entre l'alignement par rapport à la diapositive ou à des objets sélectionnés, sélectionnez au moins deux objets puis, sous l'onglet contextuel **Format**>groupe **Organiser**, cliquez sur **Aligner**, enfin cliquez sur Aligner sur la diapositive ou sur Aligner sur les objets sélectionnés.

- Pour aligner les objets sélectionnés, sous l'onglet contextuel **Format**>groupe **Organiser**, cliquez sur **Aligner**, cliquez sur Aligner à gauche/Centrer/Aligner à droite... Les options Distribuer horizontalement/Distribuer verticalement permettent de positionner les objets à égale distance les uns des autres.

REDIMENSIONNER ET FAIRE PIVOTER UN OBJET

- Un objet sélectionné est entouré de petits cercles, les poignées.
- La poignée verte de rotation permet de faire pivoter l'objet. Pour des rotations de 15° en 15°, glissez la poignée de rotation en appuyant sur ⇧.
- Les poignées blanches servent à redimensionner l'objet. Pour conserver les proportions, glissez les poignées situées dans les coins en appuyant sur ⇧.

- Pour modifier la taille ou la rotation avec précision, sous l'onglet contextuel **Format**>
- Groupe **Taille**, spécifiez la hauteur et la largeur ou cliquez sur le **Lanceur** du groupe.
- Groupe **Organiser**, cliquez sur **Rotation** puis sur le choix : Faire pivoter à droite de 90°, Retourner verticalement... ou sur Autres option de rotation... pour définir un angle de rotation.

Original   90 droit   90 gauche   Verticalement   Horizontalement

ORGANISER LA SUPERPOSITION DES OBJETS

Lorsque des objets sont superposés, un objet recouvre partiellement les objets situés dans son arrière-plan. Pour organiser la superposition :

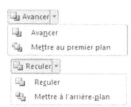

- Sous l'onglet contextuel **Format**>groupe **Organiser**, cliquez sur le bouton **Avancer**, choisissez Mettre au premier plan ou Avancer ou bien le bouton **Reculer**, puis sur Mettre à l'arrière-plan ou Reculer. Ici, l'étoile est :

En arrière-plan   reculé   En premier-plan

Un objet mis au premier plan est placé au-dessus de tous les autres, un objet à l'arrière-plan en dessous de tous les autres. Les commandes **Avancer** ou **Reculer** permettent de monter ou de descendre d'un niveau.

MASQUES, THÈMES ET MODÈLES

7

LES MASQUES

Le masque est l'infrastructure de la présentation, il assure une homogénéité et une cohérence des diapositives de la présentation. Il existe trois masques : un masque pour les diapositives, un masque pour le document imprimé et un masque pour les pages de commentaires.

LE MASQUE DES DIAPOSITIVES

Le masque des diapositives contient :

- La « racine » ❶ qui définit la mise en forme par défaut dans les diapositives des espaces réservés : polices, arrière-plan, puces et numérotation des textes, positionnement des zones de date et de pied de page. Elle peut contenir aussi des objets (image ou texte) que vous voulez faire figurer sur toutes les diapositives, par exemple un logo.
- Les « dispositions » ❷ (sous la racine) qui définissent les différentes organisations des espaces réservés. À chaque diapositive est appliquée une disposition. Vous appliquez la même disposition aux diapositives qui doivent avoir une organisation similaire de leurs contenus. Sur une disposition, vous pouvez ajouter des espaces réservés ou des objets qui s'afficheront seulement sur les diapositives concernées. Vous pouvez modifier la mise en forme de certains espaces réservés afin de les différencier de la mise en forme générale définie dans la racine.

Il est tentant de modifier les couleurs, polices et mises en forme dans les diapositives au fur et à mesure de l'avancement du travail et de nos idées... Mais c'est déconseillé, car cela entraînerait un retour fastidieux sur chaque diapositive, en cas de changement de couleur, de police, de taille...

- Pour modifier le masque de diapositives, sous l'onglet **Affichage**> groupe **Modes masque**, cliquez sur le bouton **Masque des diapositives**. Dans le volet de gauche, le masque s'affiche avec sa racine et ses dispositions (11 par défaut).

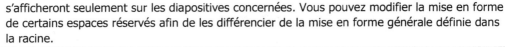

- Dans le volet de gauche, sélectionnez la racine du modèle ❶ ou une des dispositions ❷ puis, dans le volet de droite, positionnez, dimensionnez les espaces réservés pour les titres, les contenus, le pied de page, la date et les objets... Mettez-les forme (police, arrière-plan).

- Pour créer un espace réservé dans une disposition sélectionnée, dans l'onglet **Masque des diapositives**, groupe **Mise en page du masque**, cliquez sur la **flèche** du bouton **Insérer un espace réservé** ❻, sélectionnez un type de contenu, le pointeur se transforme en une croix. Cliquez, puis glissez-déplacez le pointeur pour tracer la limite de l'espace réservé.

- Pour supprimer un espace réservé sur une disposition sélectionnée ou sur la racine, cliquez sur la bordure de cet espace, puis appuyez sur Suppr.

- Si vous avez supprimé des zones titre ou pied de page (date, numéro, pied de page) sur la disposition sélectionnée, pour les rétablir cochez ❼ ☑ **Titre** ou ☑ **Pieds de page**. Si vous les avez supprimées sur la racine, cliquez sur **Mise en page du masque** ❺ puis, dans le dialogue, sur la catégorie de zones à rétablir <☑ Titre>, <☑ Numéro>, <☑ Texte>, <☑ Pied de page>.

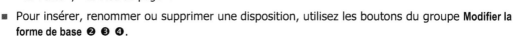

- Pour insérer, renommer ou supprimer une disposition, utilisez les boutons du groupe **Modifier la forme de base** ❷ ❸ ❹.

- Pour créer un nouveau masque de diapositive, cliquez sur le bouton ❽. On peut en effet créer plusieurs masques de diapositives dans une même présentation, et choisir tel ou tel masque en fonction de l'usage (exemple rendre invisibles (blanc sur blanc) les titres et le pied de page).

LES MASQUES

LE MASQUE DU DOCUMENT

Le document est une version imprimée de la présentation qui permet de présenter deux, trois, quatre, six ou neuf diapositives par page. Le masque du document permet d'ajouter ou de modifier les informations devant apparaître sur toutes les pages du document.

- Sous l'onglet **Affichage**>groupe **Modes masque**, cliquez sur le bouton **Masque du document**. Le ruban contextuel apparaît, offrant toutes les options de mise en page, ajout d'espaces et mise en forme du document.

- Les outils du groupe **Mise en page** permettent de modifier les marges ❶, l'orientation du document ❷, le nombre de diapositives par page ❹ ainsi que l'orientation des diapositives ❸ sur la page.

  - Cliquez sur le bouton **Diapositives par page** ❹, sélectionnez le nombre ❺ de diapositives imprimées par page, ou choisissez d'imprimer le plan de la présentation ❻.

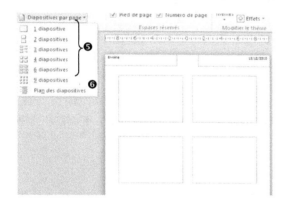

- Les zones cochées, dans le groupe **Espaces réservés** sur le Ruban, sont celles qui pourront être imprimées dans les pages du document : <☑ En-tête>❼, <☑ Date> ❽, <☑ Pied de page> ❾ et <☑ Numéro de page> ❿. Dans le masque, positionnez et mettez en forme ces zones.

Attention, il ne suffit pas d'activer ces zones dans le masque pour qu'elles soient imprimées, il faut aussi les activer dans le dialogue *En-tête et pied de page* sous l'onglet du dialogue *Commentaires et documents* (cf. page 109).

- Les outils du groupe **Modifier le thème** permettent d'appliquer au document une police pour les espaces réservés, une couleur pour l'arrière-plan (sous les diapositives) et des effets.

- L'outil du groupe **Arrière-plan** permet d'appliquer pour l'arrière-plan : un dégradé, une texture ou une image.

LE MASQUE DES PAGES DE COMMENTAIRES

L'affichage en mode page de commentaires, présente un espace pour la diapositive et un espace pour le commentaire ; cette page est un aperçu de l'impression des pages de commentaires. Vous pouvez dimensionner et repositionner ces espaces sur une page de commentaires. Mais pour mettre en forme ces espaces (police de caractère, arrière-plan), ou ajouter un contenu (par exemple : un logo) sur toutes les pages de commentaires, il faut modifier le masque des pages de commentaires. Vous pouvez aussi repositionner les zones En-tête, Pied de page, Numéro de page et Date/heure.

LES MASQUES

- Sous l'onglet **Affichage**>groupe **Modes masque**, cliquez sur **Masque des pages de notes**. Le ruban contextuel apparaît offrant toutes les options de mise en page, ajout d'espaces réservés et mise en forme des pages de commentaires.

- Le groupe **Mise en page** permet de modifier les marges ❶, l'orientation de la page ❷, ou l'orientation des diapositives ❸ sur la page.
- Le groupe **Espace réservés** sert à cocher ou décocher les zones qui pourront figurer dans les pages de commentaires imprimées.

  Il faut aussi les activer dans le dialogue *En-tête et pied de page* sous l'onglet de dialogue *Commentaires et documents* (cf. page 109).

- Les outils du groupe **Modifier le thème** ❹ permettent de changer les polices, les couleurs d'arrière-plan et des effets dans la page entière sous la diapositive.
- L'outil du groupe **Arrière-plan** ❺ permet d'appliquer pour l'arrière-plan : un dégradé, une texture ou une image.
- Redimensionnez ou repositionnez les espaces réservés, ajoutez des objets texte ou image, remplissez l'en-tête/pied de page, insérez du texte dans la zone *Date* ou *Numéro de page*…
- Mettez en forme la zone des commentaires : pour chaque niveau de texte, définissez la taille, la couleur des caractères… (éventuellement une police différente de celle du thème). Appliquez à la zone, un remplissage, un contour et des effets (ombrages…).

ZONE DE PIED DE PAGE DANS LES DIAPOSITIVES

Il existe des zones dites « pieds de page » dans la racine du masque des diapositives. Ces zones sont situées en bas de la racine, mais vous pouvez les déplacer en haut pour servir d'en-tête aux diapositives.

Il est judicieux de modifier la position et la mise en forme de ces zones dans la racine, car ces modifications sont répercutées automatiquement dans toutes les dispositions utilisées par les diapositives de la présentation.

Si vous avez supprimé certaines de ces zones « pieds de page », vous pouvez les restaurer en cliquant sur le bouton **Mise en page du masque** (sous l'onglet **Masque des diapositives**>groupe **Mise en page du masque**), après avoir sélectionné le masque racine.

Vous pouvez aussi positionner et mettre en forme ces zones dans une disposition du masque. Ces modifications s'appliqueront au sous-ensemble des diapositives basées sur cette disposition.

Si vous avez supprimé une de ces zones dans une disposition, vous pouvez la restaurer en cliquant sur la disposition puis en désactivant et en réactivant la case <☑ **Pieds de page**> sous l'onglet **Masque des diapositives**>groupe **Mise en page du masque**, à condition que cette zone soit active dans le « masque racine ». Sinon, restaurez-la d'abord dans le masque racine.

LES MASQUES

Après avoir positionné, renseigné et mis en forme ces zones dans la racine ou dans les dispositions du masque, il faut demander à afficher ces zones dans les diapositives. Pour cela :

- Sous l'onglet **Insertion**>groupe **Texte**, cliquez sur le bouton **En-tête/pied**. La boîte de dialogue *En-tête et pied de page* s'ouvre sur l'onglet **Diapositive**.

De même, sous l'onglet **Commentaires et documents**, se trouvent les options qui servent à afficher ou non les différentes zones *Date et heure*, *Numéro de page*, *Pied de page*, *En-tête*, dans les pages de commentaires ou dans le document.

- Pour afficher la zone *Date et heure*, cochez <☑ Date et heure> ❶ puis choisissez une option :
- − <Mise à jour automatique> : la date sera mise à jour à chaque ouverture de la présentation.
- − <Fixe> : la date restera celle que vous aurez inscrite dans la zone.
- Pour afficher la zone *Numéro de diapositive* : cochez la case <☑ Numéro de diapositive> ❷.
- Pour afficher la zone *Pied de page* : cochez la case <☑ Pied de page>, puis inscrivez le texte du pied de page dans la zone sous la case cochée ❸.
- Pour ne pas activer ces zones sur la diapositive de titre, cochez la case <☑ Ne pas afficher sur la diapositive de titre> ❹.
- Terminez en cliquant sur le bouton :
- − [Appliquer partout] ❺ pour appliquer ces choix à toutes les diapositives.
- − [Appliquer] ❻ pour que les choix s'appliquent à la seule diapositive sélectionnée.

NUMÉROTER ET DATER DANS UNE ZONE DE TEXTE

Il est également possible d'insérer un champ *Date et heure* ou *Numéro de diapositive* dans un texte d'un espace réservé ou dans un objet texte :

- Affichez le masque de diapositive. Sélectionnez la « racine » (pour agir sur toutes les diapositives) ou une « disposition » (pour agir sur les seules diapositives basées sur la disposition).

Insérez un objet texte, positionnez, dimensionnez et mettez en forme cet objet texte. Cliquez dans l'objet texte puis, sous l'onglet **Insertion**>groupe **Texte**, cliquez sur le bouton **Numéro de diapositive** ❶ ou **Date et heure** ❷ puis choisissez le format et activez ou non <⊙ Mise à jour automatique>.

QUITTER LE MODE D'AFFICHAGE DU MASQUE

Vous quittez de la même façon l'affichage du masque de diapositives, de document ou de page de commentaires pour revenir à l'affichage des diapositives.

- Cliquez sur l'icône du mode d'affichage (sur la barre d'état) des diapositives dans lequel vous souhaitez revenir : *Normal*, *Trieuse de diapositives*, *Lecture*, *Diaporama* ⊞ ⊞ ▭ ▽ .
- Ou, sous l'onglet contextuel du **Masque**>groupe **Fermer**, cliquez sur la case rouge de fermeture.

LES THÈMES

Un thème de document est un ensemble de choix de mise en forme incluant un jeu de couleurs de thème, un jeu de deux polices de thème (polices d'en-tête et de corps de texte) et un jeu d'effets de thème (lignes et effets de remplissage).

APPLIQUER UN THÈME À LA PRÉSENTATION

- Sous l'onglet **Création**>groupe **Thèmes**, sélectionnez le thème. Vous pouvez aussi appliquer séparément un jeu de polices, un jeu de couleurs et un jeu d'effets.

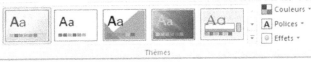

Le thème s'applique à toutes les diapositives ou aux diapositives sélectionnées.

CRÉER UN NOUVEAU THÈME

- Appliquez un thème assez proche de ce que vous voulez obtenir, puis modifiez le jeu de couleurs, le jeu de polices ou le jeu d'effets et enregistrez le thème actif sous un nouveau nom.

Pour changer le jeu de couleurs

- Cliquez sur le bouton **Couleurs** puis cliquez sur un jeu de couleurs prédéfini ❶. Ou, cliquez sur Nouvelles couleurs de thème... ❷ et dans le dialogue *Créer de nouvelles couleurs de thème* ❸, changez les couleurs du thème ❹ ; visualisez le résultat au fur et à mesure ❺. Dans la zone <Nom>, saisissez un nom pour ce jeu de couleurs et cliquez sur [Enregistrer].

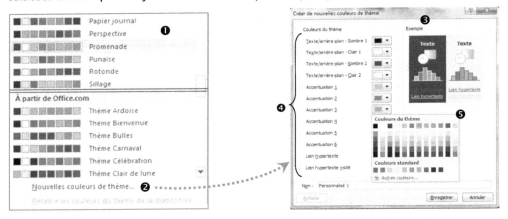

Pour changer le jeu de polices

- Cliquez sur le bouton **Polices**, sélectionnez un jeu de polices. Ou, cliquez sur Nouvelles polices de thème... en bas de la galerie, choisissez une police de titre ❶, une police de corps de texte ❷ ; visualisez l'exemple ❸. Donnez un nom à ce jeu de polices ❹, et enregistrez-le ❺.

Enregistrer dans la galerie des thèmes

- Cliquez sur la flèche déroulante de la galerie des thèmes, puis sur Enregistrer le thème actif ❶. Saisissez un nom de fichier. Le fichier du thème s'enregistre dans le dossier des *Templates* de PowerPoint.

Votre thème apparaîtra ensuite dans la galerie des thèmes, sous la section **Personnalisé**.

LES MODÈLES

Les modèles servent de matrice pour créer des présentations similaires. Ils stockent le(s) masque(s) de diapositives ainsi que le thème, les jeux de polices appliqués et même des diapositives avec des contenus que vous avez prédéfinis.

Un thème PowerPoint est applicable à Word, Excel ou Outlook. Un modèle PowerPoint ne peut fonctionner que dans PowerPoint.

UTILISER UN MODÈLE PERSONNALISÉ

- Cliquez sur l'onglet **Fichier**, puis sur **Nouveau**. Dans le volet *Modèles*, cliquez sur la catégorie Mes modèles. Puis, sélectionnez un des modèles que vous avez créés, validez par [OK]. Créez ensuite les diapositives que vous voulez ajouter aux diapositives déjà créées par le modèle.

CRÉER LE MASQUE DES DIAPOSITIVES DU MODÈLE

- Ouvrez une présentation vierge ou une présentation contenant déjà les diapositives que vous voulez intégrer dans le modèle. Sous l'onglet **Création**>groupe **Thèmes**, sélectionnez un thème (de la galerie ou personnalisé).

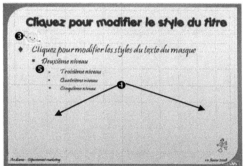

- Sous l'onglet **Affichage**>groupe **Modes masque**, cliquez sur **Masque des diapositives**. Puis dans le volet de gauche, cliquez sur le masque racine.
- Finalisez la mise en forme du titre.
- Insérez les objets texte et image ❸ que vous souhaitez voir sur toutes les diapositives : nom de la société, service… ❹.
- Dans l'espace réservé pour le texte, modifiez les puces ou numérotations ❺ et mettez en forme les niveaux de texte.

CRÉER OU MODIFIER LES DISPOSITIONS ET LES DIAPOSITIVES DU MODÈLE

- Dans le volet gauche, sélectionnez une disposition que vous voulez modifier ou insérez une nouvelle disposition.
- Redimensionnez ou repositionnez les espaces réservés de la disposition. Insérez éventuellement de nouveaux espaces réservés ou des objets, ou supprimez ceux dont vous n'avez pas besoin dans la disposition. Finalisez les mises en forme des espaces réservés de cette disposition.
- Supprimez les dispositions dont vous n'avez pas besoin dans les présentations.
- Désactivez le mode *Masque*. Vous pouvez ensuite créer des diapositives qui feront partie du modèle ; elles constitueront des diapositives initiales dans les présentations construites sur le modèle.

ENREGISTRER COMME MODÈLE

- Cliquez sur l'onglet **Fichier**, puis sur **Enregistrer sous**, le dialogue *Enregistrer sous…* s'affiche.
- Dans la zone <Type> : sélectionnez Modèle PowerPoint (*.potx).
  Le dossier Microsoft\Templates devient automatiquement le dossier actif.
- Dans la zone <Nom de fichier> : saisissez le nom du fichier modèle.
- Cliquez sur [Enregistrer].

L'ALBUM PHOTO

8

CRÉER UN ALBUM PHOTO

L'album photo est une présentation PowerPoint construite par une procédure particulère et qui vous permet de créer et d'afficher vos photos. Vous pouvez ajouter ou supprimer des photos, modifier leur ordre, placer plusieurs photos par diapositive, choisir un encadrement.

Comme pour toute présentation, vous pouvez personnaliser l'album avec les arrière-plans et thèmes, les animations et les transitions. Vous pourrez ainsi partager vos photos, les publier, ou les envoyer sur CD pour en faire une présentation rapide et agréable.

L'option *À partir d'un scanneur ou d'un appareil photo*, qui était utilisée pour ajouter des images à une présentation ou à un album photo dans la version 2003, n'est plus disponible dans PowerPoint 2007-2010. Pour ajouter des photos numérisées, il faut les enregistrer d'abord sur votre disque, puis les copier dans la présentation PowerPoint selon la procédure particulière décrite ci-dessous.

CRÉER UN ALBUM PHOTO

- Sous l'onglet **Insertion**>groupe **Images**, cliquez sur la flèche située sous le bouton **Album photo**, puis sur Nouvel album photo.

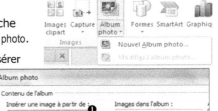

- Le dialogue *Album photo* s'affiche. Sous la rubrique <Insérer une image à partir de>, cliquez sur [Fichier/disque...]❶.

- Le dialogue *Insérer les nouvelles images* s'affiche. Sélectionnez le disque, le dossier ❷, puis l'image ou les images ❸ que vous souhaitez placer dans l'album photo et cliquez sur [Insérer].

Pour sélectionner plusieurs images d'un coup, maintenez appuyée la touche ⇧ si elles sont jointives, ou la touche Ctrl si elle sont séparées. Cliquez sur [Insérer] pour les insérer.

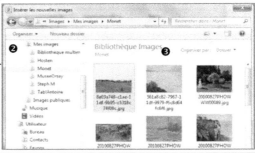

Les intitulés des photos de l'album sont listés dans la zone <Images dans l'album> du dialogue *Album photo*. À gauche de l'intitulé ❷, le numéro est celui de la diapositive dans laquelle est placée la photo.

- Pour terminer la procédure particulière de création de l'album photo, cliquez sur le bouton [Créer] du dialogue *Album photo*.

L' album photo est maintenant créé. Il vous reste à l'enregistrer comme toute autre présentation.

Il vient une 1re diapo avec le titre Album photo par « votre nom d'utilisateur » ; vous pouvez changer ces éléments.

AJOUTER DES PHOTOS À UN ALBUM

- La présentation contenant l'album photo est ouverte. Sous l'onglet **Insertion**>groupe **Images**, cliquez sur la **flèche** du bouton **Album photo**, puis sur la commande Modifier l'album photo.... Le dialogue *Modifier l'album photo* s'affiche.

- Sous <Insérer une image à partir de>, cliquez sur le bouton [Fichier/disque...]❶. Dans le dialogue *Insérer les nouvelles images*, recherchez et sélectionnez les images que vous souhaitez ajouter, puis cliquez sur [Insérer]. Les photos sont ajoutées à l'album avec leur nom de fichier. Terminez en cliquant sur le bouton [Mettre à jour] du dialogue.

MODIFIER UN ALBUM PHOTO

- La présentation contenant l'Album photo est ouverte. Sous l'onglet **Insertion**>groupe **Images**, cliquez sur la **flèche** du bouton **Album photo**, puis sur Modifier l'album photo.

Le dialogue *Modifier l'album photo* s'affiche, présentant la liste des photos de l'album avec les outils à utiliser pour modifier l'album photo. Lorsque vous cliquez sur un intitulé dans la zone liste <Images dans l'album>, l'aperçu de la photo s'affiche dans la zone <Aperçu>. Apportez les modifications à la photo avec les outils situés sous l'aperçu ❶, puis validez par [Mettre à jour].

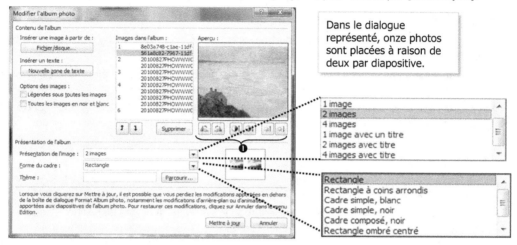

Dans le dialogue représenté, onze photos sont placées à raison de deux par diapositive.

MODIFIER LA PRÉSENTATION DE L'ALBUM

- Dans le dialogue *Modifier l'album photo*, sous **Présentation de l'album** :
- Dans la zone <Présentation de l'image> : sélectionnez le nombre de photos par diapositive avec ou sans la présence d'un titre sur la diapositive.
- Dans la zone <Forme du cadre> : plusieurs formes d'encadrement sont proposées, sélectionnez une forme de cadre ; il sera le même pour toutes les photos.
- En regard de la zone <Thème>, cliquez sur [Parcourir], puis sélectionnez un thème.

MODIFIER L'ORDRE D'AFFICHAGE DES PHOTOS

- Dans la zone <Images dans l'album>, les photos sont listées initialement dans leur ordre d'insertion. Pour modifier l'ordre, cliquez sur le nom de la photo à déplacer, puis sur le bouton [↑] (vers le haut) ou [↓] (vers le bas).

MODIFIER L'ASPECT D'UNE PHOTO

- Dans la zone <Images dans l'album>, cliquez sur la photo, puis :
- Pour faire pivoter la photo, cliquez sur [🔄] (vers la droite) ou [🔄] (vers la gauche).
- Pour accentuer ou atténuer le contraste, cliquez sur [◑] ou [◑].
- Pour augmenter ou réduire la luminosité, cliquez [☀] ou [☀].

AFFICHER TOUTES LES PHOTOS EN NOIR ET BLANC

- Sous **Options des images**, cochez la case <☑ Toutes les images en noir et blanc>.

PLACER UNE LÉGENDE SOUS LES PHOTOS

- Sous **Options des images**, cochez la case <☑ Légendes sous toutes les images>.

Si la case à cocher n'est pas disponible, c'est que dans <Présentation de l'image> vous avez choisi *Ajuster à la diapositive*, dans ce cas vous ne pouvez pas insérer de légende. Changez la <Présentation de l'image> si vous voulez faire figurer des légendes sous les photos.

Les textes des légendes sont initialement les intitulés des photos, vous pouvez ensuite les modifier sous chaque photo dans les diapositives. Mais attention, si vous désactivez puis réactivez la case<☑ Légendes sous toutes les images>, toutes les légendes seront réinitialisées.

ASSORTIR UNE PHOTO D'UNE ZONE DE TEXTE

Une légende est un texte parfois trop court, vous pouvez assortir une photo d'une zone de texte, pour inscrire un commentaire sous, ou à côté de la photo.

- Dans la zone <Images dans l'album>, cliquez sur la photo que vous souhaitez assortir d'une zone de texte, puis cliquez sur le bouton [Nouvelle zone de texte] du dialogue.

Un cadre « zone de texte » s'insère à côté (ou au-dessous) de la photo sélectionnée. Cette zone de texte prend la place de la photo suivante dans la liste de la zone <Images dans l'album> comme sur la diapositive ; les photos qui suivent sont décalées d'un emplacement.

LES MODÈLES « ALBUM PHOTO »

Parmi les modèles fournis avec PowerPoint, il existe deux modèles *Album photo classique* et *Album photo contemporain*, qui peuvent servir à présenter des photos comme dans un album.

Ce sont simplement deux modèles de présentation PowerPoint avec des dispositions spécialement adaptées pour présenter des photos, avec un certain nombre d'images prédéfinies que vous pouvez remplacer par vos propres photos. Vous n'aurez pas accès aux outils vus précédemment, qui sont réservés à l'album photo créé avec l'outil spécifique qui vient d'être décrit.

- Pour utiliser ces modèles, cliquez sur l'onglet **Fichier**, puis sur **Nouveau**. Dans le panneau des modèles, cliquez sur la catégorie *Exemples de modèles* ❹ : le volet central affiche les différents modèles ; sélectionnez un des modèles d'album photo ❺, puis cliquez sur l'icône [Créer] ❻.

Vous obtenez une présentation avec des diapositives prédéfinies, qui sont construites sur différentes dispositions du masque.

- Pour remplacer une photo dans une diapositive : cliquez droit sur la photo puis sur Modifier l'image... insérez la nouvelle photo.

- Vous pouvez insérer une nouvelle diapositive en choisissant une disposition différente de celles déjà utilisées : sous l'onglet **Accueil**>groupe **Diapositives**, cliquez sur la **flèche** du bouton **Nouvelle diapositive**, puis choisissez une disposition.

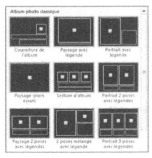

Un utilisant ce procédé, vous obtenez un album déjà construit avec des dispositions très élaborées, mais vous devrez insérer vos photos une à une. Et, vous ne pourrez pas utiliser les outils du bouton Album photo.

UTILISER MICROSOFT OFFICE PICTURE MANAGER

Complément indispensable pour l'utilisation et la gestion des images, *Microsoft Office Picture Manager* permet d'insérer rapidement vos photos dans une présentation. Il comporte aussi des outils de retouche rapide pour modifier vos photos avant de les insérer. Il contient les fonctions les plus courantes d'un éditeur d'images et de photos. Il permet en outre de diminuer le poids (en octets) des photos à insérer.

- Lancez *Microsoft Office Picture Manager* : cliquez sur le bouton *Démarrer* puis sur *Tous les programmes*, ensuite sur *Microsoft Office*, puis sur *Outils Microsoft Office 2010*, et enfin sur *Microsoft Office Picture Manager*.

FENÊTRE MICROSOFT OFFICE PICTURE MANAGER

Cette fenêtre comporte trois volets : ❶ *Raccourcis vers des Images* à gauche, ❷ le volet de visualisation au centre et ❸ le volet Office à droite.

Volet Raccourcis vers des images

Le lien *Ajouter un raccourci vers des images* sert à créer un raccourci vers un dossier de votre disque dans lequel se trouvent des images que vous voulez travailler avec Office Picture Manager. Les raccourcis existants vers vos dossiers images sont listés dans le volet.

Volet de visualisation

Le volet central de visualisation affiche les photos du dossier sélectionné dans le volet *Raccourcis vers des images.* Plusieurs options d'affichage sont possibles en cliquant sur les icônes :

- *Affichage Miniature* : la fenêtre centrale présente les images en miniature. Le zoom en bas à droite de la fenêtre permet de les agrandir pour mieux les visualiser.

- *Affichage Pellicule* : la fenêtre est divisée horizontalement : les images en miniature dans la partie basse et l'image sélectionnée en plus grand au-dessus.

- *Affichage image unique* : l'image sélectionnée occupe tout l'espace du volet de visualisation, et sous l'image deux flèches permettent de passer d'une image à l'autre. Le zoom, en bas à droite de la fenêtre, , permet de zoomer les images affichées.

Quel que soit l'affichage, un double-clic sur une image fait passer en *Affichage image unique*.

- La barre d'outils permet d'effectuer quelques actions courantes : *Pivoter à droite* ou *à gauche* , corriger automatiquement l'image , et ouvrir le volet *Modifier les images* .

L'outil de la barre d'outils ou le raccourci ⌨Ctrl+Z permettent d'annuler la dernière action.

Le volet Office

Le volet Office s'affiche à droite de la fenêtre ; s'il a été fermé vous pouvez l'ouvrir par ⌨Ctrl+⌨F1. Le volet Office affiche différents sous-volets, chacun dévolu à un type de travail sur les images. La flèche noire ❶ sur la barre de titre du volet permet d'afficher la liste des volets Office disponibles et passer ainsi de l'un à l'autre.

Vous pouvez aussi afficher un des volets Office, en cliquant sur le bouton qui affiche le volet Office *Modifier les images*, puis cliquer sur le lien vers le volet que vous voulez utiliser.

UTILISER MICROSOFT OFFICE PICTURE MANAGER

LES VOLETS OFFICE POUR PARAMÉTRER LES IMAGES

- Sélectionnez la ou les images à traiter, affichez le volet Office que vous souhaitez utiliser, modifiez les paramètres, puis validez en cliquant sur le bouton [OK] situé au bas du volet.

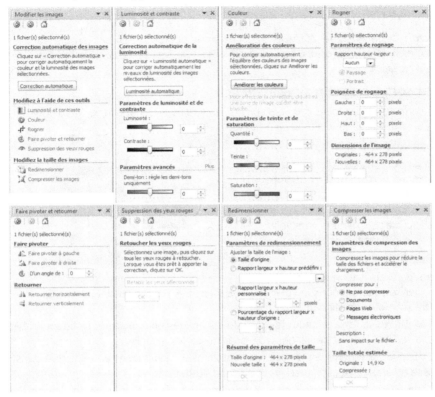

Réglage de la luminosité : affichez le volet *Luminosité et contraste*, puis cliquez sur [Luminosité automatique] ou réglez à l'aide du curseur la luminosité et le contraste. Cliquez sur le lien *Plus* pour avoir les paramètres avancés des couleurs *Claires* ou *Sombres* et ajustez en utilisant le curseur.

Réglage des couleurs : affichez le volet Office *Couleur,* puis cliquez sur [Améliorer les couleurs] ou réglez à l'aide du curseur les paramètres de teinte et de saturation. Pour traiter une image couleur en noir et blanc, diminuez la saturation à -100.

Rognage d'une image : affichez le volet Office *Rogner*. Les poignées de rognages apparaissent autour de l'image, faites glisser les poignées de rognage. Vous pouvez conserver la proportion largeur-hauteur en la spécifiant dans la zone <rapport hauteur-largeur>.

Corriger les yeux rouges : affichez le volet Office *Suppression des yeux rouges*. Le pointeur se transforme en un cercle, cliquez sur le rouge des yeux que vous voulez retoucher pour les marquer. [Rétablir les yeux sélectionnés] sert à effacer la correction des yeux rouges sélectionnés.

Redimensionner des images : Affichez le volet Office *Redimensionner*. Sélectionnez les options de votre choix selon l'utilisation finale de l'image (document, Web, courrier électronique...).

UTILISER MICROSOFT OFFICE PICTURE MANAGER

Compresser les images : selon l'utilisation que vous souhaitez faire de l'image, vous pouvez choisir les paramètres permettant de réduire la taille du fichier et les dimensions de l'image en vue de l'intégrer dans une présentation, une page Web ou de l'envoyer dans un message électronique.

- Sélectionnez les images puis, dans le menu Image, cliquez sur Compresser les images. Le volet Office *Compresser les images* s'affiche, définissez les paramètres de compression.

VOLETS OFFICE POUR GÉRER LES FICHIERS IMAGE

Renommer des images : cliquez deux fois de suite sur le nom de l'image, remplacez-le par celui de votre choix (attention à ne pas supprimer l'extension). Ce nom apparaîtra en légende dans votre album de photos PowerPoint.

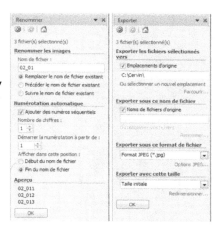

Si vous souhaitez donner le même nom à plusieurs photos, sélectionnez les photos, affichez le volet Office *Renommer*. saisissez un nom générique dans la zone<Nom de fichier>, cochez la case <☑ Ajouter des numéros séquentiels>.

Vous pouvez aussi garder le nom de chaque photo et ajouter avant, ou après, un terme générique.

Exporter des images : affichez le volet Office *Exporter*. Vous pouvez choisir le dossier dans lequel vous allez exporter et le format d'export `jpeg`, `png`, `tig`, `gif`, `bmp`. Vous pouvez conserver les noms des fichiers image ou utiliser un nom générique suivi d'un numéro automatique.

ENVOYER VOS PHOTOS VERS OFFICE

Microsoft Office Picture Manager vous permet d'insérer vos photos dans un fichier ouvert ou de les envoyer par la messagerie Outlook ou dans des documents Office Word, Excel ou PowerPoint :

- Cliquez sur Fichier>Envoyer vers...>Microsoft Office. Le dialogue *Envoyer des images* s'affiche.

- Activez le choix que vous souhaitez, puis cliquez sur [Envoyer].

  − <Insérer dans un fichier ouvert> : sélectionnez le fichier ouvert dans lequel seront insérées les images à la position du curseur.

  − <Présentation Microsoft Office PowerPoint> : une nouvelle présentation « classique » PowerPoint sera créée, les photos sélectionnées seront insérées, à raison d'une par diapositive.

La commande Options... permet de changer la taille en pixels de vos photos et d'alléger ainsi le fichier dans lequel sont placées vos images.

LES TYPES DE FICHIERS PRIS EN CHARGE PAR OFFICE PICTURE MANAGER.

JPEG	Afficher, modifier et compresser les fichiers.
WMF/EMF	Afficher et compresser les fichiers. Vous pouvez aussi les enregistrer dans un format que Picture Manager vous permet de modifier.
TIFF	Afficher et modifier la première page uniquement et compresser les fichiers.
GIF	Afficher, modifier et compresser les fichiers. L'image sera statique. Si vous modifiez le fichier et l'enregistrez par-dessus l'original, vous perdrez l'animation.
PNG	Afficher, modifier et compresser les fichiers.
BMP	Afficher, modifier et compresser les fichiers.

ENRICHIR LE DIAPORAMA

APPLIQUER DES TRANSITIONS AUX DIAPOSITIVES

On appelle transition le passage animé d'une diapositive à la suivante en mode Diaporama. Vous pouvez modifier la vitesse de cette transition, y associer du son et régler la durée d'affichage de la diapositive, durée après laquelle la transition vers la diapositive suivante commence à s'effectuer.

APPLIQUER UNE TRANSITION AUX DIAPOSITIVES

- Sélectionnez la ou les diapositives pour lesquelles vous voulez appliquer la même transition. Pour sélectionner plusieurs diapositives, faites-le en mode *Normal* dans le volet *Plan et Diapositives* ou en mode *Trieuse* : maintenez appuyée la touche Ctrl tout en cliquant successivement sur les miniatures des diapositives.

- Sous l'onglet **Transitions**>groupe **Accès à cette diapositive**, dans la galerie des transitions positionnez le pointeur sans cliquer sur une vignette de transition : un aperçu de la transition se déroule. Après avoir essayé diverses transitions, cliquez sur la vignette de votre choix. Pour dérouler la galerie des transitions, cliquez sur la flèche déroulante *Autres* ❶. Vous voyez alors les différentes catégories de transitions : **Discret, Captivant, Contenu dynamique.**

- Pour définir la vitesse de la transition, onglet **Transitions**>groupe **Minutage**, zone **<Durée>**, tapez la vitesse souhaitée ou cliquez sur les flèches d'incrémentation/décrémentation ❶ (2 secondes sur la figure).

AJOUTER UN SON À LA TRANSITION

- Onglet **Transitions**>groupe **Minutage**, cliquez sur la **flèche** déroulante de la zone **<Son>**❷ puis sélectionnez un des sons prédéfinis dans le menu. Vous pouvez aussi cliquer sur *Autre son*, recherchez le fichier audio, cliquez sur [OK].

Si le son est plus court que la transition, vous pouvez faire jouer le son en boucle jusqu'au son suivant ❸, qui peut être celui d'une animation ou de la transition vers la diapositive suivante.

APPLIQUER DES TRANSITIONS AUX DIAPOSITIVES

APPLIQUER LA TRANSITION À TOUTES LES DIAPOSITIVES DE LA PRÉSENTATION

■ Cliquez sur **Appliquer partout** ❹ (Sous l'onglet **Transitions**>groupe **Minutage**).

RÉGLER LE TEMPS D'AFFICHAGE DE LA DIAPOSITIVE

Vous pouvez choisir de passer manuellement ou automatiquement à la diapositive suivante et définir la durée d'affichage avant la transition à la diapositive suivante.

– <☑ **Manuellement**> : vous devrez cliquer pour passer à la suivante ;
– <☑ **Après**> : spécifiez la durée d'affichage de la diapositive jusqu'à la transition vers la diapositive suivante (cinq secondes sur la figure).

Même si la case <☐**Manuellement**> n'est pas cochée, lors du déroulement du diaporama on peut « forcer » le passage à la diapo suivante avant que le temps soit écoulé, soit en cliquant sur la diapositive affichée, soit en utilisant les touches ⌈Entrée⌋, ⌈→⌋ ou ⌈PgSuiv⌋.

TESTER UNE TRANSITION

■ Dans le volet *Plan et diapositives* ou en mode *Trieuse*, une étoile à gauche de la miniature indique la présence d'une transition. Cliquez sur cette étoile pour tester la transition. Ou, sous l'onglet **Transitions**>groupe **Accès à cette diapositive**, cliquez sur le bouton de la transition choisie (il est encadré).

SUPPRIMER TOUTE TRANSITION POUR UNE DIAPOSITIVE

■ Sélectionnez la diapositive, sous l'onglet **Transitions**>groupe **Accès à cette diapositive**, dans la galerie cliquez sur la première vignette nommée *Aucune transition*.

LES OPTIONS D'EFFET DE TRANSITION

■ Une transition étant choisie, cliquez sur le bouton **Options d'effets** dans **Transitions**>groupe **Accès à cette diapositive**. Un menu déroulant, variable selon le type de transition, apparaît. Voici quelques possibilités.

■ Cliquez sur l'option de votre choix.

ANIMER DU TEXTE OU DES OBJETS

Les animations sont constituées de plusieurs effets (apparition, emphase, trajectoire, disparition...) que vous appliquez aux objets ou aux textes d'une diapositive. Vous pouvez appliquer plusieurs effets à un même objet. Les effets sur une même diapositive sont numérotés, ils s'exécutent dans l'ordre défini par la numérotation.

CRÉER UN EFFET

- Cliquez sur le texte ou sur l'objet à animer puis, sous l'onglet **Animations**>groupe **Animations**, cliquez sur **Styles d'animation ❶** ; une grande galerie d'effets s'affiche avec plusieurs sections, cliquez sur l'icône de l'effet que vous voulez appliquer.

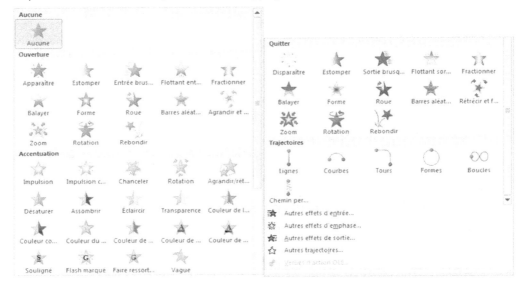

- **Ouverture** : chaque icône définit un effet d'apparition sur la diapositive, par exemple *Estomper* : l'objet apparaît progressivement en restant sur place. *Balayer* : l'objet se découvre de bas en haut en restant sur place. *Entrée brusque* : l'objet monte du bas de la diapositive vers sa place.
- **Quitter** : chaque icône définit un effet de disparition de la diapo.
- **Accentuation** : chaque icône définit un effet d'accentuation pour attirer l'œil une fois que l'objet ou le texte est arrivé à sa position.
- **Trajectoires** : Chaque icône définit une trajectoire qui sera parcourue par l'objet à son arrivée ou à son départ.
- Les commandes Autres effets... donnent accès à d'autres galeries (présentées à la page suivante) d'animations d'entrée, d'emphase ou de sortie classées aussi par sections : **De base**, **Discret**, **Modéré** et **Captivant** ; la commande Autres trajectoires... donne accès à une galerie de trajectoires classées par sections **De base**, **Lignes et courbes** et **Spécial**.
  Si, dans ces galeries supplémentaires, la case <☒Aperçu de l'effet> est cochée, l'animation est « jouée » lorsque vous cliquez sur l'icône pour appliquer.

L'animation est jouée une fois lorsque vous l'appliquez, mais vous pouvez la rejouer : sous l'onglet **Animations**>groupe **Aperçu**, cliquez sur la flèche verte du bouton **Aperçu** ou cliquez sur le bouton [Lecture] dans le volet *Animation* que nous verrons plus loin.

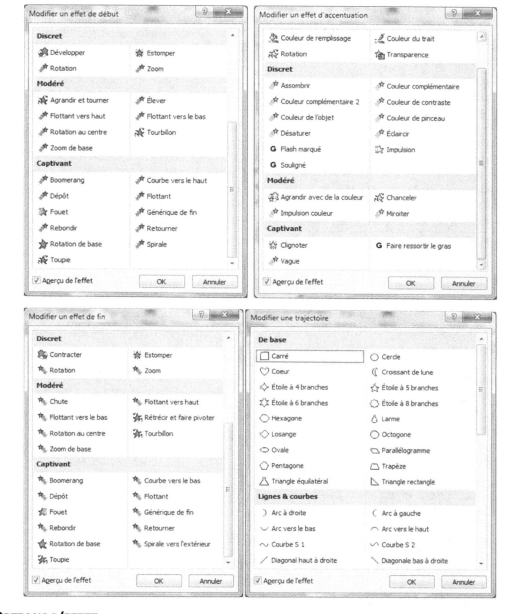

OPTIONS D'EFFET

- Une fois l'effet appliqué, vous pouvez préciser une option pour cet effet : sous l'onglet **Animations**>groupe **Animations**, cliquez sur **Options d'effet**. Selon le type d'effet, un menu déroulant vous donne à choisir certaines précisions. Par exemple, pour un balayage, vous pouvez préciser le sens (*Du haut*, *Du bas*, etc.). S'il s'agit d'un texte en plusieurs paragraphes, selon l'effet que vous choisissez, cliquez sur :

  - Tout à la fois ou Comme un seul objet : applique l'effet à tout le texte.
  - Par paragraphe : applique l'effet paragraphe par paragraphe.

ANIMER DU TEXTE OU DES OBJETS

Si vous appliquez un effet sur un objet par le bouton **Styles d'animation** ❶ (sous l'onglet **Animations**> groupe **Animations**), il annule et remplace tous les effets précédemment définis sur l'objet.

AJOUTER DES EFFETS

■ Pour ajouter un effet à un objet sans supprimer celui ou ceux qu'il a déjà, cliquez sur le bouton **Ajouter une animation** ❷ (sous l'onglet **Animations**>groupe **Animation avancée**). La galerie des styles d'animation s'ouvre :

— **Ouverture :**   effets d'apparition sur la diapositive.

— **Quitter :**   effets de disparition de la diapositive.

— **Accentuation :**   effets pour attirer l'œil une fois que l'objet est arrivé à sa position.

— **Trajectoires :**   trajectoires à parcourir par l'objet à son arrivée ou à son départ.

Au bas de la galerie, la commande Autres effets... permet d'accéder à d'autres effets classés par sections : **De base**, **Discret**, **Modéré**, **Captivant**. La commande Autres trajectoires... permet d'accéder d'autres trajectoires : lignes, courbes, formes libres ou dessin à main levée.

Vous pouvez ajouter plusieurs effets sur le même objet. Chaque effet peut être déclenché par un clic ou automatiquement (voir réglages d'une animation page suivante).

LISTE ORDONNÉE DES EFFETS

Tous les effets sur les différents objets de la diapositive active sont listés dans la zone centrale du volet *Animation*. Ils sont numérotés initialement dans l'ordre de leur création, mais vous pouvez modifier cet ordre. L'ordre de numérotation correspond à l'ordre d'exécution des effets.

■ Pour faire apparaître le volet *Animations* (à droite de la fenêtre), sous l'onglet **Animations**> groupe **Animation avancée**, cliquez sur le bouton **Volet Animation**.

■ Si un effet a été défini de façon globale, cliquez sur les doubles chevrons vers le bas ❶ pour faire apparaître la décomposition.

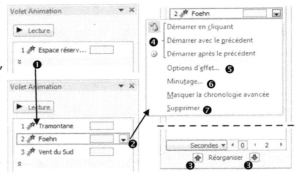

■ Pour modifier l'ordre des effets, sélectionnez un effet dans la liste dont vous voulez changer le numéro d'ordre, et cliquez sur les boutons fléchés Réorganiser vers le haut ⬆ ou vers le bas ⬇ ❸.

■ Cliquez sur un effet pour le sélectionner, puis sur sa flèche descendante ❷ pour faire apparaître le menu déroulant qui permet de le paramétrer.

SUPPRIMER UN EFFET

■ Dans le menu déroulant, cliquez sur la commande Supprimer ❼.

RÉGLER LE DÉCLENCHEMENT ET LA DURÉE DES EFFETS

■ Dans le haut du menu déroulant de l'effet ❹ choisissez :

— Démarrer en cliquant : l'effet ne s'exécute pas automatiquement, il faut cliquer pour le déclencher.

— Démarrer avec le précédent : l'effet se déclenche automatiquement en même temps que l'effet précédent, et dès l'affichage de la diapositive si l'effet est le premier.

— Démarrer après le précédent : l'effet se déclenche automatiquement après la fin de l'effet précédent. Avec ce choix, vous aurez à spécifier le délai de déclenchement du 2e effet.

ANIMER DU TEXTE OU DES OBJETS

Dans le menu déroulant, à gauche de la commande, l'icône symbolise le mode de déclenchement : souris = *Au clic*, horloge = *Après le précédent*, pas d'icône = *Avec le précédent*.

Vous pouvez effectuer le même choix (avec des intitulés différents) dans la liste déroulante **<Démarrer>** sous l'onglet **Animations**>groupe **Minutage**.

- Il existe deux façons pour spécifier la durée d'un effet :
- sous l'onglet **Animations**>groupe **Minutage**, cliquez sur la liste déroulante **<Démarrer>** ;
- la commande Minutage ❻ du menu déroulant ouvre un dialogue avec l'onglet **Minutage** activé.

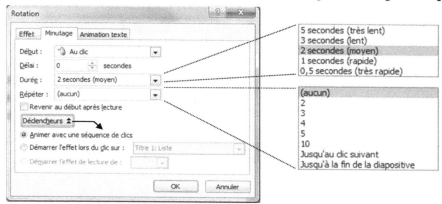

La 1re manière permet de choisir des durées plus précises, mais la 2e vous propose une liste.

- Sous le même onglet du dialogue, vous pouvez choisir de répéter l'effet et vous pouvez spécifier des conditions de déclenchement plus fines à l'aide du bouton [Déclencheurs]. Vous avez un 3e exemplaire des choix déjà vus de durée et délai.

AJOUTER UN SON À UN EFFET

- La commande Options d'effet ❺ du menu déroulant ouvre le dialogue avec l'onglet **Effet** activé.

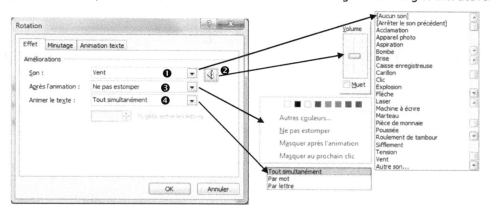

- dans la liste déroulante <Son> ❶, sélectionnez un des sons proposés. Le dernier choix Autre son... vous permet d'incorporer un son (fichier .wav).

L'icône haut-parleur ❷ affiche un curseur de réglage du volume du son.

Comme son nom l'indique, la zone <Après l'animation> ❸ permet de spécifier ce qui se passe après l'animation.

ANIMER DU TEXTE OU DES OBJETS

- Si l'objet à animer est un texte, la zone <Animer le texte> ❹ permet certaines précisions. Mais, dans ce cas, l'onglet **Animation texte** offre quelques réglages supplémentaires.

BALISES POUR SÉLECTIONNER LES ANIMATIONS D'UN OBJET

- En mode *Normal* et seulement lorsque le volet *Animation* est ouvert, les objets animés sont marqués par des balises portant le numéro de l'animation. Ces balises sont invisibles à l'impression comme en diaporama.

- Lorsque vous cliquez sur une balise numérotée, l'animation se sélectionne dans la liste du volet *Animation*.

- Lorsque vous cliquez sur un objet dans la diapositive en mode *Normal*, toutes les animations relatives à cet objet sont sélectionnées dans la liste du volet *Animation*.

Lorsqu'un effet est réglé pour s'enclencher automatiquement après l'effet précédent sur le même objet, il porte le même numéro que l'objet précédent. On peut enchaîner ainsi plusieurs effets.

TESTER LES ANIMATIONS

- En mode *Normal*, l'animation s'effectue une fois lorsque vous la créez ou lorsque vous la modifiez.

- Pour tester le déroulement de l'ensemble des animations de la diapositive en cours, sélectionnez la zone de contenu, ouvrez le volet *Animation* et cliquez sur le bouton [Lecture] en haut du volet.

ANIMATIONS DANS LE MASQUE DE DIAPOSITIVES

Pour simplifier la conception avec des animations, vous pouvez appliquer un effet d'animation intégré standard aux éléments de toutes les diapositives ou à des dispositions en mode *Masque des diapositives*.

Par exemple, dans une disposition du masque avec un espace réservé pour du texte, vous pouvez prévoir un effet de balayage pour l'apparition des paragraphes. Dans toutes les diapositives créées sur cette disposition, l'effet sera homogène sans avoir à le redéfinir dans chaque diapositive.

MODALITÉS PARTICULIÈRES POUR LES GRAPHIQUES ET SMARTART

- Des modalités spécifiques sont proposées dans **Animations**>groupe **Animations**, bouton **Options d'effet** pour les animations de certains types d'objets comme les Graphiques et les SmartArt.

Aussi, le dialogue qui est appelé par la commande Options d'effet du menu déroulant associé à l'animation dans le volet *Animation* présente un onglet supplémentaire *Animation d'un graphique* ou *Animation SmartArt*.

ANIMER DU TEXTE OU DES OBJETS

Cas d'un graphique

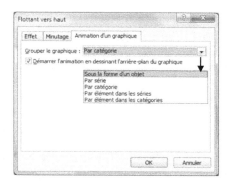

- *Sous la forme d'un objet* : le graphique apparaît d'un bloc.
- *Par série* : les éléments d'une série apparaîtront tous à la fois, série après série.
- *Par catégorie* : les éléments d'une catégorie apparaîtront tous à la fois, catégorie après catégorie.
- *Par élément dans les séries* : les éléments de chaque série apparaîtront successivement un à un, série après série.
- *Par élément dans les catégories* : les éléments de catégorie apparaîtront successivement un à un, catégorie après catégorie.

Les graphiques en secteurs offriront un choix plus simple : soit *Sous la forme d'un objet*, soit *Par catégorie*.

Cas d'un SmartArt : organigramme hiérarchique par exemple

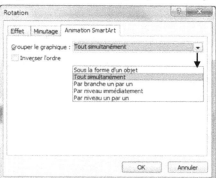

- *Sous la forme d'un objet* : le diagramme évolue en bloc.
- *Tout simultanément* : par exemple dans le cas d'une rotation, chaque élément tourne individuellement, mais ils tournent tous en même temps.
- *Par branche un par un* : chaque branche apparaît, chaque élément apparaît successivement.
- *Par niveau immédiatement* : les éléments d'un même niveau apparaissent simultanément.
- *Par niveau un par un* : les éléments d'un même niveau apparaissent successivement.

Pour chacune des modalités (sauf pour l'animation *Sous la forme d'un objet*), vous pourrez choisir une animation, une vitesse, une durée différente.

LIENS HYPERTEXTES

Un lien hypertexte permet, lors de la présentation en diaporama de vos diapositives, d'accéder, par un simple clic sur du texte ou sur un objet, à une autre diapositive dans la même présentation ou dans une autre présentation, à une adresse électronique, à une page Web ou à un fichier.

Si le lien a été créé sur un texte, le texte apparaît souligné et d'une couleur spécifique : il devient hypertexte. Lorsque vous amenez le pointeur sur un lien hypertexte (texte ou objet), une info-bulle affiche un texte que vous pouvez définir en cliquant sur le bouton [Info-bulle...] dans le dialogue de création du lien hypertexte.

CRÉER UN LIEN HYPERTEXTE

- En mode *Normal*, sélectionnez le texte ou l'objet que vous souhaitez utiliser en tant que lien hypertexte puis, sous l'onglet **Insertion**>groupe **Liens**, cliquez sur **Lien hypertexte**, ou cliquez droit sur la sélection puis sur Lien hypertexte. Le dialogue *Insérer un lien hypertexte* s'affiche.

- Dans la zone <Lier à> située à gauche du dialogue, choisissez le type de destination du lien hypertexte. Le dialogue s'adapte au choix que vous faites dans cette zone.

Vers une diapositive ou vers un diaporama de la présentation active

- Dans <Lier à>, choisissez ❶ *Emplacement dans ce document*.

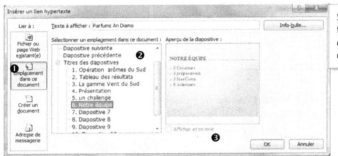

Si vous avez sélectionné un texte, il est affiché et modifiable dans la zone <Texte à afficher> du dialogue.

- Dans la zone <Sélectionner un emplacement dans ce document> ❷, cliquez sur le titre de la diapositive ou le nom d'un diaporama personnalisé (auquel cas <☑ Afficher et revenir> ❸ permet de revenir à la diapositive active après le déroulement du diaporama). Cliquez sur [OK].

Vers une diapositive dans une autre présentation

- Dans <Lier à> choisissez ❶ *Fichier ou page Web existant(e)*.

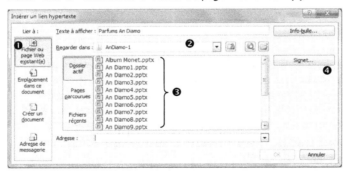

- Cliquez sur la flèche de la zone <Regarder dans> ❷ et recherchez le dossier dans lequel se trouve la présentation contenant la diapositive « destination » du lien. Sélectionnez cette présentation dans la zone liste ❸ et cliquez sur le bouton [Signet...] ❹. Double-cliquez sur le titre de la diapositive destination du lien hypertexte. Validez par [OK].

LIENS HYPERTEXTES

Vers une nouvelle présentation que vous voulez créer

- Dans <Lier à> choisissez ❶ *Créer un document*.

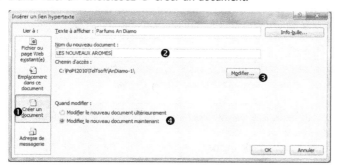

> Si vous avez sélectionné un objet, la zone <Texte à afficher> est désactivée, elle apparaît grisée.

- Dans la zone <Nom du nouveau document> ❷, saisissez le nom du fichier. Cliquez sur le bouton [Modifier...] ❸ pour changer le chemin d'accès au dossier d'enregistrement. Sous Quand modifier, l'option <⊙ Modifier le nouveau document maintenant> ❹ (active par défaut) entraîne la création immédiate de la nouvelle présentation, mais vous pouvez reporter cette création à plus tard en activant l'option <⊙ Modifier le nouveau document ultérieurement>. Cliquez sur [OK] pour valider.

Vers une adresse de messagerie

- Dans <Lier à> choisissez ❶ *Adresse de messagerie*.

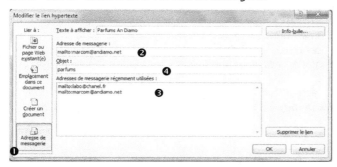

- Dans la zone <Adresse de messagerie> ❷, saisissez l'adresse de messagerie ou dans la zone <Adresses de messagerie récemment utilisées> ❸, sélectionnez une adresse. Dans la zone <Objet> ❹, saisissez l'objet du message. Cliquez sur [OK] pour valider.

Vers une page sur le Web

- Dans <Lier à> choisissez *Fichier ou page Web existant(e)*.

- Cliquez sur le bouton icône *Parcourir le Web* 🔍, puis recherchez et sélectionnez la page Web à utiliser comme destination du lien hypertexte. Cliquez sur [OK].

TESTER LE LIEN HYPERTEXTE

Le lien hypertexte n'est effectif qu'en affichage en mode *Diaporama*, mais vous pouvez le tester en mode *Normal*.

- En mode *Normal*, cliquez droit sur le texte ou l'objet déclencheur du lien hypertexte, puis choisissez la commande contextuelle Ouvrir le lien hypertexte...

MODIFIER OU SUPPRIMER UN LIEN HYPERTEXTE

- En mode *Normal*, cliquez droit sur le lien hypertexte (texte ou objet), puis choisissez la commande contextuelle Supprimer le lien hypertexte... ou Modifier le lien hypertexte...

Lors de la présentation en diaporama de vos diapositives, une action peut être déclenchée lorsque vous cliquez sur un texte ou même lorsque vous amenez simplement le pointeur sur le texte ou l'objet. Un lien hypertexte est un cas particulier des actions possibles, les autres actions sont l'exécution d'un programme ou d'une macro ou le déclenchement d'une action OLE.

CRÉER UN DÉCLENCHEUR D'ACTION

Lien hypertexte   Action

Liens

- En mode *Normal*, sélectionnez le texte ou l'objet que vous souhaitez utiliser en tant que déclencheur puis, sous l'onglet **Insertion**>groupe **Liens**, cliquez sur **Action**.

Le dialogue *Paramètres des actions* s'affiche. Les paramètres sont les mêmes sous chacun des deux onglets **Cliquer avec la souris** et **Pointer avec la souris**. Seule variante, le mode de déclenchement : par un clic ou par un simple pointage avec la souris.

- <⊙ Aucune> : ne déclenche aucune action.
- <⊙ Créer un lien hypertexte vers...>: permet de créer un lien vers une autre diapositive ou un diaporama personnalisé de la présentation active, une diapositive d'une autre présentation, une adresse URL de page Web (cf. pages précédentes).
- <⊙ Exécuter le programme> : permet de lancer un programme ; cliquez sur le bouton [Parcourir...], puis recherchez le programme que vous souhaitez exécuter.
- <⊙ Exécuter la macro> : sélectionnez la macro que vous souhaitez exécuter. L'option <Exécuter la macro> n'est disponible que si la présentation active contient une macro.
- <⊙ Action OLE> : sélectionnez l'action OLE à appliquer sur le déclencheur. Cette option n'est active que si le déclencheur est un objet OLE, inséré avec le bouton **Objet** de l'onglet **Insertion**>groupe **Texte**.

AJOUTER UN SON À UNE ACTION

- Dans le dialogue *Paramètres des actions*, cochez l'option <☑ Activer un son>. Puis, cliquez sur la flèche déroulante et sélectionnez un des sons prédéfinis ou choisissez Autre son... pour rechercher un fichier d'extension `wav`.

ANIMER LE CLIC

Il s'agit d'obtenir un effet visuel sur l'objet déclencheur, lorsque vous cliquez dessus pour lancer l'action. L'option n'est pas activable si le déclencheur est un texte.

- Dans le dialogue *Paramètres des actions*, cochez l'option <☑ Animer le clic>.

MODIFIER OU SUPPRIMER UNE ACTION

- Cliquez droit sur le déclencheur, puis sur la commande contextuelle Modifier le lien hypertexte..., cette commande ouvre le dialogue *Paramètres des actions*.
- Pour supprimer l'action associée à un objet, activez l'option <⊙ Aucune> dans le dialogue *Paramètres des actions*.

LES BOUTONS D'ACTION

Vous pouvez insérer des boutons d'action prédéfinis, c'est-à-dire qui ont une action associée par défaut. Vous pouvez modifier l'action à votre guise si nécessaire.

ACTIONS

Il est cependant préférable de les utiliser tels quels, car ils sont prêts à l'emploi et utilisent des symboles reconnus universellement pour naviguer entre les diapositives ou lire des fichiers vidéo ou audio.

Ils sont surtout utilisés dans les présentations à exécution automatique ; par exemple, des présentations affichées continuellement sur un stand ou sur une borne à écran tactile.

■ Sous l'onglet **Insertion**>groupe **Illustrations**, cliquez sur la **flèche** du bouton **Formes**, la galerie des formes s'affiche, cliquez sur le bouton **Plus** ▾ . Sous la section **Boutons d'action**, cliquez sur le bouton que vous souhaitez ajouter.

■ Cliquez dans la diapositive à l'emplacement voulu, puis faites glisser la souris pour tracer la forme correspondant au bouton. Le dialogue *Paramètres des actions* s'ouvre. Le fonctionnement est le même que celui précédemment décrit.

Différents boutons d'action

◁	Précédent	Préparamétré pour revenir sur la diapositive précédente.
▷	Suivant	Préparamétré pour aller sur la diapositive suivante.
◁|	Début	Préparamétré pour revenir à la première diapositive.
|▷	Fin	Préparamétré pour aller à la dernière diapositive.
🏠	Accueil	Retour à la première diapositive du diaporama.
ⓘ	Information	Aucune action prédéfinie, recommandé pour afficher une information.
🔙	Retour	Préparamétré pour revenir à la précédente diapositive affichée.
🎬	Vidéo	Préparamétré pour créer un lien vers une vidéo.
🗋	Fichier	Préparamétré pour sélectionner un programme à exécuter.
🔊	Son	Préparamétré pour choisir un son dans la liste déroulante.
❓	Aide	Aucune action prédéfinie, recommandé pour afficher de l'aide.
☐	Personnalisé	Permet de personnaliser une action. Il ne comporte pas d'icône. On peut y insérer du texte, comme dans n'importe quelle forme, avec un clic droit, puis commande Modifier le texte.

Ces boutons ont une signification « visuelle ». Vous pouvez décider de les utiliser autrement, mais attention si votre diaporama doit être visualisé sur une borne ou utilisé par des personnes non informées : ces icônes sont des codes standards, internationalement connus.

ENREGISTRER UNE NARRATION

Cette fonctionnalité permet d'enregistrer un discours qui sera retransmis lors du déroulement automatique du diaporama. Votre ordinateur doit être équipé d'une carte son, d'un microphone et de haut-parleurs. L'enregistrement du discours s'effectue tout en faisant défiler le diaporama. On peut réviser et réenregistrer le discours à partir d'une diapositive particulière.

Attention : le discours est prioritaire sur les objets audio présents dans la diapositive et sera susceptible de masquer l'audition de certains d'entre eux.

DÉMARRER L'ENREGISTREMENT D'UNE NARRATION

- Sélectionnez ou affichez la première diapositive concernée par la narration. Puis, sous l'onglet **Diaporama**>groupe **Configuration**, cliquez sur le bouton **Enregistrer le diaporama**.

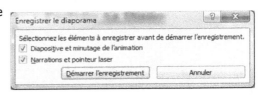

- Cochez <☑ Narrations et pointeur laser> puis cliquez sur [Démarrer l'enregistrement] pour commencer l'enregistrement.

PowerPoint passe alors automatiquement en mode *Diaporama*.

Avant de demander l'enregistrement d'une narration, vous aurez probablement à régler le niveau d'entrée du micro (et, peut-être, à brancher un micro externe). Sous Windows 7, cliquez sur le bouton [Démarrer] 🪟 , *Panneau de configuration*, *Matériel et audio*, *Son*, onglet *Enregistrement*, cliquez sur le micro concerné, [Propriétés] et, sous l'onglet *Niveaux*, agissez sur les curseurs.

ENREGISTREZ LA NARRATION

Vous passerez manuellement à la diapositive suivante à la fin du discours sur chaque diapositive.

- Pour chaque diapositive, prononcez le texte de la narration dans le micro puis cliquez sur la diapositive pour passer la diapositive suivante. Le temps passé sur chaque diapositive est mémorisé. Suivez cette procédure pour chaque diapositive.

- Pour marquer une pause ou reprendre l'enregistrement, cliquez droit sur la diapositive, puis cliquez sur la commande contextuelle Interrompre la narration ou Reprendre la narration. Entre-temps, vous pouvez faire défiler des diapositives sans narration.

TERMINER L'ENREGISTREMENT

Soit vous appuyez sur Echap sur la diapositive sur laquelle se termine la narration, soit vous faites défiler le diaporama jusqu'à l'écran noir *Quitter après la dernière diapositive*.

- Il n'y a pas de message demandant confirmation de l'enregistrement, alors qu'il y en a un pour l'enregistrement du minutage (voir chapitre suivant).

Une icône de son en forme de haut-parleur 🔊 apparaît dans le coin inférieur droit de chaque diapositive contenant un discours. Cette icône reste visible pendant le diaporama, sauf si vous la masquez : cliquez sur l'icône et, sous l'onglet contextuel **Outils audio/Lecture**>groupe **Options audio**, cochez ☒ **Masquer pendant la présentation**.

La narration apparaît comme animation avec une balise dans chaque diapo et une ligne dans le volet *Animation*.

- Cliquez sur la ligne puis [Lecture] pour un aperçu de la narration de la diapo sélectionnée.

ENREGISTRER UNE NARRATION

RÉENREGISTRER UNE PARTIE DE LA NARRATION

- Affichez la diapositive à partir de laquelle vous voulez modifier le discours.

- Sous l'onglet **Diaporama**>groupe **Configuration**, cliquez sur la flèche ▾ du bouton **Enregistrer le diaporama**. Dans le menu déroulant, choisissez Démarrer l'enregistrement à partir de … ❶.

- Cochez <☑ Narrations et pointeur laser> puis cliquez sur [Démarrer l'enregistrement] pour relancer à partir de cette diapositive. Réenregistrez le discours, comme décrit précédemment, diapositive par diapositive, jusqu'à taper sur Echap ou cliquer sur l'écran noir après la dernière diapositive.

DÉSACTIVER OU SUPPRIMER LA NARRATION

Désactiver la narration ne la supprime pas, elle empêche simplement sa lecture. Pour supprimer la narration de manière permanente, il faut la supprimer de chaque diapositive concernée.

- Pour supprimer la narration, vous disposez de deux procédés :
- en mode *Normal*, cliquez sur l'icône de son et appuyez sur la touche Suppr. Répétez cette suppression pour chaque diapositive.
- Cliquez sur **Enregistrer le diaporama**, puis sur Effacer ❷ et choisissez ❸ ou ❹.

- Pour désactiver ou réactiver la narration, sous l'onglet **Diaporama**>groupe **Configuration**, cliquez sur **Configurer le diaporama**. Sous la section Options du diaporama, cochez/décochez la case <☑ Diaporama sans narration>❺.

PRÉÉCOUTER LA NARRATION POUR UNE DIAPOSITIVE

- En mode *Normal*, cliquez sur l'icône son ◀ en bas à droite de la diapositive. Puis sous **Outils audio/Lecture**>groupe **Aperçu**, cliquez sur **Lecture** ou, dans le volet *Animation*, cliquez sur la ligne représentant la narration puis sur [Lecture].

ENREGISTRER UNE NARRATION PENDANT UNE PRÉSENTATION

Vous pouvez enregistrer une narration pendant une présentation et inclure les commentaires de l'assistance dans l'enregistrement en procédant exactement comme décrit précédemment, et en réglant le micro de façon que les commentaires de l'assistance soient enregistrés.

ENREGISTRER ET INSÉRER UN COMMENTAIRE VOCAL

Voir section suivante.

SÉQUENCE AUDIO

Nous avons vu comment insérer un son pour accompagner une action, une animation ou une transition. Il est aussi possible de lier ou d'insérer une séquence audio, à l'ouverture d'une diapositive sur une, plusieurs diapositives ou la totalité de la présentation.

On peut insérer dans une diapositive une séquence audio (format Wav, Midi, Rmi, Aif, Au, Mp3, etc.). Cette séquence audio peut provenir d'un fichier enregistré sur votre disque, de la Bibliothèque multimédia (Collection Office, Vos Collections, Collections Web) ou d'un CD audio.

INSÉRER UN OBJET SON

- Sous l'onglet **Insertion**>groupe **Média**, cliquez sur le bouton **Son**. Puis, dans le menu déroulant qui s'affiche, choisissez :

– Audio à partir du fichier…, recherchez le dossier contenant le fichier, puis double-cliquez sur le fichier à ajouter. Il viendra s'insérer au milieu de la diapositive. Continuez comme pour n'importe quel objet son.

– Audio clipart… Le volet *Images clipart* lance immédiatement une recherche de sons dans la bibliothèque. Le résultat de la recherche s'affiche. Cliquez sur l'icône de la séquence audio de votre choix.

- Un objet son représenté par une icône son 🔊 est inséré sur votre diapositive. Cliquez et faites glisser cette icône à l'emplacement voulu sur la diapositive. Vous pouvez la redimensionner ou la masquer (si vous faites démarrer automatiquement le son).

OPTIONS D'UTILISATION D'UN OBJET SON

Lorsque vous insérez un objet son dans la diapositive ou lorsque vous sélectionnez un objet son dans la diapositive en mode *Normal*, un onglet contextuel s'affiche : **Outils audio/Lecture**.

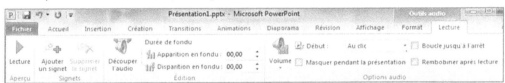

- Dans le groupe **Aperçu**, cliquez sur **Lecture**, pour écouter le son inséré.

- Dans le groupe **Options audio** :

– Cliquez sur **Volume** pour régler l'intensité de son du diaporama sur Faible, Moyen, Élevé ou Muet.

– Cochez ☑ **Masquer pendant la présentation** si vous ne souhaitez pas que l'icône haut-parleur apparaisse à l'écran pendant le diaporama.

– Dans la zone <**Début**>, si vous souhaitez modifier le choix fait à l'insertion du son, vous pouvez choisir de déclencher le son par un clic ou automatiquement.

Le son est un objet multimédia « animé » parmi les autres insérés sur la diapositive. Si vous souhaitez qu'il se déclenche automatiquement, mais à un moment précis du déroulement des animations, vous devez réorganiser l'ordre des animations (animations et sons) dans le volet *Animation* (voir Animations).

SÉQUENCE AUDIO

MASQUER L'ICÔNE DE L'OBJET SON PENDANT LE DIAPORAMA

Cette option est utile si vous souhaitez un départ du son automatique ou si un autre objet sert de déclencheur de l'action. Cependant, l'icône de son restera visible en mode *Normal*.

- Cliquez sur l'icône de son 🔊, puis sous l'onglet **Outils audio/Lecture**>groupe **Options audio**, activez la case à cocher ☑ **Masquer pendant la présentation**.

LIRE UN SON SUR UNE OU PLUSIEURS DIAPOSITIVES

- Cliquez sur l'icône de son 🔊, puis sous l'onglet **Outils audio/Lecture**>groupe **Options audio**, activez la case à cocher ☑ **Boucle jusqu'à l'arrêt** le son se répétera jusqu'au passage à la diapositive suivante.

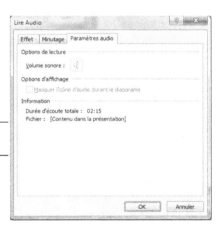

- Si vous avez des animations sur cette diapositive, il faudra aller dans les options d'effet de l'objet : sous l'onglet **Animations**>groupe **Animation avancée**, cliquez sur **Volet Animation** pour ouvrir le volet *Animation*.

- Dans le volet *Animation*, cliquez sur la flèche située à droite du son sélectionné dans la liste des animations, puis cliquez sur Options d'effet. Dans l'onglet *Effet* :

  - Sous **Commencer la lecture** : définissez si la lecture du son démarre au début du fichier, ou à l'endroit où elle s'était arrêté, ou à partir de la nième seconde.
  - Sous **Interrompre la lecture** : définissez l'instant où la lecture devra s'interrompre, soit au prochain clic, soit après la diapositive en cours, soit après N diapositives (incluant la diapositive en cours).

Informations sur la durée d'écoute et le fichier

- Dans le volet *Animation*, cliquez sur la flèche située à droite du son sélectionné dans la liste des animations, puis cliquez sur Options d'effet. Dans l'onglet *Effet* :
  - Sous la section **Information** : vous lisez la durée d'écoute totale du son, et vous pouvez vérifier si le fichier est incorporé (contenu dans la présentation).

Pensez à faire coïncider la durée du son avec la durée d'affichage de la ou des diapositives.

INSÉRER UN OBJET SONORE À PARTIR D'UN CD AUDIO

- La commande directe d'insertion d'une piste de CD audio n'est plus présente dans la version 2010 dans le menu déroulant de **Insertion**>groupe **Média**, bouton **Son**.
- Vous devez copier le fichier voulu depuis le CD sur votre disque dur, puis utiliser la commande Audio à partir du fichier...

Si votre présentation est prévue pour un usage public, pensez au problème des droits d'auteur. Demandez les autorisations nécessaires.

ENREGISTRER ET INSÉRER UN COMMENTAIRE VOCAL

Si vous disposez d'un microphone connecté à votre carte son, vous pouvez enregistrer un commentaire sur une ou plusieurs diapositives, associé à l'animation d'un graphique par exemple.

Pour enregistrer une narration, voir *Enregistrer une narration*. Vous pouvez constituer la narration sous forme d'enregistrements de ce type associés chacun à une diapositive.

- Sous l'onglet **Insertion**>groupe **Multimédia**, cliquez sur le bouton **Son**, puis sur la commande Enregistrer l'audio...
- Dans la zone <Nom>, saisissez un nom. Cliquez sur le bouton ❻ pour démarrer l'enregistrement. Parlez devant le micro ou captez toute séquence sonore voulue, puis cliquez sur ❼ pour arrêter l'enregistrement, cliquez sur ❽ pour écouter.
- Cliquez sur [OK] pour terminer l'enregistrement.

Une icône représentant un haut-parleur apparaît sur la diapositive. Cliquez et faites glisser cette icône à l'emplacement voulu sur la diapositive. Les options du groupe **Options audio** sous l'onglet contextuel **Outils audio/Lecture**, vous permettront de finaliser l'utilisation du son.

FINALISER L'INTÉGRATION D'UN SON

Lorsque vous insérez un son sur une diapositive, il vient s'intégrer aux objets déjà présents : texte, formes, images. Vous avez affecté à l'objet des paramètres d'ouverture, de durée...

- Dans la liste déroulante **Début**, vous choisissez le déclenchement Au clic ou Automatiquement ; Le choix Exécution sur l'ensemble des diapositives constitue l'extrait en fond sonore pour toute la durée de la présentation.
- ☑ **Boucle jusqu'à l'arrêt** fait répéter le son jusqu'au passage à la diapo suivante ;
- ☑ **Rembobiner après lecture** repositionne au début du clip après la lecture.

Pour affiner la position du son dans l'ensemble des animations qui peuvent être déjà dotées elles-mêmes d'un son, ouvrez le volet *Animation*.

- Positionnez-vous sur la diapositive concernée et affichez le volet *Animation*. Vous retrouvez les séquences audio, dans la liste des animations attribuées aux différents objets de la diapositive.
- Changez l'ordre de déroulement des animations de façon à y intégrer, au bon moment, les séquences audio que vous avez créées. Définissez leur mode de démarrage, comme nous l'avons vu dans la partie *Animation*. Ici, deux séquences audio sont intercalées entre des animations de texte.

N'hésitez pas à passer en diaporama, en cliquant sur le bouton [Diaporama] pour tester et écouter l'effet produit par vos animations et les sons associés.

SONS INCORPORÉS ET SONS LIÉS

Les clips sonores incorporés augmentent beaucoup l'encombrement du fichier présentation. Pour maintenir le fichier sonore à part, vous pouvez incorporer un lien vers lui.

- Créez un bouton d'action en choisissant dans la dernière section de **Insertion**>groupe **Illustrations Formes**. Dans le dialogue *Paramètres des actions*, sélectionnez <⊙ Créer un lien hypertexte vers> et choisissez Autre fichier dans la liste déroulante.
- Spécifiez le fichier et cliquez sur [OK].

Vous pouvez insérer des films (fichiers vidéo informatiques au format AVI ou MPEG ayant pour extension .avi, .mov, .wmv, .mpg ou .mpeg) ou des fichiers GIF contenant une image animée. Un film ou une séquence animée peut provenir d'un fichier enregistré sur votre disque ou de la Bibliothèque Microsoft multimédia.

INSÉRER UN FILM OU UNE IMAGE ANIMÉE

- Sous l'onglet Insertion>groupe Média, cliquez sur la **flèche** du bouton **Vidéo**. Dans le menu déroulant qui s'affiche, choisissez :

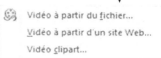

- Vidéo à partir du fichier...
  Recherchez et sélectionnez le nom du fichier vidéo à insérer, puis cliquez sur [Insérer]. La 1re image de la vidéo apparaît sur la diapositive, avec des poignées qui vous permettent de la déplacer et de la redimensionner.
- Vidéo clipart...
  Le volet *Images clipart* lance immédiatement une recherche de fichiers de type film dans la bibliothèque. Le résultat de la recherche s'affiche. Cliquez sur le clip vidéo ou l'image animée dans le volet *Images clipart*, l'image s'insère au centre de la diapositive. Vous pouvez la déplacer et la redimensionner.

Prévisualiser un film ou une image clipart dans la bibliothèque multimédia

- Pour prévisualiser le film ou l'image avant de l'insérer dans la diapositive, placez le pointeur de la souris sur la miniature du film ou de l'image dans le volet *Images clipart*, cliquez sur la flèche qui apparaît puis sur Aperçu et propriétés. Un dialogue s'ouvre dans lequel le film se joue ou l'image s'anime.

La zone <Mots-clés> présente la liste des mots-clés qui caractérisent le film, vous pouvez modifier ces mots-clés. Pour cela, cliquez sur le bouton [Modifier les mots clés].

Prévisualiser un film dans la diapositive

- Pour prévisualiser le film une fois inséré dans la diapositive, en mode *Normal*, amenez le curseur souris sur l'objet. Il apparaît une barre. Cliquez sur la flèche
  ▸ pour démarrer la vidéo.

Suspendre et reprendre la lecture d'un film en cours de lecture

- En mode *Diaporama*, cliquez sur le film pour le suspendre, cliquez dessus à nouveau pour reprendre la lecture du film.

Lorsque vous insérez un film, un déclencheur suivi d'un effet de pause est ajouté et visible dans le volet *Animation*. Cette combinaison (déclencheur + effet de pause) permet de faire une

pause en cliquant sur le film et de reprendre à la suite en cliquant à nouveau sur le film. Le deuxième effet (numéroté « 1 ») correspond à l'effet de pause : le symbole ▯▯ est un indicateur d'un effet de pause. Sa position sous un déclencheur indique que vous devez cliquer sur le film (pas dans la diapositive).

Ceci est présent pour un film, pas pour un clipart qui serait un simple Gif animé : dans ce cas, l'animation démarre automatiquement et vous n'avez pas la possibilité de changer.

VIDÉOS ET CLIPS ANIMÉS

INTÉGRER ET FINALISER LA VIDÉO DANS LA SÉQUENCE DES EFFETS D'ANIMATION

Lorsque vous insérez une vidéo dans une diapositive, elle s'intègre aux objets déjà présents : texte, formes, images. Elle adopte certains paramètres de démarrage, de durée...

- Pour placer le début du film au moment voulu parmi les autres animations, ouvrez le volet *Animation* et modifiez l'ordre des animations.

- Pour accéder à tous les paramètres d'effet, de minutage de la vidéo, cliquez sur la flèche qui apparaît lorsque vous pointez la vidéo dans la liste du volet *Animation*, puis sur la commande Options d'effet...

OPTIONS D'UTILISATION D'UNE VIDÉO

Lorsque vous sélectionnez un objet film ou une image animée dans la diapositive, un onglet contextuel s'affiche : **Outils vidéo/Lecture** :

- Dans le groupe **Aperçu**.
- Cliquez sur le bouton **Lecture** pour visualiser le clip. Vous pouvez aussi double-cliquer sur l'objet vidéo dans la diapositive.
- Dans le groupe **Options vidéo**.
- **Volume** : cliquez sur ce bouton pour choisir le niveau de volume du son : Faible, Moyen, Élevé ou Muet.
- **Début** : cliquez sur cette zone pour modifier le mode de déclenchement de la vidéo :
  - Automatiquement : le film démarre automatiquement et le passage à la diapositive suivante attend la fin du film.
  - Au clic : le film démarre lorsque vous cliquez sur l'objet film, mais le passage à la diapositive suivante se fait selon son minutage et arrête le film même avant sa fin.

Pendant le diaporama, lorsque le film se joue, si vous cliquez en dehors du cadre du film, vous forcez le passage à la diapositive suivante et le film s'arrête, sauf si vous avez choisi le mode *Exécution sur l'ensemble des diapositives*. Si le film est plus court que le minutage de la diapositive, le cadre du film reste affiché jusqu'au passage à la diapositive suivante ou jusqu'à la fin du diaporama dans le mode *Exécution sur l'ensemble de diapositives*.

- ☑ **Masquer en cas de non lecture** masque l'icône représentant le film pendant la présentation en diaporama, mais si le film démarre automatiquement, vous le voyez normalement, de même que si vous le démarrez en cliquant à l'endroit de l'icône masquée.
- ☑ **Lire en mode plein écran** : cochez cette option pour faire jouer le film sur la totalité de l'écran. À éviter en mode *Exécution sur l'ensemble des diapositives*.
- ☑ **Boucle jusqu'à l'arrêt** : cochez cette option pour faire jouer le film en boucle soit jusqu'au passage à la diapositive suivante ou jusqu'à la fin du diaporama si vous avez choisi le mode *Exécution sur l'ensemble des diapositives*.
- ☑ **Rembobiner le film après lecture** : cochez cette option pour que le film ne s'arrête pas sur la dernière image lorsqu'il a été joué, mais qu'il revienne automatiquement à la première image.

L'incorporation d'un fichier vidéo augmente énormément l'encombrement du fichier présentation. Il peut être préférable d'installer un bouton d'action avec lien vers le fichier vidéo, comme nous l'avons décrit à la fin de la section sur l'audio.

PRÉSENTER UN DIAPORAMA

10

DIAPORAMA PERSONNALISÉ

Vous pouvez décliner une présentation en plusieurs diaporamas adaptés chacun à un public différent, ce sont les diaporamas personnalisés qui comprennent une sélection de diapositives.

Ces diaporamas personnalisés sont enregistrés dans le même fichier que la présentation principale. Si un discours est associé au diaporama, son contenu s'adapte aux diapositives choisies. Un onglet sur le Ruban permet de définir le démarrage, la configuration et l'affichage du diaporama.

CRÉER UN DIAPORAMA PERSONNALISÉ

- Sous l'onglet **Diaporama**>groupe **Démarrage du diaporama**, cliquez sur le bouton **Diaporama personnalisé ❶**, puis sur la commande ❷ Diaporamas personnalisés...
  Le dialogue *Diaporamas personnalisés* affiche la liste des diaporamas personnalisés existants. Cliquez sur le bouton [Nouveau] ❸, le dialogue *Définir un diaporama personnalisé* s'affiche.

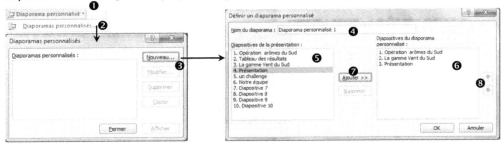

- Dans la zone <Nom du diaporama> ❹, saisissez un nom pour le diaporama personnalisé.
- La zone <Diapositives de la présentation> ❺ liste les titres de toutes les diapositives de la présentation. La zone <Diapositives du diaporama personnalisé> ❻ liste les diapositives sélectionnées dans le diaporama personnalisé.
- Pour ajouter une diapositive au diaporama personnalisé, cliquez sur le titre d'une diapositive dans la zone ❺ puis sur [Ajouter»] ❼.
- Pour enlever une diapositive du diaporama personnalisé, sélectionnez une diapositive du diaporama personnalisé dans la zone de droite, puis cliquez sur [Supprimer].
- Pour changer l'ordre des diapositives du diaporama personnalisé, utilisez les boutons fléchés ❽ situés à droite de la zone <Diapositives du diaporama personnalisé>.
- Cliquez sur [OK].

LANCER UN DIAPORAMA PERSONNALISÉ

- Sous l'onglet **Diaporama**>groupe **Démarrage du diaporama**, cliquez sur le bouton **Diaporama personnalisé**, puis sur le nom du diaporama personnalisé (les noms apparaissent dans le menu déroulant au-dessous de ❷ lorsque des diaporamas personnalisés ont été créés).

MODIFIER OU SUPPRIMER UN DIAPORAMA PERSONNALISÉ

Dans le dialogue *Diaporamas personnalisés* :

- [Modifier...] : sert à modifier le nom ou la composition du diaporama personnalisé sélectionné.
- [Supprimer] : supprime le diaporama sélectionné.
- [Copier] : crée une copie du diaporama personnalisé que vous pourrez modifier.

MASQUER OU AFFICHER UNE DIAPOSITIVE

Masquer une diapositive consiste à ne pas la faire apparaître dans le diaporama. Par exemple, si le public vous demande des précisions que vous avez définies dans des diapositives masquées, vous pouvez les dévoiler. En revanche, si le public comprend bien sans poser de question, vous pouvez continuer la présentation sans afficher les diapositives masquées.

- En mode *Trieuse* ou en mode *Normal* dans le volet *Diapositives/Plan*, sélectionnez la ou les diapositives à masquer (avec la touche ⇧ si elles sont jointives, avec la touche Ctrl si elles sont disjointes).

- Sous l'onglet **Diaporama**>groupe **Configuration**, cliquez sur le bouton **Masquer la diapositive**, ou dans le volet *Diapositives/Plan*, cliquez-droit sur la sélection de diapositives et choisissez Masquer la diapositive.

La diapositive apparaît dans le volet de navigation ou dans la zone principale en mode *Trieuse* avec son numéro d'ordre ❶ barré.

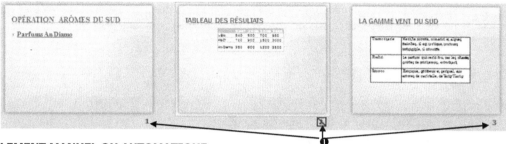

DÉFILEMENT MANUEL OU AUTOMATIQUE

Par défaut, le défilement du diaporama se fait en manuel : le passage à la diapositive suivante se fait par un clic, ou par la frappe de la barre d'espace, ou en utilisant les flèches de navigation de la barre d'outils *Diaporama*. Mais, vous pouvez faire défiler automatiquement les diapositives, dans ce cas le minutage (voir plus loin) sert à fixer la durée d'affichage de chaque diapositive.

- Pour passer en défilement automatique, sous l'onglet **Diaporama**>groupe **Configuration**, activez la case à cocher ☑ **Utiliser le minutage**. Pour repasser en défilement manuel, désactivez cette case.

Une autre façon de faire, sous l'onglet **Diaporama**>groupe **Configuration**, cliquez sur le bouton **Configurer le diaporama** et cochez l'option <⊙ Manuel> pour activer le défilement manuel ou <⊙ Utiliser le minutage existant> pour activer le défilement automatique.

Même si l'option <⊙ Manuel> n'est pas choisie, vous pouvez forcer le passage à la diapositive suivante avant que son minutage soit épuisé par clic de souris ou touche du clavier.

MINUTAGE DES DIAPOSITIVES

Pour définir le minutage, le plus pratique est de vous mettre à la place du public : passez en revue les diapositives et pour chacune prenez le temps de lire toutes les informations, de visualiser toutes les animations... puis de donner le « top chrono » pour passer à la diapositive suivante.

Lancer la vérification du minutage

- Sous l'onglet **Diaporama**>groupe **Configuration**, cliquez sur **Vérification du minutage**.

Le diaporama démarre à partir de la première diapositive. La barre d'outils *Enregistrement* apparaît en haut à gauche de l'écran. Elle affiche deux chronomètres :

❶ indique le temps écoulé depuis l'apparition de la diapositive en cours.

❷ indique le temps écoulé depuis le début du diaporama.

- Après avoir pris le temps de lire la diapositive et de visualiser les animations, cliquez sur le bouton 🔜 : PowerPoint mémorise le temps d'affichage de la diapositive et affiche la diapositive suivante, le premier chronomètre se réinitialise.

- Si vous voulez recommencer le minutage de la diapositive en cours, cliquez sur le bouton 🔄.
- Si vous voulez faire une pause dans le minutage, cliquez sur le bouton ⏸.

Pour passer au minutage d'une diapositive qui ne serait pas la suivante : cliquez droit sur la diapositive en cours puis sur Aller à et choisissez le titre de la diapositive à minuter.
Vous pouvez aussi utiliser les touches T,O et V (cf. page 149) pendant le minutage.

Terminer la vérification du minutage

- Pour arrêter le minutage, vous pouvez aller jusqu'à l'écran noir *Quitter* de la fin du diaporama, ou vous pouvez taper sur la touche Échap, c'est possible à tout moment. Dans ce cas, seuls les minutages des diapositives visualisées seront modifiés, les autres seront conservés.

- Lorsque vous arrêtez le minutage, un dialogue indique la durée totale du diaporama et vous demande si vous souhaitez ou non enregistrer les nouveaux minutages.

- Cliquez sur [Oui] : pour mettre à jour les minutages.
- Cliquez sur [Non] : pour conserver les minutages antérieurs.

Le mode *Trieuse* s'active et affiche le minutage de chaque diapositive de la présentation. Ces minutages sont également visibles sous les miniatures de diapositives dans le volet Diapositives/plan.

Spécifier manuellement le minutage des diapositives

Vous pouvez aussi spécifier le minutage des diapositives, sans lancer la vérification du minutage :

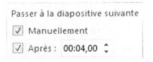

- Sélectionnez les diapositives puis, sous l'onglet **Transitions**>groupe **Minutage**, cochez ☑ **Après** et saisissez la durée d'affichage des diapositives (en nombre de secondes).

PARAMÈTRES DU DIAPORAMA

Pour définir le contexte dans lequel sera présenté le diaporama, vous devez renseigner le dialogue des *Paramètres du diaporama* :

- Sous l'onglet **Diaporama**>groupe **Configuration**, cliquez sur le bouton **Configurer le diaporama**. Le dialogue *Paramètres du diaporama* s'affiche.

Les paramètres sont regroupés par sections :
Type de diaporama, Options du diaporama, Diapositives, Défilement des diapositives, Plusieurs moniteurs.

- Faites vos choix et cliquez sur [OK].

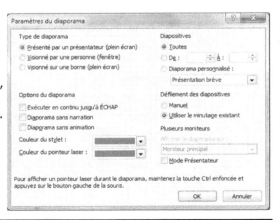

ORGANISER LE DIAPORAMA

Type de diaporama.

- \<⊙Présenté par un présentateur (plein écran)\> : pour exposer votre présentation face à un public en direct, lors d'une conférence ou d'une formation... Vous contrôlez totalement le diaporama, vous pouvez faire défiler les diapositives automatiquement ou manuellement.

- \<⊙Visionné par une personne (fenêtre)\> : permet à un utilisateur de visualiser la présentation à partir d'un disque dur d'un ordinateur ou d'un CD ou encore par Internet. Le diaporama s'affiche dans une fenêtre que vous pouvez redimensionner et déplacer sur votre écran.

- \<⊙Visionné sur une borne (plein écran)\> : la présentation s'effectuera automatiquement à partir d'une borne, généralement dans un endroit accessible au public proposant des écrans tactiles, du son ou de la vidéo. La personne qui la visualise peut faire avancer les diapositives ou cliquer sur les boutons de liens hypertextes et d'actions, mais ne peut pas modifier la présentation.

Options du diaporama

Ces options servent à spécifier comment exécuter les fichiers audio, les narrations ou les animations dans la présentation.

- \<☒Exécuter en continu jusqu'à ÉCHAP\> : les fichiers audio et les animations sont lus en continu.

- \<☒Diaporama sans narration\> : le diaporama s'affiche sans lire la narration.

- \<☒Diaporama sans animation\> : le diaporama s'affiche sans activer les animations.

- \<Couleur du stylet\> : lorsque vous effectuez une présentation devant un public en direct, vous pouvez écrire dans vos diapositives. Cette zone liste permet de choisir une couleur d'encre. Cette liste n'est active que si vous avez sélectionné \<⊙☑ Présenté par un présentateur (plein écran)\> (dans la section Type de diaporama).

Diapositives

- Activez \<⊙Toutes\> pour afficher toutes les diapositives, ou spécifiez une plage de diapositive, de la première diapositive \<De\> à la dernière \<À\>.

- Si vous voulez utiliser un diaporama personnalisé que vous avez créé, activez \<⊙ Diaporama personnalisé\> et sélectionnez le diaporama.

Défilement des diapositives

- Choisissez entre \<⊙Manuel\> et \<⊙ Utiliser le minutage existant\>. Cette option est équivalente à ☑/☐Utiliser le minutage du Ruban.

Plusieurs moniteurs

Si votre ordinateur est équipé de deux écrans, vous pouvez exécuter la présentation sur un moniteur d'affichage pendant que votre auditoire la visionne sur un autre moniteur. Il faut que la prise en charge du deuxième moniteur soit activée sous Windows. Sous Windows 7, cliquez sur le bouton *Démarrer* puis Panneau de configuration – Connecter un projecteur et Étendre.

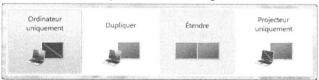 

- Dans la zone \<Afficher le diaporama sur\>, sélectionnez le moniteur auxiliaire ou le projecteur. Vous pouvez aussi activer \<☑ Mode présentateur\>, qui fournit au présentateur des outils spécifiques pour mieux contrôler la présentation sur son moniteur : sur le projecteur, seules les diapositives apparaissent, sur le moniteur du présentateur, il y a aussi les commentaires.

- Vous avez les mêmes choix dans le groupe **Moniteurs** de l'onglet **Diaporama**, plus une liste déroulante permettant de spécifier la résolution d'affichage.

LANCER ET CONTRÔLER LE DIAPORAMA

LANCER LE DIAPORAMA

Lorsque vous lancez un diaporama, PowerPoint désactive l'écran de veille de Windows ainsi que le mode « économie d'énergie » dont sont équipés les portables, afin d'éviter que la présentation ne soit interrompue par l'économiseur d'écran ou un écran noir inopportun.

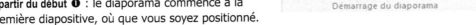

- Le Ruban vous offre plusieurs possibilités de démarrage du diaporama : sous l'onglet **Diaporama**>groupe **Démarrage du diaporama**.
  - **À partir du début ❶** : le diaporama commence à la première diapositive, où que vous soyez positionné.
  - **À partir de la diapositive actuelle ❷** : le diaporama démarre à partir de la diapositive active.
  - **Diaporama personnalisé ❸** : pour lancer un diaporama personnalisé.
- La barre d'outils *Affichage rapide* ❹ située sur la barre d'état contient un outil pour lancer le diaporama, à partir de la diapositive actuelle.
- La touche F5 fera démarrer le diaporama depuis le début.

LES OUTILS POUR INTERVENIR SUR LE DIAPORAMA PLEIN ÉCRAN

Au cours de la présentation en plein écran, vous pourrez avoir besoin d'intervenir dans le déroulement, revenir en arrière, aller à une diapositive particulière, écrire ou souligner un chiffre, un mot. PowerPoint vous propose plusieurs façons de faire pour ces actions, afin que vous puissiez trouver celle qui sera pour vous la plus confortable durant la présentation.

Barre d'outils diaporama

Lorsque le diaporama se déroule en plein écran, une barre d'outils translucide s'affiche en bas à gauche de l'écran. Elle est à peine visible, mais chaque bouton apparaît nettement lorsque vous amenez le pointeur dessus.

- Les deux boutons flèches des extrémités servent à forcer le passage à la diapositive précédente ❺ ou suivante ❻.
- Le bouton ❽ affiche le menu contextuel.
- Le bouton ❼ sert à paramétrer le stylet pour écrire.

Menu contextuel

- Un clic droit sur l'écran du diaporama plein écran affiche un menu contextuel, dans lequel vous trouvez les commandes équivalentes aux boutons de la barre d'outils du diaporama, tant pour la navigation que pour l'utilisation du stylet et le choix de modification de l'écran.
- Ce menu peut également être affiché par un clic sur le bouton ❽ de la barre d'outils diaporama.

Masquer/afficher la barre d'outils Diaporama et le pointeur

Lors d'une présentation en plein écran, le pointeur et la barre d'outils diaporama sont masqués automatiquement après trois secondes d'inactivité. Ils se réaffichent si vous déplacez la souris.

- Cliquez sur l'outil 🖉 ou cliquez droit sur la diapositive puis sur Options du pointeur, puis sur Options des flèches de direction. Choisissez l'option :
  - Visible : le pointeur et la barre d'outils diaporama restent visibles en permanence.
  - Masquer toujours : le pointeur et la barre d'outils diaporama sont masqués en permanence.
  - Automatique : le pointeur et la barre d'outils diaporama sont masqués au bout de 3 secondes d'inactivité ; ils sont réaffichés lorsque vous déplacez la souris.

Raccourci clavier pour Masquer toujours Ctrl+M, pour Automatique Ctrl+U.

LANCER ET CONTRÔLER LE DIAPORAMA

NAVIGUER À L'AIDE DE LA SOURIS ET DU CLAVIER

Diapositive ou animation suivante

- Cliquez sur la diapositive ou appuyez sur la barre d'espace, ou appuyez sur l'une de ces touches : S, →, ↓ ou ⬇.

Revenir à la diapositive ou à l'animation précédente

- Appuyez sur l'une de ces touches : ←, P, ←, ↑ ou ⬆.

Atteindre une diapositive par son numéro

- Tapez le numéro de diapositive, appuyez sur ↵.

NAVIGUER À L'AIDE DU MENU CONTEXTUEL

Diapositive suivante ou précédente

- Lors du diaporama, cliquez droit sur la diapositive, puis sur Suivant ou Précédent ❶.

Atteindre une diapositive

- Lors du diaporama, cliquez droit sur la diapositive, puis sur la commande contextuelle Aller à ❷ et cliquez sur le nom de la diapositive à atteindre ❸.

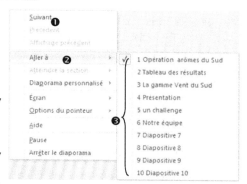

NAVIGUER À L'AIDE DE LA BARRE D'OUTILS DU DIAPORAMA

- Utilisez les boutons de défilement ⬅ ➡ de la barre d'outils du diaporama pour avancer ou reculer au cours de votre diaporama.

ANNOTER À LA MAIN LES DIAPOSITIVES PENDANT LE DIAPORAMA

Lors d'un diaporama, vous avez la possibilité de dessiner avec un stylet sur vos diapositives afin de mettre l'accent sur tel ou tel point à l'attention de vos spectateurs.

- Pour afficher le menu *Stylet*, cliquez sur le bouton ✏ de la barre d'outils diaporama ou cliquez droit pour afficher le menu, puis sur Options du pointeur.

Annoter la diapositive

- Dans le menu *Stylet*, choisissez l'outil ❷ ou Ctrl+P pour reprendre le stylet, et tracez.

Modifier la couleur de l'encre

- Dans le menu *Stylet*, cliquez sur Couleur de l'encre ❸, choisissez une couleur, puis tracez.

Cesser d'annoter

- Dans le menu du stylet, choisissez la commande Flèche, pour revenir au pointeur ou Ctrl+A.

Supprimer, conserver ou masquer des annotations manuscrites

- Lorsque vous avez écrit sur vos diapositives au cours du diaporama, vous pouvez :
- − Gommer des inscriptions avec l'outil Gomme ❹ dans le menu *Stylet*.
- − Supprimer toutes les entrées manuscrites ❺ sur la diapositive à partir du menu *Stylet*.

- Au moment de quitter le diaporama, il vous est demandé si vous voulez conserver les annotations manuscrites pour l'ensemble des diapositives.
- Une option du menu contextuel du diaporama sert à masquer ou afficher les annotations manuscrites, cliquez-droit sur l'écran puis sur Écran, puis sur Afficher/Masquer les notes manuscrites.

LANCER ET CONTRÔLER LE DIAPORAMA

OPTIONS DE L'ÉCRAN

Vous pouvez à tout moment remplacer temporairement la diapositive affichée par un écran noir ou un écran blanc, sur lequel vous pouvez aussi faire des inscriptions « à main levée ». Il est possible aussi de masquer les marques faites au stylet dans tout le diaporama. Vous pouvez également basculer vers un autre programme.

- ■ Pour afficher le menu *Écran*, cliquez sur le bouton *Menu* ▤ de la barre d'outils diaporama ou cliquez droit pour afficher le menu du diaporama, puis cliquez sur Écran.

- – Pour afficher un écran noir ou blanc ❶, cliquez sur Écran noir ou Écran blanc, pour ensuite revenir à la diapositive tapez Échap.
- – Cliquez sur ❷ pour afficher ou masquer les notes écrites sur l'écran durant le diaporama.
- – Il vous est possible de basculer vers une autre application ouverte, durant le diaporama, en affichant la barre des tâches en ❸.

AFFICHER UNE DIAPOSITIVE MASQUÉE EN COURS DE DIAPORAMA

- ■ Cliquez sur le bouton *Menu* ▤ de la barre d'outils diaporama ou cliquez droit, puis cliquez sur Aller à ❹.
- ■ Cliquez sur le titre de la diapositive masquée (son numéro d'ordre apparaît entre parenthèses) ❺.
- ■ Utilisez le menu contextuel, et la commande Aller à pour revenir sur la diapositive voulue.

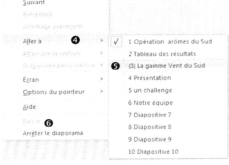

FAIRE UNE PAUSE

Au cours d'un diaporama automatique, faites une pause sur une diapositive, pour répondre à une question ou préciser un point.

- ■ Cliquez sur le bouton *Menu* ▤ de la barre d'outils diaporama ou cliquez droit, puis sur la commande Pause ❻.
- ■ Il suffit de cliquer à nouveau ou de taper sur la barre d'espace pour reprendre la présentation.

ARRÊTER LE DIAPORAMA,

- ■ Cliquez sur le bouton *Menu* ▤ de la barre d'outils diaporama ou cliquez droit, puis sur Arrêter le Diaporama ❻ ou appuyez sur la touche Échap, en haut à gauche du clavier.

RACCOURCIS CLAVIER DU DIAPORAMA

Au cours du diaporama, appuyez sur la touche F1 ou bien ouvrez le menu contextuel du diaporama puis cliquez sur Aide. La fenêtre d'Aide liste les raccourcis clavier du diaporama.

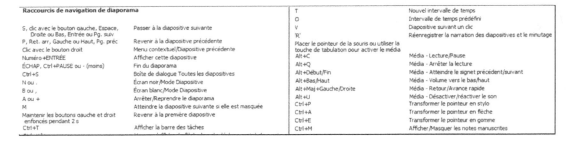

RACCOURCIS CLAVIER DU DIAPORAMA

Pour	Appuyez sur
Passer à la diapositive suivante.	S, Clic, Espace, Entrée, Droite, Bas, Pg.Suiv
Revenir à la diapositive précédente.	P, Gauche, Haut, Ret. Arr, Pg.préc
Atteindre la diapositive *numéro*.	*Numéro* suivi de Entrée
Bascule Écran noir/mode diapositive.	N ou . (signe point)
Bascule Écran blanc/mode diapositive.	B ou , (signe virgule)
Afficher/masquer le pointeur en flèche.	F ou = (signe égal)
Pause/reprise du diaporama.	A ou + (signe plus)
Fin du diaporama.	Échap ou Crtl+Pause ou − (signe tiret)
Effacer (supprimer) les marques à l'écran.	E
Atteindre la diapositive suivante, si elle est masquée, sinon pas d'effet.	M
Définir le passage à la diapositive suivante en « automatique » après le nouvel intervalle de temps.	T (Pendant la vérification du minutage)
Définir le passage à la diapositive suivante en « automatique » conservant l'intervalle de temps précédent.	O (Pendant la vérification du minutage)
Définir le passage à la diapositive suivante « en manuel ».	V (Pendant la vérification du minutage)
Revenir à la première diapositive.	Gauche+Droit pendant 2 s, ou 1 Entrée
Transformer le pointeur en stylo.	Ctrl+P
Transformer le pointeur en flèche.	Ctrl+A
Transformer le pointeur en gomme.	Ctrl+E
Masquer le pointeur et la barre d'outils diaporama.	Ctrl+M
Masquer/réafficher automatiquement la flèche et la barre d'outils diaporama.	Ctrl+U
Afficher le menu contextuel.	Maj+F10 ou clic droit
Atteindre le lien hypertexte suivant.	Tab
Atteindre le lien hypertexte précédent.	Maj+Tab
Afficher la barre des tâches.	Ctrl+T
Afficher le dialogue Toutes les diapositives.	Ctrl+S
Afficher/masquer les marques à l'écran	Ctrl+N

DIFFUSER LE DIAPORAMA

Voici une nouveauté de la version 2010. Vous faites dérouler le diaporama sur votre ordinateur (connecté à Internet). Vous avez envoyé un lien à des correspondants et convenu avec eux qu'ils se connectent à ce lien juste avant que vous démarriez le diaporama : alors celui-ci se déroulera simultanément aussi sur leurs ordinateurs.

■ Sous l'onglet **Diaporama**>groupe **Démarrer le diaporama**, cliquez sur le bouton **Diffuser le diaporama** puis, dans le dialogue *Diffuser le diaporama*, cliquez sur [Démarrer la diffusion]❶.

■ Fournissez votre identifiant Windows Live ❷ et votre mot de passe, cliquez sur [OK].
Un lien vous est fourni ❸, dans la fenêtre de dialogue *Diffuser le diaporama*.

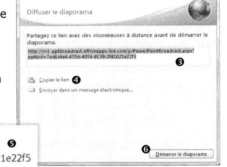

■ Si vous cliquez sur [Envoyer dans un message électronique...], le système utilisera Outlook. Si vous utilisez un autre logiciel de messagerie, copiez le lien ❹ et collez-le dans le message que vous envoyez ❺.

■ Envoyez ce message avec le lien, par exemple :

Voici le lien vers la nouvelle version de la présentation :
http://sn1-pptbroadcast.officeapps.live.com/p/PowerPoint ❺
Broadcast.aspx? pptbid=7ad6c4e4-435b-4054-9139-2f41021e22f5

■ Lorsque vos correspondants vous ont signalé (par téléphone) qu'ils ont cliqué sur le lien, cliquez sur [Démarrer le Diaporama] ❻.

■ La présentation se déroule simultanément sur votre écran et sur les écrans de vos correspondants, dans la fenêtre de leur navigateur. À la fin, vous obtenez la ligne :

ⓘ **Mode de diffusion**   Vous diffusez cette présentation et ne pouvez pas y apporter des modifications.   Fin de la diffusion

■ Cliquez sur [Fin de la diffusion].

Microsoft PowerPoint

⚠ Toutes les visionneuses à distance seront déconnectées si vous continuez. Voulez-vous terminer cette diffusion ?

Fin de la diffusion   Annuler

■ Confirmez [Fin de la diffusion] ; vos correspondants obtiennent l'affichage « La diffusion est terminée ».

Avec cette méthode, il semble que les effets sonores ne sont pas produits chez les correspondants, alors qu'ils le sont chez l'émetteur.

DOCUMENTS D'ACCOMPAGNEMENT

IMPRIMER DES PAGES DE COMMENTAIRES

Vous pouvez saisir des commentaires pour chaque diapositive et les afficher sous forme d'une page de commentaires, comprenant une reproduction de la diapositive ainsi qu'une zone de commentaires pouvant intégrer textes, images et tableaux.

Vous pouvez imprimer ces pages de commentaires pour en faire un guide de présentation à l'usage du présentateur ou les distribuer comme support à l'assistance.

SAISIR DES COMMENTAIRES EN MODE NORMAL

- Pour passer en affichage *Normal*, cliquez sur l'icône *Normal* ⊞ située à droite sur la barre d'état ou utilisez le même bouton dans la barre d'outils d'affichage rapide s'il y est.

- Sélectionnez, dans le volet *Diapositive/plan*, la miniature de la diapositive à commenter.

- Cliquez sur la barre du volet *Commentaires* ❶ et faites-la glisser de façon à agrandir en hauteur l'espace d'écriture. Si nécessaire, pour agrandir en largeur l'espace d'écriture, faites glisser la barre du volet *Diapositives/plan* ❷, et saisissez les commentaires.

SAISIR DES COMMENTAIRES EN MODE PAGE DE COMMENTAIRES

- Pour passer en mode affichage *Page de commentaires*, sous l'onglet **Affichage>** groupe **Affichages des présentations**, cliquez sur **Page de commentaires**.

- Pour visualiser la zone de commentaire de la page de la diapositive à commenter : utilisez la barre de défilement verticale située sur la droite de la fenêtre.

- Page de commentaire suivante/précédente : cliquez au-dessous/au-dessus du curseur de défilement ou sur les icônes ⯅/⯆ situées au bas de la barre de défilement.

- Faites défiler les pages de commentaires en faisant glisser le curseur de la barre de défilement vertical.

- Pour augmenter le zoom de l'affichage utilisez les outils de zoom situés sur la barre d'état.

- Cliquez dans la zone des commentaires sous la diapositive ❸, et tapez vos commentaires.

MODIFIER LES PAGES DE COMMENTAIRES

- Vous pouvez redimensionner chaque objet de la page de commentaires : diminuer la diapositive ou agrandir la zone de texte. Cliquez sur l'objet et utilisez les poignées de dimensionnement.

- Vous pouvez ajouter un objet graphique, une image, un dessin... La diapositive est elle-même objet graphique sur la page de commentaire.

- La zone de texte peut être mise en forme : mise en forme des caractères, des paragraphes ou arrière-plan.

- Pour revenir en affichage *Normal*, cliquez sur l'icône ⊞ située à droite sur la barre d'état ou sur la barre d'outils Accès rapide.

MISE EN PAGE DE LA PAGE DE COMMENTAIRES

- Vous pouvez choisir l'orientation de la page de commentaires, qui peut être différente de celle des diapositives de la présentation : sous l'onglet **Création>**groupe **Mise en page**, cliquez sur le bouton **Mise en page**. Spécifiez les options dans le dialogue.

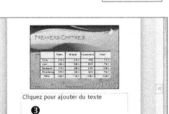

IMPRIMER DES PAGES DE COMMENTAIRES

MASQUE DES PAGES DE COMMENTAIRES

Si vous souhaitez modifier la mise en page ou l'orientation de toutes vos pages de commentaires, il faut passer par le masque des pages de commentaires, afin de conserver la cohérence du document, c'est là qu'il faudra insérer un logo ou un sigle destiné à apparaître sur toutes les pages de commentaires.

■ Sous l'onglet **Affichage**>groupe **Affichages des présentations**, cliquez sur **Masque des pages de notes**. Le masque des pages de commentaires s'affiche ❶ et un onglet contextuel **Masque des pages de notes** ❷ apparaît sur le Ruban.

■ Le groupe **Mise en page** vous permet de choisir l'orientation des pages de commentaires.

■ Le groupe **Espaces réservés** vous permet d'activer ou non les zones ☑ **En-tête**, ☑ **Image des diapositives**, ☑ **Pied de page**, ☑ **Date**, ☑ **Corps**, ☑ **Numéro de page**.

– Pour supprimer un de ces espaces réservés, décochez la case correspondante du Ruban ou cliquez sur la bordure de cet espace dans le masque puis ⌷Suppr⌷.

– Pour les rétablir, cochez la case correspondante dans le groupe **Espaces réservés**.

■ Le groupe **Modifier le thème** permet d'appliquer un autre thème ou de modifier les couleurs et les polices du thème de la présentation.

■ Le groupe **Arrière-plan** permet de définir des couleurs et des motifs d'arrière-plan.

■ Pour revenir à la page de commentaire, cliquez sur le bouton **Désactiver le mode Masque**.

EN-TÊTES ET PIEDS DE PAGE DES PAGES DE COMMENTAIRES

En mode *Page de commentaires* ou *Masque des pages de commentaires*.

■ Sous l'onglet **Insertion**>groupe **Texte**, cliquez sur **En-tête et pied de page**, ou **Date et heure** ou **Numéro des diapositives**. Le dialogue *En-tête et pied de page* s'affiche. Cliquez sur l'onglet **Commentaires et documents**.

■ Remplissez les zones concernées, comme pour les en-têtes de page des diapositives.

La mise en forme de ces zones peut se faire sur chaque page, ou globalement dans le masque.

IMPRIMER LES PAGES DE COMMENTAIRES

■ Cliquez sur l'onglet **Fichier**, puis sur **Imprimer**. Dans le panneau central :
  - Cliquez sur le bouton ❶, puis dans la galerie sous **Mode Page** cliquez sur l'icône *Pages de commentaires*.
  - Cliquez sur le bouton ❷ pour choisir d'imprimer en nuances de gris, sinon l'impression se fait en couleur.
  L'aperçu s'affiche dans le panneau de droite.

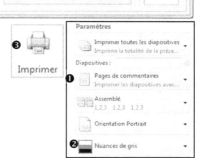

■ Cliquez sur l'icône [Imprimer]❸.

PowerPoint offre la possibilité d'imprimer pour l'assistance un document d'accompagnement. Il s'agit d'une version papier de la présentation affichant deux, trois, quatre, six ou neuf diapositives par page, avec ou sans les commentaires du présentateur, et pouvant comporter des espaces réservés pour la prise de notes.

Les documents sont soit directement imprimés à partir de PowerPoint, soit générés dans Word et imprimés à partir de ce programme.

IMPRIMER LE DOCUMENT À PARTIR DE POWERPOINT

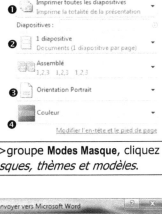

- Onglet **Fichier** puis sur **Imprimer**. Dans le panneau central, cliquez sur :
  - ❶ pour spécifier les diapositives à inclure ;
  - ❷ pour choisir le nombre de diapositives par page, cliquez sur l'icône correspondant dans la galerie sous **Documents** ;
  - ❸ pour spécifier l'orientation Paysage ou portrait ;
  - ❹ pour choisir nuances de gris, noir et blanc ou couleur.
- Cliquez sur l'icône [Imprimer].

Un masque des documents peut être personnalisé (onglet **Affichage**>groupe **Modes Masque**, cliquez sur **Masque du document**). Ce sujet a été traité dans le chapitre 7 *Masques, thèmes et modèles*.

CRÉER LE DOCUMENT DANS WORD

- Cliquez sur l'onglet **Fichier**, puis sur **Enregistrer et envoyer**. Dans le panneau central, cliquez sur **Créer des documents**. Dans le panneau de droite, cliquez sur l'icône *Créer des documents*. Le dialogue *Envoyer vers Microsoft Word* s'affiche. Choisissez l'option :
- ❶ Diapositives miniatures et commentaires à côté.
- ❷ Diapositives miniatures avec des lignes de prise de notes.
- ❸ Une page par diapositive, commentaires sous la diapositive.
- ❹ Une page par diapositive avec lignes de prise de notes.
- ❺ Le plan hiérarchisé de la présentation.
- Activez l'option et validez en cliquant sur [OK].

Si vous activez l'option <⊙ Coller avec liaison>❻, les modifications apportées dans la présentation PowerPoint seront automatiquement actualisées dans le document Word, à la prochaine réouverture du fichier Word.

Exemple des commentaires à côté des diapositives

Word crée un nouveau document et place dans un tableau à trois colonnes : les titres de diapositive dans la première colonne, les reproductions miniatures des diapositives dans la colonne centrale et les commentaires dans la colonne de droite, sur autant de pages que nécessaire.

- Enregistrez et imprimez le document Word.

Dans le tableau Word, vous pouvez modifier la taille des diapositives, la largeur des colonnes, et mettre en forme le texte.

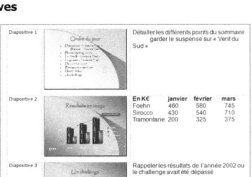

PARTIE 2
EXERCICES DE PRISE EN MAIN

ERGONOMIE
POWERPOINT 2010

1

EXERCICE 1 : DÉMARRER POWERPOINT

LANCEZ POWERPOINT AVEC LE MENU DÉMARRER

- Cliquez sur le bouton ![] sous Windows 7, Vista ou ![démarrer] sous Windows XP ❶, situé à l'extrémité gauche de la barre des tâches Windows, puis sur Tous les programmes ❷, ensuite sur Microsoft Office ❸, enfin sur Microsoft Office PowerPoint 2010 ❹.

La fenêtre application PowerPoint s'ouvre avec une présentation vierge nommée Présentation1 sur la barre de titre (PrésentationN est le nom générique, N est un n° de séquence de création).

- Fermez cette fenêtre en cliquant sur l'icône ![x] Fermer, située à droite de la barre de titre.

CRÉEZ UN RACCOURCI VERS POWERPOINT POSÉ SUR LE BUREAU

- Cliquez droit sur le nom du programme Microsoft Office PowerPoint 2010 dans le menu Démarrer, puis sur Envoyer vers, puis sur Bureau (créer un raccourci). Pour voir le bureau, cliquez sur la case Afficher le Bureau située à l'extrémité droite de la barre des tâches Windows.
- Démarrez PowerPoint en double-cliquant sur l'icône raccourci vers le programme Microsoft PowerPoint 2010 ❹ qui a été installé sur le Bureau. Fermez la fenêtre Présentation1.

EXERCICES

→ Supprimez le raccourci *PowerPoint 2010* s'il existe, installez-le à nouveau sur le Bureau.

→ Lancez PowerPoint 2010 en double-cliquant sur le raccourci. Dans la diapositive qui s'affiche, cliquez dans l'espace du haut réservé au titre et saisissez Le marché Notre Dame.

→ Cliquez ensuite dans l'espace réservé au sous-titre et saisissez Un marché de charme.

→ Cliquez sur ![] Enregistrer ❶, sur la barre d'outils *Accès rapide* en haut à gauche de la fenêtre. Le dialogue *Enregistrer sous* s'affiche.

→ Dans ce dialogue : sélectionnez le dossier ❷ Documents (Windows 7, Vista) ou Mes Documents (Windows XP). Dans la zone <Nom de fichier>❸, le nom Le marché Notre Dame est proposé. Cliquez sur [Enregistrer] ❹.

→ Lancez à nouveau PowerPoint, ce qui crée une nouvelle présentation, saisissez le titre : Notre Dame de Paris puis le sous-titre : Adapté de Victor Hugo. Enregistrez le fichier sous le nom Notre dame de Paris.

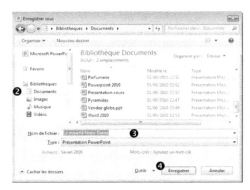

EXERCICE 2 : FERMER UNE PRÉSENTATION ET POWERPOINT

ARRÊTEZ POWERPOINT EN FERMANT LA PRÉSENTATION EN COURS

- Cliquez sur l'onglet Fichier [Fichier] puis sur Quitter ❶, situé au bas du panneau de gauche. Comme les modifications apportées à la présentation en cours n'ont pas été enregistrées, PowerPoint affiche un message d'avertissement.

- Dans la fenêtre du message, Cliquez sur [Enregistrer] ❷ pour enregistrer les modifications de la présentation. Le dialogue *Enregistrer sous* vous invite alors à donner un nom à la présentation, car elle n'avait encore jamais été enregistrée. Tapez le nom : `Notre Dame de Paris`.

Le bouton [Ne pas enregistrer] servirait à quitter PowerPoint sans enregistrer les modifications, le bouton [Annuler] servirait à laisser ouverte la présentation sans l'enregistrer ni quitter PowerPoint.

FERMEZ UNE PRÉSENTATION SANS ARRÊTER POWERPOINT

- Démarrez à nouveau PowerPoint puis, dans la diapositive vierge de la présentation en cours, saisissez le titre `Les Trois Mousquetaires` et le sous-titre `Par Alexandre Dumas`.
- Cliquez sur le bouton *Enregistrer* sur la barre d'outils *Accès rapide* puis, dans le dialogue *Enregistrer sous*, spécifiez le nom `Les Trois Mousquetaires`.

- Enfin fermez la présentation, pour cela cliquez sur l'onglet Fichier [Fichier] puis sur Fermer ❷, n'enregistrez pas la présentation. Celle-ci disparaît mais la fenêtre d'application PowerPoint reste ouverte et reste vide de toute présentation.

EXERCICES

→ Quittez PowerPoint en cliquant sur l'icône [x] *Fermer* de la barre de titre.

→ Lancez à nouveau PowerPoint 2010.

→ Ouvrez la présentation `Le marché Notre Dame` en cliquant sur l'onglet Fichier [Fichier] : la commande Récent, est sélectionnée dans le panneau central car aucune présentation n'est ouverte à ce moment dans la fenêtre, cliquez sur le nom de la présentation.

→ Ouvrez la présentation `Notre Dame de Paris` en cliquant sur l'onglet Fichier [Fichier], puis sur Récent puis sur le nom de la présentation dans le panneau central.

→ Il y a maintenant deux présentations ouvertes à la fois, constatez la présence de deux icônes PowerPoint superposées sur la barre des tâches Windows. Cliquez sur cette icône, deux vignettes s'affichent symbolisant les présentations ouvertes, cliquez sur la présentation `Le marché Notre Dame` pour la mettre au premier plan. Refaites cette action pour mettre l'autre présentation `Notre Dame de Paris` au premier plan.

→ Remettez la présentation `Le Marché Notre Dame` au premier plan puis cliquez sur l'icône [x] *Fermer* de la barre de titre. La présentation est fermée sans message, car il n'y a pas eu de modifications. Il reste une présentation ouverte, donc la fenêtre d'application PowerPoint n'est pas encore fermée.

→ Fermez la deuxième présentation en cliquant sur l'icône [x] *Fermer*, cette fois-ci la présentation est fermée et PowerPoint est arrêté car il n'y a plus de présentation ouverte.

Démarrez PowerPoint, la fenêtre PowerPoint affiche une nouvelle présentation vierge avec une seule diapositive, la diapositive de titre. Celle-ci comprend deux espaces de texte pour un titre et un sous-titre. Sur le pourtour de la fenêtre sont disposés les outils de travail de l'application.

■ Repérez la disposition des éléments de la fenêtre PowerPoint 2010 et essayez les outils.

❶ **Barre de titre** : elle affiche le nom de la présentation en cours, ici `Présentation1`.

❷ **Onglet Fichier** : il permet d'accéder au menu déroulant des commandes de fichier.

❸ **Barre d'outils Accès rapide** : vous y placez les outils fréquemment utilisés.

❹ **Ruban** : permet d'accéder aux commandes, organisées par tâches sous des onglets.

❺ **Barre de défilement vertical / horizontal** : Les barres de défilement n'apparaissent que si vous avez plusieurs diapositives ou si la diapositive n'est pas visible en entier. Elles servent à faire défiler la présentation horizontalement ou verticalement et à passer à la diapositive suivante ou précédente. Faites glisser le curseur ou cliquez sur les têtes de flèches.

❻ **Volet Diapositives/Plan** : à gauche de la fenêtre, il présente deux onglets. Il permet de visualiser soit les diapositives en miniatures, soit le plan hiérarchisé de la présentation.

❼ **Barre d'état** : elle affiche les informations de la présentation en cours : numéro et nombre de diapositives, thème choisi, permet de lancer la vérification de l'orthographe.

❽ **Barre d'affichage/zoom** : elle sert à agrandir la diapositive ou de changer l'affichage de la présentation. Elle comprend les icônes d'affichage ainsi que les outils de zoom.

❾ **Volet Commentaires** : il sert à inscrire ou lire les commentaires sur la diapositive affichée.

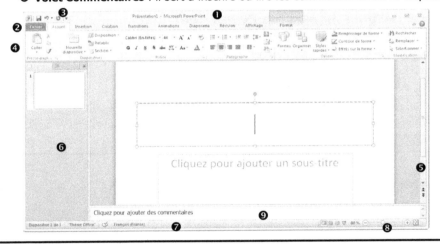

EXERCICES

→ Ouvrez la présentation `Le marché Notre Dame` : cliquez sur l'onglet **Fichier** ❷, puis sur **Récent** dans le panneau de gauche, puis sur le nom de la présentation dans le panneau de droite.

→ Agrandissez ou diminuez le volet *Diapositives/Plan* ❻, en faisant glisser sa limite de droite. Faites disparaître ce volet en faisant glisser sa limite droite sur le bord gauche de la fenêtre.

→ Faites disparaître le volet *Commentaires* ❾ en glissant sa limite supérieure vers le bas.

→ Réaffichez les deux volets : sous l'onglet **Affichage**>groupe **Affichage des présentations**, cliquez sur le bouton **Normal**.

→ Cliquez sur l'onglet **Plan** du volet *Diapositives/Plan* ❻. Puis, dans le volet Plan, remplacez le texte de sous-titre `Un marché de charme` par `Un marché de province`.

→ Cliquez sur les boutons de *Zoom* ❽ pour augmenter puis diminuer l'échelle d'affichage de la diapositive, ou faites glisser le curseur de zoom. Vérifiez l'apparition du curseur de défilement horizontal lorsque la diapositive n'est plus visible en entier, sa disparition dans le cas contraire.

→ Observez dans la barre d'état ❼ : le numéro de diapositive, le thème, la langue du dictionnaire.

EXERCICE 4 : UTILISER L'ONGLET FICHIER

ACCÉDEZ À L'ONGLET FICHIER

- Cliquez sur l'onglet **Fichier** ❶, le mode dit « Backstage » affiche trois panneaux, dans celui de gauche cliquez sur **Imprimer** ❷. Le panneau central ❸ affiche les options d'impression.

- Cliquez sur **Récent**, voyez que le panneau central affiche la liste des présentations récemment ouvertes. Cliquez ensuite sur les rubriques **Informations** et **Enregistrer et envoyer**, et prenez connaissance des options du panneau central.

- Cliquez sur l'onglet **Fichier** ou appuyez sur Echap pour faire disparaître le mode « Backstage » et revenir à la présentation.

- Cliquez sur l'onglet **Fichier**, puis sur **Nouveau**, laissez l'icône *Nouvelle présentation* sélectionnée dans le panneau central et cliquez sur le l'icône [Créer] dans le panneau de droite, une présentation vierge se crée.

- Cliquez sur l'onglet **Fichier**, puis sur **Fermer**, pour fermer la présentation vierge .

ACCÉDEZ AUX OPTIONS POWERPOINT

- Cliquez sur l'onglet **Fichier** ❶ puis cliquez sur **Options** ❹ dans le panneau de gauche.

- Sélectionnez une rubrique dans le panneau de gauche ❺. Prenez connaissance des options associées à la rubrique dans le panneau de droite ❻. Visualisez les options des rubriques *Enregistrement*, *Personnaliser le Ruban* et *Compléments*. Cliquez sur [Annuler] ou tapez sur Echap.

EXERCICES

- → Créez une nouvelle présentation en cliquant sur l'onglet **Fichier** puis sur **Nouveau**. Cliquez sur l'onglet **Fichier** puis sur **Enregistrer**, saisissez le nom de fichier Molière, puis cliquez sur [Enregistrer]. Le nom Molière apparaît dans la barre de titre de la fenêtre d'application.

- → Cliquez sur le bouton *Démarrer* de la barre des tâches Windows, puis sur Microsoft Powerpoint 2010 dans le volet de gauche du menu *Démarrer* de Windows. Une fenêtre PowerPoint se crée avec une présentation vierge.

- → Mettez la fenêtre de la présentation Le marché Notre Dame au premier plan. Cliquez sur l'onglet **Fichier** puis sur **Imprimer**. Le panneau central affiche les options d'impression, sélectionnez l'imprimante, puis cliquez sur l'icône [Imprimer] en haut du panneau central pour lancer l'impression.

- → En utilisant l'onglet **Fichier**, fermez successivement les deux présentations Molière et Le Marché Notre Dame sans les enregistrer.

- → Cliquez sur l'onglet **Fichier** puis sur **Ouvrir**, le dialogue *Ouvrir* s'affiche, double-cliquez sur le fichier PowerPoint Les Trois Mousquetaires.pptx.

- → Cliquez sur l'onglet **Fichier** puis sur **Options**, cliquez sur la rubrique Général, dans la zone <Jeu de couleurs> : choisissez *Gris clair*, dans <Nom d'utilisateur> : saisissez votre nom, [OK].

- → Cliquez sur l'onglet **Fichier** puis sur **Options**. Cliquez sur la rubrique *Enregistrement*, vérifiez que le dossier d'enregistrement par défaut est C:\Users\xxx\Documents. Ne modifiez pas le dossier d'enregistrement par défaut.

EXERCICE 5 : LES BOUTONS SUR LE RUBAN

Le Ruban, situé dans le haut de la fenêtre sous la barre de titre, présente les commandes de PowerPoint sous des onglets représentant les huit tâches principales.

- Cliquez sur chaque onglet et familiarisez-vous avec les groupes qu'ils contiennent.
  - **Accueil** : manipulation des diapositives, mise en forme des textes et des objets.
  - **Insertion** : insertion d'objets : image, graphiques, tableaux, son ou film, liens hypertextes ou gérer les en-têtes et pieds de page.
  - **Création** : modification de la mise en page, galerie des thèmes, couleurs et polices.
  - **Transitions** : présente une galerie de transitions d'une diapositive à une autre.
  - **Animations** : options et choix d'animations d'objets et de textes.
  - **Diaporama** : permet de lancer le diaporama, de le configurer et de l'organiser.
  - **Révision** : options de vérification des textes, et options de révision des présentations.
  - **Affichage :** les différents types d'affichage écran et leurs options.
- Explorez plus attentivement l'onglet **Accueil**, à titre d'exemple. Il comprend les groupes :
  - **Presse-papiers** : fonctions de copier-coller et collage spécial ainsi que le presse-papiers.
  - **Diapositives** : insertion de diapositives, choix des dispositions et contenus.
  - **Police** : mise en forme des caractères.
  - **Paragraphe** : mise en forme des textes, des paragraphes, leur alignement, les puces...
  - **Dessin** : outils d'insertion de dessins, leur mise en forme et leur organisation.
  - **Modification** : rechercher et /ou remplacer un mot, un texte, volet de sélection.

EXERCICES

→ Ouvrez la présentation `Le marché Notre Dame.pptx`.

→ Dans l'espace de titre, sélectionnez le texte, puis cliquez sous l'onglet **Accueil**>groupe **Police**, cliquez sur le bouton **Gras**. Faites de même pour la zone de sous-titre.

→ Créez une diapositive : sous l'onglet **Accueil**>groupe **Diapositives**, cliquez sur le bouton **Nouvelle diapositive**. Dans l'espace de titre, saisissez `Campagne en centre-ville`. Dans l'espace de texte, saisissez les paragraphes suivants en les terminant par la touche Entrée : `Les légumes des jardins` Entrée `Les fruits des vergers` Entrée `Les chèvres du Poitou` Entrée.

→ Sélectionnez la zone de texte en entier, en cliquant sur la bordure pointillée. Puis, sous l'onglet **Accueil**>groupe **Paragraphe**, cliquez sur le bouton **Centrer**.

→ Sous l'onglet **Création**>groupe **Thèmes**, cliquez sur la **flèche** déroulante qui ouvre la galerie des thèmes, puis sélectionnez le thème sur fond bleu, dont le nom est *Débit*. Le thème appliqué apparaît ensuite comme la vignette lorsque vous ouvrez la galerie des thèmes.

→ Dans le volet *Diapositives/plan*, cliquez sur la première miniature de diapositive afin de la visualiser, puis positionnez-vous sur la deuxième diapositive par l'ascenseur vertical.

→ Sous l'onglet **Diaporama**>groupe **Démarrage du diaporama**, cliquez sur le bouton **À partir du début**. Cliquez pour faire défiler vos diapositives, appuyez sur Echap pour terminer.

→ Positionnez-vous sur la seconde diapositive et cliquez sur le bouton **À partir de la diapositive sélectionnée**. Cliquez pour passer à la diapositive suivante, comme il n'y en a plus, un écran noir s'affiche. Terminez par Echap.

→ Enregistrez la présentation sous le nouveau nom `Le marché Notre Dame-R.pptx`. Pour cela, cliquez sur l'onglet **Fichier** puis sur **Enregistrer sous**...

EXERCICE 6 : LA BARRE D'OUTILS ACCÈS RAPIDE

POSITIONNEZ LA BARRE D'OUTILS ACCÈS RAPIDE

La barre d'outils *Accès rapide* est par défaut en haut à gauche de la fenêtre au-dessus du Ruban.

- Cliquez sur la flèche à droite de la barre d'outils *Accès rapide*, puis sur la commande *Afficher en-dessous du ruban*. Replacez cette barre d'outils au-dessus du Ruban.

- Amenez le pointeur sur les boutons standards initialement visibles, leur nom s'affiche dans une infobulle, ce sont *Enregistrer*, *Annuler*, et *Répéter*.

AFFICHEZ/MASQUEZ UN BOUTON

- Affichez d'autres boutons de la barre d'outils *Accès rapide* : pour cela cliquez sur la flèche à droite de la barre d'outils, puis cliquez sur un bouton non coché par exemple *Nouveau*, recommencez pour afficher le bouton *Ouvrir* et ainsi de suite pour les afficher tous (11 au total).

- Masquez ensuite les boutons pour conserver seulement *Ouvrir*, *Enregistrer*, *Aperçu avant impression et imprimer*, *Annuler*, *Rétablir*. Cliquez droit sur chaque bouton à masquer puis sur *Supprimer de la barre d'outils Accès rapide*.

AJOUTEZ UN BOUTON QUI FIGURE SUR LE RUBAN

- Sous l'onglet **Affichage**>groupe **Afficher**, cliquez droit sur le bouton <□ quadrillage>, puis sur la commande *Ajouter à la barre d'outils Accès rapide*.

AJOUTEZ UN BOUTON QUI NE FIGURE PAS SUR LE RUBAN

- Cliquez sur la flèche située à droite de la barre *Accès rapide*, puis sur *Autres commandes...*
Le dialogue *Options PowerPoint* s'affiche sur la rubrique *Barre d'outils Accès rapide*.

- Dans la zone <Choisir les commandes dans les catégories suivantes> : choisissez la catégorie *Commandes non présentes sur le ruban* puis, plus bas, sélectionnez la commande *Connecteur droit avec flèche*, cliquez sur [Ajouter]. Dans la zone <Personnaliser la barre d'outils rapide> : gardez *Pour tous les documents (par défaut)*. Validez par [OK].

SUPPRIMEZ UN BOUTON

- Supprimez le bouton *Quadrillage*, pour cela cliquez droit sur le bouton puis sur la commande *Supprimer de la barre d'outils Accès rapide*. Si vous effectuez cette action de suppression sur un des boutons standards, il est simplement masqué.

EXERCICES

→ Ajoutez le bouton *Forme,* situé sur le Ruban sous l'onglet **Insertion**>groupe **Illustrations**.

→ Ajoutez *Orientation des diapositives* situé sur le Ruban situé sous **Création**>groupe **Mise en page**.

→ Ajoutez le bouton *Ellipse* (commande qui ne figure pas sur le ruban). Ajoutez les boutons *Grouper* et *Dissocier* (commandes courantes) de façon à les avoir pour tous les documents.

→ Ajoutez les boutons standards *Diaporama depuis le début* et *Nouveau*.

→ Changez l'ordre des boutons dans la barre d'outils *Accès rapide*. Pour cela, cliquez sur la flèche à droite de la barre *Accès rapide*, puis sur *Autres commandes...* Dans la zone de droite, cliquez sur un bouton et utilisez les touches fléchées pour le déplacer dans la liste.

→ Supprimez les boutons que vous avez ajoutés, en conservant seulement les trois boutons standards.

EXERCICE 7 : GALERIES, GROUPES ET DIALOGUES

Les groupes sous un onglet du Ruban contiennent des « boutons » de commande et des « galeries » de mise en forme. Certains groupes donnent accès, par le **Lanceur**, à des dialogues offrant plus de commandes permettant de modifier et personnaliser ces choix.

Les « galeries » donnent accès immédiatement à différentes mises en forme prédéfinies. En pointant, sans cliquer, sur les différents choix, vous obtenez un aperçu instantané de l'effet produit sur l'objet que vous avez sélectionné au préalable.

UTILISEZ LES VIGNETTES D'UNE GALERIE

- Ouvrez Les Trois Mousquetaires.pptx. Dans la diapositive de titre, sélectionnez la zone de titre en cliquant sur le pointillé qui l'entoure.

- Sous l'onglet **Accueil**>groupe **Dessin**, cliquez sur le bouton **Styles rapides** ❶. La galerie des styles prédéfinis ❷ s'affiche, pointez (sans cliquer) sur différentes vignettes de style et visualisez l'aperçu instantané sur la zone de texte. Essayez plusieurs vignettes, enfin cliquez sur celle qui vous convient.

UTILISEZ LE MENU CONTEXTUEL ET MINIBARRE D'OUTILS

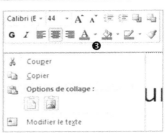

- Cliquez sur la bordure de la zone de titre, puis cliquez droit sur la bordure, le menu contextuel s'affiche (avec les commandes applicables à la sélection) et une minibarre d'outils s'affiche au-dessus ❸ ou au-dessous, elle regroupe les boutons les plus utiles pour mettre en forme la sélection. La minibarre d'outils permet d'accéder aux boutons de mise en forme, même si ce n'est pas l'onglet **Accueil** qui est sélectionné.

UTILISEZ LES LANCEURS DE BOÎTE DE DIALOGUE

- Cliquez sur le **Lanceur** ❹du groupe **Police** (sous l'onglet **Accueil**) situé à droite de l'intitulé du groupe **Police** sur le Ruban. Le dialogue *Police* s'affiche, regardez les options. Terminez en cliquant sur [Annuler] ou en tapant Echap.

- Cliquez sur le **Lanceur** du groupe **Paragraphe**. Le dialogue *Paragraphe* s'affiche, regardez les options. Terminez en cliquant sur [Annuler] ou en tapant sur Echap.

Les boîtes de dialogue *Police* ou *Paragraphe* présentent des onglets. En cliquant sur l'un de ces onglets, vous obtenez de nouveaux paramètres vous permettant d'affiner vos choix.

EXERCICES

➜ Arrêtez (quittez) puis redémarrez PowerPoint. Dans la diapositive de titre de la nouvelle présentation, cliquez dans l'espace de titre, saisissez : Les épices du monde. Cliquez sur la bordure en pointillé de l'espace, puis sur le **Lanceur** du groupe **Police**, cochez la case <☑Tout en majuscules>, déroulez la zone de <Couleur de police>, choisissez-en une. Validez par [OK].

➜ Cliquez dans l'espace de sous-titre, saisissez Un voyage en parfums. Cliquez sur la bordure, puis dans le dialogue du groupe **Police**, cochez <☑ Petites majuscules>, validez par [OK]. Dans le dialogue du groupe **Paragraphe**, dans <Alignement> choisissez à droite, validez par [OK].

➜ Sélectionnez à nouveau l'espace de sous-titre, puis dans la minibarre d'outils ou par le Ruban, cliquez sur la **flèche** du bouton **Couleur de police** et sélectionnez la couleur standard *Rouge*.

➜ Sélectionnez l'espace de titre, cliquez sur le bouton **Styles rapides** (sous **Accueil**>groupe **Dessin**), visualisez les différentes possibilités offertes et cliquez sur la vignette de votre choix.

➜ Quittez Powerpoint sans enregistrer les présentations. Arrêtez PowerPoint.

EXERCICE 8 : CONSTRUIRE UNE PRÉSENTATION

ESSAYEZ QUATRE PROCÉDÉS POUR CRÉER UNE NOUVELLE PRÉSENTATION

- Relancez PowerPoint, vous obtenez une présentation vierge avec une diapositive de titre. Vous pouvez aussi créer une nouvelle présentation à tout moment sans avoir à relancer PowerPoint.
- Intégrez le bouton *Nouveau* dans la barre d'outils *Accès rapide*, cliquez sur ce bouton. Une nouvelle présentation vierge est créée.
- Dans Powerpoint, cliquez sur l'onglet **Fichier** puis sur **Nouveau** puis cliquez sur l'icône [Créer] dans le panneau de droite, une troisième nouvelle présentation vierge est créée.
- Enfin, utilisez le raccourci clavier Ctrl+N pour créer une quatrième nouvelle présentation.

INSÉREZ, SUPPRIMEZ ET DÉPLACEZ DES DIAPOSITIVES

- La dernière présentation créée est `Presentation4`. Sous l'onglet **Accueil**>groupe **Diapositive**, cliquez sur le bouton **Nouvelle diapositive** ❶. Par défaut, la diapositive ajoutée est la disposition *Titre et contenu*.
- Utilisez Ctrl+Maj+M pour créer une autre diapositive. Modifiez sa disposition : sous **Accueil**>groupe **Diapositive**, cliquez sur le bouton **Mise en page des diapositives**, puis sur la vignette *Deux contenus*.

- Ajoutez une autre diapositive, il y en a maintenant quatre en tout. Sachez que lorsque vous ajoutez une diapositive, elle prend par défaut la même disposition que celle de la diapositive précédente.
- Supprimez une diapositive : cliquez droit sur la diapositive dans le volet *Diapositives/plan* ou en affichage *Trieuse*, puis cliquez sur la commande *Supprimer la diapositive* ou appuyez sur Suppr.
- Déplacez une diapositive : dans le volet *Diapositives/plan* ou en affichage *Trieuse*, glissez-déplacez une diapositive avant ou après une autre diapositive existante.

APPLIQUEZ UN THÈME À VOTRE PRÉSENTATION

- Sous l'onglet **Création**>groupe **Thème**, dans la galerie des thèmes, pointez sur différentes vignettes de thème, visualisez leur Aperçu instantané. Cliquez sur celui qui vous convient.

EXERCICES

- → Fermez toutes les présentations, puis créez une nouvelle présentation. Dans l'espace de titre, tapez `Les épices du monde` et, dans l'espace de sous-titre, `Un voyage en parfums`.
- → Insérez une nouvelle diapositive par le raccourci Ctrl+Maj+M, avec pour titre `Les épices simples` et dans l'espace de texte à puces les paragraphes suivant : `Piment`, `Poivre`, `Cardamone`, `Carvi`. Modifiez la disposition de la diapositive pour *Contenu avec légende*.
- → Insérez une nouvelle diapositive et modifiez sa disposition en *Deux contenus*.
- → Tapez le titre `Les épices mélangées`, puis dans l'espace texte de gauche les paragraphes : `Colombo` et `Curry`, dans l'espace texte de droite les paragraphes : `Massale` et `Tandoori`.
- → Sous l'onglet **Création**>groupe **Thème**, sélectionnez le thème *Apex* (le troisième). Passez en diaporama (🖵 sur la barre d'affichage en bas à droite) pour visualiser votre diapositive.
- → Ajoutez une nouvelle diapositive de disposition *Titre et contenu*. Tapez le titre `Provenance`. Dans l'espace texte tapez les paragraphes : `Amérique du Sud`, `Inde`, `Chine`.
- → Dans le volet de gauche *Diapositives/plan*, faites glisser la diapositive `Provenance` vers le haut afin de la placer après la diapositive de titre.
- → Utilisez deux fois Ctrl+Maj+M pour insérer deux diapositives. Supprimez-en une par la commande contextuelle *Supprimer la diapositive* et l'autre en utilisant la touche Suppr.
- → Arrêtez PowerPoint sans enregistrer la présentation.

EXERCICE 9 : ENREGISTRER UNE PRÉSENTATION

ENREGISTREZ LA PRÉSENTATION

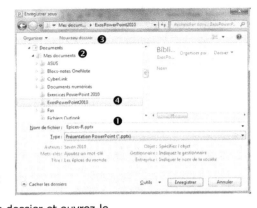

- Lancez PowerPoint et créez les mêmes diapositives que dans l'exercice 8.
- Cliquez sur le bouton 🖫 *Enregistrer* sur la barre d'outils *Accès rapide* ou utilisez ⌨Ctrl +S.
  - ❶ Nommez votre présentation, ici `Epices-R` ❶ (l'extension `pptx` est ajoutée automatiquement).
  - ❷ Créez un nouveau dossier dans lequel vous voulez enregistrer le fichier : Vérifiez que vous êtes dans le dossier `Mes documents` ❷. Cliquez sur le bouton **Nouveau Dossier**❸, nommez ce dossier `ExosPowerPoint2010`,❹ sélectionnez ce dossier et ouvrez-le.
- Cliquez sur le bouton [Enregistrer].

ENREGISTREZ LA PRÉSENTATION DANS UN AUTRE DOSSIER SOUS UN AUTRE NOM

- Cliquez sur l'onglet **Fichier,** puis sur **Enregistrer sous**. Dans le volet gauche du dialogue *Enregistrer sous*, spécifiez le nouveau nom `Epices`, sélectionnez le dossier `Mes Documents`. Cliquez sur [Enregistrer].

DÉFINISSEZ UN LIEN FAVORI VERS LE DOSSIER EXERCICES POWERPOINT 2010

- Cliquez sur l'onglet **Fichier** puis sur **Enregistrer sous**. Recherchez le dossier `Mes Documents/ExosPowerPoint2010`. Faites glisser ce dossier dans le volet gauche, jusque sous `Favoris`. Un lien est créé dans le dossier *Favoris*.
- Faites de même avec le dossier `C:\Exercices PowerPoint 2010`. Fermez le dialogue en cliquant sur le bouton [Annuler] puis fermez la présentation.

EXERCICES

→ Créez une nouvelle présentation. Dans la zone de titre saisissez `Voyages`.

→ Insérez deux diapositives de disposition *Titre et contenu*. Tapez, dans les zones de titre respectives de chaque diapositive : `Jordanie`, `Inde`. Sous l'onglet **Création**>groupe **Thème**, sélectionnez le thème *Aspect* (premier de la deuxième rangée).

→ Enregistrez la présentation sous le nom de `Voyages-R`, dans le dossier `Mes Documents/ExosPowerPoint2010`. Enregistrez-la aussi sous le nom `Voyages` dans `Mes documents`.

→ Fermez les présentations. Cliquez sur l'onglet **Fichier,** puis sur **Récent**, cliquez sur `Epices-R.pptx` pour l'ouvrir. Recommencez pour ouvrir `Voyages-R.pptx`.

Nous voulons maintenant enregistrer les présentations dans `C:\Exercices PowerPoint 2010`.

→ Mettez la présentation `Epices-R.pptx` au premier plan, cliquez sur l'onglet **Fichier**, puis sur **Enregistrer sous**. Dans le dialogue *Enregistrer sous*, sélectionnez le dossier `C\:Exercices PowerPoint 2010` ou cliquez sur le lien `Favoris/ Exercices PowerPoint 2010`, puis cliquez sur [Enregistrer] pour enregistrer la présentation. Si un fichier `Epices-R.pptx` existe déjà dans le dossier, un message vous demande de confirmer l'enregistrement.

→ De la même façon, enregistrez la présentation `Voyages-R` dans le dossier `C:\Exercices PowerPoint 2010`.

Vos présentations sont maintenant enregistrées dans deux dossiers différents : `C:\Exercices PowerPoint 2010` et `Mes Documents/ExosPowerPoint2010`. Quittez PowerPoint.

EXERCICE 10 : OUVRIR UNE PRÉSENTATION EXISTANTE

OUVREZ UNE PRÉSENTATION PAR LE DIALOGUE OUVRIR

- Démarrez PowerPoint, cliquez sur l'onglet **Fichier** puis sur **Ouvrir**. Le dialogue *Ouvrir* s'affiche.

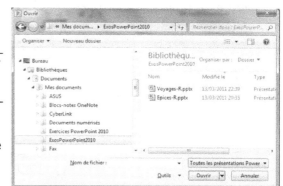

Vous pouvez aussi cliquer sur le bouton *Ouvrir* dans la barre d'outils *Accès rapide* ou utiliser l'un des raccourcis Ctrl +O ou Ctrl + F12 .

- Dans le volet gauche : sélectionnez le dossier Mes Documents/ExosPowerPoint 2010 qui contient le fichier ou cliquez sur le lien favori vers ce dossier.
- Dans le volet droit : sélectionnez la présentation Epices-R.
- Cliquez sur [Ouvrir].
- Recommencez pour ouvrir Voyages-R.pptx dans le même dossier.
- Fermez toutes les présentations.

OUVREZ UNE PRÉSENTATION RÉCEMMENT UTILISÉE

- Cliquez sur le bouton *Démarrer* de Windows puis amenez le pointeur sans cliquer sur le lien de lancement *Microsoft Powerpoint 2010*. Cliquez dans la liste à droite sur le nom de la présentation à ouvrir, par exemple Voyages.pptx.

OUVREZ UNE PRÉSENTATION EN SÉLECTIONNANT LE FICHIER

- Ouvrez la fenêtre *Documents* de Windows (*Poste de travail* des versions antérieures), sélectionnez le dossier Mes Documents/ExosPowerPoint2010 puis double-cliquez sur le nom de fichier Epices-R.pptx pour ouvrir la présentation.

EXERCICES

→ Fermez toutes les présentations en quittant PowerPoint : cliquez sur l'onglet **Fichier** puis sur **Quitter**. N'enregistrez pas les modifications qui auraient eu lieu.

→ Redémarrez PowerPoint, puis ouvrez la présentation Voyages-R parmi les documents récents. Ouvrez la présentation Epices-R par le dialogue *Ouvrir*. Ouvrez la présentation Le marché Notre Dame en sélectionnant le fichier dans le dossier C\:Exercices PowerPoint 2010.

→ Fermez les présentations une à une sans arrêter PowerPoint. Lorsque vous fermez la dernière présentation ouverte, il reste une seule fenêtre Powerpoint qui est vide.

→ Ouvrez deux documents à la fois, par le dossier Mes Documents/ExosPowerPoint2010, sélectionnez à la fois les deux fichiers Voyages-R et Epices-R, puis cliquez droit sur la sélection puis sur la commande contextuelle Ouvrir. Vous pouvez ouvrir autant de présentations que vous voulez à la fois (attention toutefois à la taille mémoire de votre ordinateur).

→ Fermez les deux présentations sans arrêter PowerPoint (sous l'onglet **Fichier** cliquez sur **Fermer**).

→ Cliquez sur le bouton *Ouvrir* de la barre d'outils *Accès rapide* puis, dans le dialogue, sélectionnez le dossier Mes documents, puis sélectionnez à la fois les trois fichiers Voyages-R, Epices-R et Le marché Notre Dame, enfin cliquez sur le bouton [Ouvrir] pour ouvrir les trois présentations à la fois.

→ Quittez PowerPoint, ce qui ferme les présentations et la fenêtre PowerPoint.

EXERCICE 11 : UTILISER L'AIDE

- Démarrez PowerPoint, cliquez sur l'icône 🎯 *Aide sur Microsoft Office PowerPoint* à l'extrémité droite des onglets du Ruban ou tapez sur la touche [F1].

- Repérez les boutons suivant :

🔼 *Précédent* :	pour revenir à l'article affiché précédemment.
🔼 *Suivant* :	pour repasser au suivant après être revenu au précédent.
🏠 *Accueil* :	pour revenir à la page d'accueil de l'aide.
🖨 *Imprimer* :	pour imprimer l'article en cours.
🅰 *Modifier taille de la police* :	pour choisir entre 5 tailles de police d'affichage.
📖 *Masquer/Afficher la table des matières* :	pour afficher ou masquer un volet de table des matières à gauche de la fenêtre d'Aide.
📌 *Ne pas placer sur le dessus* :	Ne pas figer l'Aide reste au premier plan (il l'est par défaut).

- Lancez une recherche : saisissez, dans la zone <Recherche>, le mot `masque` puis cliquez sur le bouton [Rechercher], le résultat de la recherche est la liste des titres des articles trouvés.
- Cliquez sur l'icône *Fermer* de la fenêtre d'Aide pour arrêter l'Aide PowerPoint.

EXERCICES

→ Affichez la fenêtre d'Aide. Masquez puis réaffichez le volet table des matières en utilisant le bouton adéquat 📖. Dans le volet table des matières, les titres d'articles à lire sont précédés de 🎯, les noms des rubriques de la table des matières sont précédés de 📖' ou 📖.

→ Ouvrez la rubrique 📖 Utilisation des animations, cliquez sur le nom de l'article 🎯 Animer du texte ou des objets, vous pouvez lire l'article dans le volet de droite.

→ Ouvrez la rubrique 📖 Utilisation de tableaux, puis cliquez sur l'article 🎯 Ajouter un tableau à une diapositive, l'article s'affiche dans la fenêtre, cliquez sur Créer et mettre un tableau dans Powerpoint.

→ Faites une recherche les articles qui contiennent le mot `options`, la liste des articles s'affiche. Cliquez sur le titre d'article Qu'est-il advenu de la commande Options du menu Outils. Faites une recherche sur le mot `Ruban`, puis cliquez sur le titre d'article Personnaliser le Ruban. Faites une troisième recherche sur `Fichier`, puis cliquez sur le titre d'article Enregistrer un fichier Office dans une version antérieure. Revenez trois pages en arrière.

→ Faites une recherche sur l'expression : `mot de passe`, cliquez sur le titre d'article Définir un mot de passe pour ouvrir ou modifier un document, un classeur ou une présentation.

→ Recherchez les articles qui traitent de `photos`, cliquez sur le titre d'article Modifier l'aspect d'une image dans un album photo, et consultez cet article.

→ Naviguez en revenant en arrière sur les pages consultées précédemment puis cliquez sur l'icône *Fermer* de la barre de titre de la fenêtre d'Aide pour fermer l'Aide.

→ Réaffichez la fenêtre d'Aide, redimensionnez cette fenêtre pour n'occuper qu'un quart de l'écran, masquez la table des matières. Vérifiez que la fenêtre d'Aide reste au-dessus de la présentation pendant que vous travaillez. Réduisez la fenêtre d'aide en un bouton sur la barre des tâches, puis restaurez la fenêtre d'Aide.

EXERCICE 12 : ANNULER OU RÉPÉTER DES ACTIONS

Lorsque vous venez d'effectuer une série d'actions consécutives, elles peuvent être annulées. Vous pouvez aussi répéter la dernière action effectuée. Un rappel théorique puis quelques exercices.

ANNULER LA DERNIÈRE ACTION OU LES N DERNIÈRES ACTIONS

- Pour annuler la dernière action (saisie d'une donnée, mise en forme...), cliquez sur le bouton *Annuler* de la barre d'outils *Accès rapide* (raccourci clavier Ctrl +Z).
- Pour annuler les n dernières actions, cliquez sur la **flèche** du bouton *Annuler*. La liste des actions précédentes s'affiche, en haut la plus récente et les autres par ordre d'ancienneté. Cliquez sur la quatrième si vous souhaitez annuler les quatre dernières.

RÉTABLIR LES ACTIONS ANNULÉES

Si vous venez d'annuler des actions, vous pouvez les rétablir en utilisant le bouton *Refaire* (insérez-le sur la barre d'outils *Accès rapide* si ce n'est pas fait).

RÉPÉTER LA DERNIÈRE ACTION

Si votre dernière action n'est pas une annulation, c'est le bouton *Répéter* qui apparaît dans la barre d'outils *Accès rapide* (et non le bouton *Rétablir*). Il sert à répéter la dernière action. Vous pouvez aussi utiliser le raccourci Ctrl + Y.

EXERCICES

→ Ouvrez la présentation `Epices-1` dans le dossier `C:\Exercices PowerPoint 2010`. Effectuez les modifications suivantes sur la page de titre : remplacez `Un voyage en parfums` par `UNE RONDE DE PARFUMS`.

→ Sous l'onglet **Création**, changez le thème de la présentation : choisissez le thème *Civil* (dernière vignette de la 2e rangée).

→ Modifiez la disposition de la diapositive de titre `Les épices simples`, choisissez la disposition *Deux contenus*.

→ Dans l'espace texte de droite, tapez : `Sarriette` et `Persil`.

→ Cliquez deux fois de suite sur la flèche associée au bouton *Annuler* pour annuler les deux dernières actions.

→ Comme vous venez d'annuler des actions, le bouton *Répéter* s'est transformé en *Refaire*, cliquez une fois sur ce bouton pour rétablir la dernière action annulée.

→ Le bouton *Refaire* reste actif (car vous aviez annulé deux actions et vous n'en avez rétabli qu'une), cliquez sur le bouton *Refaire* pour rétablir l'annulation restante. Vous devriez être revenu à la disposition *Deux contenus*.

→ Dans la première diapositive (de titre), sélectionnez l'espace de titre contenant `Les épices du monde` puis, sous l'onglet **Accueil**>groupe **Police**, cliquez sur la **flèche** du bouton **Couleur de police** et choisissez la couleur *Marron clair, Accentuation 2, plus sombre 25%*.

→ Sélectionnez l'espace de sous-titre et répétez l'action précédente en cliquant sur le bouton .

→ Sous l'onglet **Accueil**>groupe **Diapositive**, cliquez sur le bouton **Rétablir**. Ce bouton rétablit les taille, position et mise en forme d'origine des espaces de la diapositive.

→ Enregistrez la présentation sous le nom `Epices-1-R`.

OUVREZ PLUSIEURS FENÊTRES

On peut visualiser, dans deux fenêtres, deux présentations différentes, ou deux diapositives de la même présentation.

- Ouvrez en même temps les présentations Epices-1 et Voyages-1 ; chacune s'ouvre dans une fenêtre. Sous l'onglet **Affichage**>groupe **Fenêtre**, cliquez sur **Changer de fenêtre** ❶ puis, dans la liste des fenêtres, cliquez sur celle que vous voulez activer. Deux boutons servent à organiser l'affichage des fenêtres : **Réorganiser tout** ❷ et **Cascade** ❸. Essayez-les.

- Fermez Voyages-1, il reste la présentation Epices-1. Dans le groupe **Fenêtre**, cliquez sur le bouton **Nouvelle fenêtre** ❹, puis sur **Réorganiser tout** ; deux fenêtres sont nommées Epices-1:1 et Epices-1:2. Dans la fenêtre Epices-1:1, affichez la 2e diapositive et, dans la fenêtre Epices-1:2, affichez la 4e diapositive de la même présentation Epices-1. Agrandissez la fenêtre Epices-1:2, activez la fenêtre Epices-1:1 par le bouton **Changer de fenêtre**.

TRAVAILLEZ EN NOIR ET BLANC

Les présentations sont par défaut en couleur. Vous pouvez les utiliser en noir et blanc, ou nuances de gris.

- Sous l'onglet **Affichage**>groupe **Couleur/Nuances de gris**, cliquez sur le bouton **Nuance de gris**. Cliquez sur un élément de la diapositive (texte, fond) essayez les différents boutons de l'onglet contextuel **Nuances de gris** qui est apparu sur le Ruban. Notez qu'une seule des présentations est modifiée.

EXERCICES

- → Fermez la fenêtre Epices-1:2, il reste l'autre fenêtre dont le nom redevient Epices-1. Ouvrez Voyages-1. La fenêtre active étant Voyages-1, cliquez sur le bouton **Nouvelle fenêtre**. Vous avez maintenant trois fenêtres ouvertes : Voyages-1:1, Voyages-1:2, Epices-1.
- → Cliquez sur **Réorganiser tout** pour visualiser les trois fenêtres à la fois. Réduisez la fenêtre Epices-1 en cliquant sur l'icône *Réduire* de la barre de titre. Il reste deux fenêtres ouvertes. Cliquez à nouveau sur **Réorganiser tout.** Les deux fenêtres ouvertes sont côte à côte.
- → Positionnez-vous sur la fenêtre de titre de Voyages-1:1. Insérez une nouvelle diapositive. Titrez-la : Programme. Visualisez les changements visibles aussi dans l'autre fenêtre.
- → Sur Voyages-1:1, remplacez le titre de la diapositive Programme par Vagabondages. Dans l'espace de texte, tapez le nom des deux pays à visiter Jordanie et Inde.
- → Enregistrez sous le nom de Voyages-1-R (constatez que le nom s'est modifié dans les deux fenêtres). Fermez Voyages-1-R:2 et agrandissez Epices-1.
- → Changez l'affichage pour mettre les deux fenêtres en cascade, basculez de l'une à l'autre en cliquant sur une partie visible de la fenêtre en second plan.
- → Sur Voyages-1-R, cliquez sur le bouton **Nuances de gris**. Cliquez sur un élément de la diapositive (un texte, le fond...) puis cliquez sur le bouton **Nuance de gris clair**, puis sur **Nuances de gris**. Essayez les couleurs : blanc, noir. Essayez sur un autre élément.
- → Basculez sur Epices-1, essayez les **Nuances de gris** sur différents éléments.
- → Rétablissez la version couleur dans les deux présentations en cliquant sur le bouton **Couleur**. Fermez les deux présentations sans enregistrer.

EXERCICE 14 : MODES D'AFFICHAGE DE LA PRÉSENTATION

- Après avoir démarré PowerPoint, ouvrez la présentation Epices-2. Par défaut, vous êtes en affichage *Normal*. Enregistrez sous le nom Epices-2-R.

UTILISEZ LE MODE PAGE DE COMMENTAIRES

- Positionnez-vous sur la diapositive Les épices simples puis, sous l'onglet **Affichage**>groupe **Affichages des présentations** cliquez sur **Page de Commentaires**. Dans la zone de texte, sous la diapositive, saisissez : Peuvent être combinés entre eux pour obtenir de savoureux mélanges personnalisés. Cliquez sur le bouton *Enregistrer* de la barre d'outils *Accès rapide*.

UTILISEZ LE MODE TRIEUSE

- Le mode *Trieuse* permet de voir l'ensemble de votre présentation sous forme de miniatures. Sous l'onglet **Affichage**>groupe **Affichages des présentations**, cliquez sur le bouton **Trieuse de diapositives** (ou utilisez l'icône *Trieuse* sur la barre d'affichage rapide). Cliquez sur la diapositive n° 4 et glissez-la en deuxième position. Insérez ensuite une nouvelle diapositive, elle se positionne juste après la diapositive selectionnée, avec la même disposition. Sélectionnez les diapositives 2 et 3 (Ctrl+clic), copiez-les par Ctrl+C, cliquez après la dernière diapositive, collez par Ctrl+V.

UTILISEZ LE MODE APERÇU AVANT IMPRESSION

- Cliquez sur l'onglet **Fichier** puis sur **Imprimer**. Le panneau de droite présente un Aperçu de la présentation. Faites défiler les diapositives. Cliquez sur l'onglet **Accueil**.

UTILISEZ LE MODE LECTURE

- Sous l'onglet **Affichage**>groupe **Affichages des présentations**, cliquez sur **Mode Lecture**. Cliquez sur la diapositive pour passer à la suivante, recommencez. Appuyez sur Echap pour arrêter le diaporama. Fermez la présentation sans l'enregistrer.

EXERCICES

→ Ouvrez la présentation Voyages-2, passez en mode *Trieuse*. Insérez deux diapositives après la diapositive de titre, double-cliquez sur la première de ces diapositives pour passer en mode *Normal*. Titrez ces diapositives Laos et Népal. Sur la diapositive Jordanie, cliquez dans la zone de texte et tapez La Mer Morte Entrée Calcutta.

→ Passez dans le mode *Trieuse*. Repassez en mode *Normal* par un double clic sur la diapositive Inde. Dans la zone de texte, tapez Agra Entrée Jaipur.

→ Passez en page de commentaires, dans la zone de texte saisissez : Agra où nous irons voir le Taj Mahal construit par un architecte moghole.

→ Passez en mode *Trieuse* et insérez une nouvelle diapositive en dernière position. Passez en Mode *Normal* pour la titrer Histoire.

→ Lancez le diaporama, cliquez pour faire défiler quelques diapositives. Arrêtez le diaporama, double-cliquez sur la vignette de la diapositive de la Jordanie. Dans la zone de texte double-cliquez sur Calcutta tapez Aqaba.

→ En mode *Trieuse*, placez les diapositives Histoire et Vagabondages en deuxième position.

→ Sélectionnez les diapositives de titre Laos et Népal. Copiez-les en fin de présentation.

→ Supprimez les quatre diapositives Laos et Népal ainsi que la diapositive Histoire. Puis, enregistrez la présentation sous le nom Voyages-2-R et fermez la présentation.

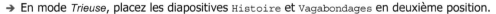

EXERCICE 15 : RÈGLES, GRILLES ET REPÈRES ET ZOOM

EXPLOREZ LE MODE NORMAL

- Ouvrez Voyages-3, constatez que le mode d'affichage est le mode *Trieuse*, c'est le mode dans lequel il a été précédemment enregistré. Double-cliquez sur la diapositive Vagabondages.

- Observez les trois volets de la fenêtre : ❶ le volet principal affiche la diapositive sélectionnée, ❷ le volet de gauche *Diapositives/Plan* affiche une vue d'ensemble de la présentation (soit les miniatures, soit le plan de la présentation), ❸ le volet *Commentaires de la diapositive*.
- Dimensionnez chaque volet en faisant glisser sa séparation.

AFFICHEZ LES RÈGLES, LA GRILLE ET LES REPÈRES

- Sous l'onglet **Affichage**>groupe **Afficher**, cochez **<☑ Règle>**. Les deux règles, une horizontale et une verticale apparaissent. Elles aident à fixer les marges (gauche et droite) et les retraits de paragraphes. Elles aident aussi au positionnement précis des objets.
- Cliquez droit dans la diapositive, puis sur la commande contextuelle Grilles et repères... Dans le dialogue, cochez<☑ Afficher la grille à l'écran> et <☑ Afficher les repères de dessin à l'écran>, validez par [OK]. Observez l'apparition de la grille (de points) et les repères. De la même façon, désactivez en deux temps la grille puis les repères.

UTILISEZ LE ZOOM

- Sous l'onglet **Affichage**>groupe **Zoom**, cliquez sur bouton **Zoom**. Dans le dialogue, choisissez un facteur de zoom. Puis cliquez sur **Ajuster à la fenêtre** sur le Ruban pour un zoom optimal.
- Faites glisser le curseur de zoom sur la barre d'affichage rapide, puis cliquez sur les boutons de part et d'autre de la réglette pour augmenter ou diminuer de 10 % en 10% le zoom.

EXERCICES

→ Sous l'onglet **Affichage**>groupe **Affichages des présentations**, cliquez sur le bouton **Trieuse de diapositives**. Utilisez le curseur de zoom pour augmenter la taille des miniatures.

→ Positionnez-vous sur la 4e diapositive. Sous l'onglet **Diaporama**>groupe **Démarrage du diaporama**, cliquez sur **À partir du début**. Puis Echap pour revenir au mode *Trieuse*. Insérez une nouvelle diapositive. Déplacez-la par un cliquer-glisser, en fin de présentation. Revenez en mode *Normal*.

→ Par le bouton **Zoom** sur le Ruban, choisissez un agrandissement de 80 %. Puis, cliquez sur le bouton **Ajuster** de la barre de zoom.

→ Sur la diapositive Vagabondages, cliquez dans l'espace de texte. Sous l'onglet **Affichage**>groupe **Afficher**, cochez **<☑ Quadrillage>**. Remarquez la position décalée des taquets à gauche de la règle. Déplacez le taquet du haut, cela déplace la puce, Annulez. Déplacez la base du taquet du bas, cela déplace l'ensemble du paragraphe. Annulez.

→ Sélectionnez les deux paragraphes de texte. Dans la règle, déplacez le triangle du taquet du bas vers la droite à la position 1,5 cm sur la règle, cela éloigne le texte de la puce. Cliquez sur la base du taquet, alignez le début du texte sur 2,5 cm.

→ Affichez les repères. Dans la diapositive de titre, cliquez sur la bordure de la zone texte du titre, puis par la poignée en haut à gauche, rétrécissez la largeur de la zone de titre pour l'ajuster au contenu Voyages, puis déplacez la zone sur la diapositive pour la centrer.

→ Sous l'onglet **Affichage**>groupe **Afficher**, décochez la case **<☐ Quadrillage>**.

→ Supprimez les repères par le menu contextuel. Fermez la présentation sans enregistrer.

CRÉER ET METTRE EN FORME LES DIAPOSITIVES

2

Vous avez deux possibilités pour saisir le texte dans les diapositives : soit directement dans la diapositive, soit dans le plan affiché dans le volet de gauche *Diapositives/plan*.

- Ouvrez `Epices-3` puis enregistrez sous le nom `Epices-3-R`. Positionnez-vous sur `Les épices mélangées`. Cliquez dans la zone de texte gauche, après le mot `Curry`, tapez $\boxed{\text{Entrée}}$ puis `Garam` $\boxed{\text{Entrée}}$ `Cinq épices`. Cliquez dans la zone texte de droite, après `Tandoori` tapez `Chili` $\boxed{\text{Entrée}}$ `Cajun`.

- Cliquez sur l'onglet **Plan** ❶. Cliquez sur le titre de la diapositive `Les épices mélangées` ❷. Cliquez après `Cinq épices` puis tapez $\boxed{\text{Entrée}}$ puis `Satay`. Visualisez la saisie dans la diapositive elle-même.

- Dans le volet **Plan**, Cliquez après `Cajun` et tapez $\boxed{\text{Ctrl}}$+$\boxed{\text{Entrée}}$ pour créer une nouvelle diapositive. Tapez le titre `Les herbes aromatiques`.

- Tapez à nouveau $\boxed{\text{Ctrl}}$+$\boxed{\text{Entrée}}$ pour passer au niveau paragraphe et tapez `Basilic` $\boxed{\text{Entrée}}$ `Fenouil` $\boxed{\text{Entrée}}$ `Laurier`. Tapez à nouveau $\boxed{\text{Ctrl}}$+$\boxed{\text{Entrée}}$ pour passer dans la deuxième zone de texte puis tapez `Marjolaine` $\boxed{\text{Entrée}}$ `Origan` $\boxed{\text{Entrée}}$ `Romarin`. Enregistrez sous `Epices-3-R`.

- Vous pouvez mettre en forme du texte soit dans la diapositive soit dans le volet **Plan**, mais la mise en forme ne sera visible que dans la diapositive. Sélectionnez ensemble ($\boxed{\text{Ctrl}}$+clic) les deux espaces de texte de la diapositive `Les herbes aromatiques`. Sous l'onglet **Accueil**>groupe **Police**, déroulez la liste des polices et pointez différentes polices pour visualiser temporairement le résultat. Choisissez *Century Gothic*. Choisissez <Taille> *30* et *Italique*.

- Vous avez changé police et la taille des caractères dans les zones texte de la diapositive N°5. Pour revenir à la police et à la taille définie dans le masque des diapositives : sous l'onglet **Accueil**>groupe **Diapositives,** cliquez sur **Rétablir**. Fermez la présentation sans enregistrer.

EXERCICES

→ Dans les documents récents, ouvrez la présentation `Voyages-3`. Enregistrez sous le nom `Voyages-3-R`. Dans la diapositive de titre, zone sous-titre, tapez `Autour du monde`.

→ Dans le volet de gauche, cliquez sur l'onglet **Plan** puis double-cliquez sur le titre de la deuxième diapositive `Vagabondages` et remplacez-le par `Itinéraire`.

→ Positionnez le curseur après `Inde` et tapez $\boxed{\text{Entrée}}$ pour passer à la ligne, tapez `Laos` $\boxed{\text{Entrée}}$ puis en utilisant le volet plan à gauche tapez `Népal`.

Vous allez créer une diapositive pour le `Laos` et une pour le `Népal`, et ajouter du texte.

→ Dans le volet **Plan**, cliquez à la fin du mot `Jaipur`. $\boxed{\text{Ctrl}}$+$\boxed{\text{Entrée}}$ pour insérer une ligne de titre (nouvelle diapositive) et tapez `Laos`. $\boxed{\text{Ctrl}}$+$\boxed{\text{Entrée}}$ pour repasser au niveau des textes puis tapez `Paksong` $\boxed{\text{Entrée}}$ `Vientiane`. $\boxed{\text{Ctrl}}$+$\boxed{\text{Entrée}}$ pour insérer une ligne titre, tapez `Népal`. $\boxed{\text{Ctrl}}$+$\boxed{\text{Entrée}}$ pour repasser au niveau des textes puis `Patan` et `Katmandou`.

→ Dans le volet **Plan**, double-cliquez sur le titre `Itinéraire`, puis dans le groupe **Police**, choisissez la police *Aharoni*, taille *48*, couleur *Vert*. Avec la touche $\boxed{\text{Ctrl}}$, sélectionnez `Jordanie` et `Laos`, modifiez la taille en *36*, la couleur en *Orange* et mettez-les en gras.

→ Sous l'onglet **Création**>groupe **Thème**, cliquez sur la flèche déroulante des thèmes ❶ et choisissez *Métro* (n°3 de la 4ᵉ ligne sous **Prédéfini**). Vérifiez que, dans toutes les diapositives, sauf `Itinéraire`, le titre et le texte ont adopté la police et la couleur du thème. Dans la diapositive `Itinéraire`, les mises en forme directes sont conservées.

→ Pour annuler les mises en forme directes, sélectionnez la diapositive `Itinéraire` puis cliquez sur **Rétablir** (onglet **Accueil**>groupe **Diapositive**). Enregistrez sous le nom de `Voyages3-R`.

EXERCICE 17 : SÉLECTIONNER ET MANIPULER DU TEXTE

- Ouvrez la présentation `Epices-4`, puis enregistrez sous `Epices-4-R`. Positionnez-vous sur la diapositive `Les épices mélangées`. À la suite de `Satay`, tapez [Entrée] `épices Rabelais` [Entrée] `Tikka masala` [Entrée] (notez que le `é` en début de phrase est changé en `É` automatiquement).

- Sélectionnez `Épices Rabelais` et `Tikka masala` (pour cela, cliquez devant `épices Rabelais`, appuyez sur [Maj] en cliquant après `Masala`) puis, sous l'onglet **Accueil**>groupe **Presse-papiers**, cliquez sur le bouton **Couper** ❶.
  Ensuite, dans la deuxième zone de texte, cliquez après le mot `Cajun`, tapez [Entrée] pour passer à la ligne puis cliquez sur le bouton **Coller**.

- Sélectionnez `Curry` et `Chili` (pour cela, sélectionnez `Curry`, appuyez sur la touche [Ctrl] et sélectionnez alors `Chili`). Puis sous **Accueil**>groupe **Presse-Papiers**, cliquez sur le bouton **Copier**. Ensuite, cliquez après `Satay` tapez [Entrée] puis cliquez sur le bouton **Coller**.

- Sélectionnez `Garam` et `Cinq épices`. En utilisant la touche [Ctrl], cliquez-glissez et copiez ces deux mots en dessous de `Tikka masala`.

- Annulez les trois dernières actions.

- Sélectionnez le texte `Tikka masala` et, par cliquer-glisser, déplacez-le sous `Satay`.

- Sur la diapositive `Les herbes aromatiques`, cliquez après `Romarin` puis tapez [Entrée]. Sélectionnez `Basilic` et `Fenouil`, déplacez-les en dessous de `Romarin`.

- Cliquez après `Laurier` et tapez [Entrée]. Sélectionnez `Marjolaine`, `Origan`, `Romarin` puis, par un cliquer-glisser en appuyant sur [Ctrl], copiez-les en dessous de `Laurier`.

- Annulez les dernières actions jusqu'à retrouver la disposition initiale.

- Enregistrez sous `Epices-4-R`, Fermez la présentation.

EXERCICES

→ Ouvrez la présentation `Voyages-4`. Enregistrez sous `Voyages-4-R`.

→ Dans le volet de gauche sous l'onglet **Plan**, sélectionnez `La Mer Morte` et `Aqaba` et copiez. Cliquez après le `e` de `Jordanie`, sous le titre `Itinéraire`. Tapez [Entrée] et collez. Cliquez sur bouton **Augmenter le niveau de liste** (onglet **Accueil**>groupe **Paragraphe**) pour mettre en retrait.

→ Fermez le volet gauche, créez une nouvelle fenêtre, puis cliquez sur **Réorganiser tout**. Mettez en face les diapositives `Itinéraire` et `Laos`. Sur la diapositive `Itinéraire`, insérez un paragraphe après `Laos`. Dans la diapositive `Laos`, sélectionnez ensemble `Paksong` et `Vientiane` puis sur [Ctrl]+cliquez-glissez la sélection dans le paragraphe vide inséré dans la diapositive `Itinéraire`. Avec le bouton **Augmenter le niveau de liste**, mettez en retrait les deux paragraphes.

→ De la même manière, copiez les paragraphes `Agra` et `Jaipur` de la diapositive `Inde` dans la diapositive `Itinéraire`, mettez-les en retrait sous `Inde`. Dans la diapositive `Itinéraire`, insérez un paragraphe sous `Népal`, mettez-le en retrait, puis tapez `Patan` [Entrée] `Katmandou`.

→ Enregistrez sous le nom `Voyages-4-R` puis fermez toutes les présentations.

→ Ouvrez `Le marché Notre Dame-1`. Ouvrez une nouvelle fenêtre, cliquez sur **Réorganiser tout**. Vous allez créer une diapositive par sujet : créez deux diapositives en fin de présentation. Sélectionnez `Les légumes des jardins` dans la diapo n°2 et copiez-collez ce texte dans la zone titre de la diapositive n°3. Faites de même pour `les fruits du verger`, dans la diapositive n°4. Dans le volet de gauche, sous l'onglet **Plan**, cliquez après le dernier titre, tapez [Entrée] `Les chèvres du Poitou` puis [Ctrl+] [Entrée] `Chevreaux et fromages`

→ Enregistrez sous le nom `Le marché Notre Dame-1-R`, puis fermez la présentation.

EXERCICE 18 : METTRE EN FORME DES PARAGRAPHES

À l'intérieur d'un espace réservé de texte, le texte est organisé en paragraphes. Un paragraphe créé à la suite d'un autre avec la touche Entrée reproduit la mise en forme du précédent.

EXPÉRIMENTEZ L'ALIGNEMENT DE PARAGRAPHES ET L'ORIENTATION DU TEXTE

■ Ouvrez la présentation Voyages-5. Enregistrez sous Voyages-5-R. Dans la diapositive Itinéraire, cliquez sur la bordure de l'espace de texte puis, sous l'onglet **Accueil**>groupe **Paragraphe**, cliquez sur les boutons d'alignement ❶ **Droit**, **Centre** puis revenez à **Gauche**. Visualisez le résultat à chaque action.

■ Cliquez sur le bouton **Interligne** ❷. Choisissez l'interligne *1.5*, la taille des caractères s'ajuste automatiquement pour que le texte tienne dans la diapositive. Revenez à l'interligne *1.0*, puis cliquez sur le bouton **Aligner le texte** ❸ et choisissez Milieu.

■ Sélectionnez tous les paragraphes de niveau 1 : pressez Ctrl et double-cliquez successivement sur un mot de chaque paragraphe de niveau 1. Cliquez sur le **Lanceur** du groupe **Paragraphe**, dans <Retrait avant le texte>, tapez 2. Mettez les paragraphes de niveau 1 en gras.

■ Sélectionnez tous les paragraphes de niveau 2 (comme précédemment pour les niveaux 1) . Faites glisser la base carrée du taquet d'alignement vers la droite jusqu'à 4,5 cm.

■ Testez le bouton **Orientation du texte** ❹ qui permet de faire pivoter l'intégralité du texte de la zone dans laquelle vous êtes. Revenez à une orientation horizontale.

EXPÉRIMENTEZ LES PUCES ET NUMÉROTATION

■ Sélectionnez la bordure de la zone de texte et cliquez sur le bouton **Augmenter le niveau de liste** ❺, il ne se passe rien. Sélectionnez les quatre paragraphes de texte de niveau 1, et cliquez à nouveau sur le bouton **Augmenter le niveau de liste**. À chaque clic, le paragraphe descend d'un niveau et la puce change. Annulez en cliquant le même nombre de fois sur le bouton **Réduire le niveau de liste** ❻. Vous pouvez aussi utiliser les touches Tab et Maj+Tab.

■ Sous l'onglet **Accueil**>groupe **Paragraphe,** cliquez sur la **flèche** du bouton **Puces**, puis choisissez un jeu de puces. Vous allez personnaliser les puces, cliquez sur Puces et numéros, puis sur [Personnaliser...] pour avoir d'autres polices spéciales ou cliquez sur [Image], pour choisir une image prédéfinie. Cliquez sur la flèche du bouton **Puces**, choisissez Puces carrées pleines.

EXERCICES

→ Restez sur la présentation Voyages-5-R. Sur la diapositive n°2, sélectionnez la zone de texte en cliquant sur sa bordure.

→ Tous les paragraphes sont alignés à gauche. Par un clic sur la puce de niveau 1, sélectionnez le paragraphe Inde et centrez-le. Positionnez les paragraphes Laos à droite et Népal à gauche.

→ Sélectionnez tout le texte. Cliquez sur le bouton **Interligne** et testez l'interligne *2*. Pour tenir dans la zone du texte, la taille de la police diminue automatiquement. Modifiez à nouveau l'interligne et revenez à *1.0*.

→ Cliquez n'importe où dans le texte. Testez les différents alignements verticaux du texte, choisissez Bas. Faites pivoter le texte à 90° puis revenez à l'orientation horizontale.

→ Changez la puce : sélectionnez les paragraphes de niveau 1. Dans le dialogue *Puces et numéros* sous **Puces**, cliquez sur [Personnaliser], choisissez la police *Wingdings*, un losange (*Wingdings 116*), [OK]. Mettez la puce à *120 %* du texte et en couleur du thème *Or plus sombre de 25 %*.

→ Changez la puce de tous les paragraphes de niveau 2, pour une puce en étoile (Windings 171) à 100 % du texte, de couleur *Vert plus clair 40 %*. Cliquez sur le fond de la diapositive pour le sélectionner et enregistrez les modifications Voyages-5-R.

→ Sélectionnez Jordanie et Inde. Cliquez sur la flèche du bouton **Numérotation**. Pointez, sur les différents types de numérotations proposés. Choisissez le premier. Fermez sans enregistrer.

EXERCICE 19 : INSÉRER ET MODIFIER UNE FORME

CRÉEZ UNE FORME

- Ouvrez `Epices-5`, enregistrez sous `Epices-5-R`. Positionnez-vous sur la diapositive de titre. Sous l'onglet **Insertion**>groupe **Illustrations**, cliquez sur le bouton **Formes ❶**, choisissez le *Triangle isocèle* (dans la section formes de base, troisième ligne).

- Positionnez le curseur (devenu une croix), double-cliquez dans la diapositive vers le centre, la forme est créée. Cliquez-glissez l'objet pour en placer la pointe du haut au centre de la diapositive. Pour cela affichez d'abord les repères qui se coupent initialement au centre.

- En appuyant sur la touche Maj, glissez-déplacez la poignée inférieure gauche du triangle et réglez la hauteur à 4 cm. Aidez-vous de la règle verticale, un trait indique la mesure.

MODIFIEZ UNE FORME

- Insérez la forme *Lune* (section **Formes de base**). Positionnez-la à gauche du triangle, son sommet sur le repère horizontal central, glissez-déplacez le bord inférieur à 4 cm vers le bas, alignez la forme comme sur la figure.

DUPLIQUEZ UNE FORME

- Sélectionnez la forme *Lune* puis, sous l'onglet **Accueil**>groupe **Presse-papiers**, cliquez sur **Copier**. Cliquez à nouveau dans l'espace de la diapositive et cliquez sur **Coller**. Elle se positionne juste à côté de la première.

FAITES UNE ROTATION

- Cliquez sur le bouton **Rotation,** puis sur Retourner horizontalement. Puis glissez-déplacez la deuxième lune et placez les formes symétriquement par rapport au repère central vertical.

ALIGNEZ ET GROUPEZ LES FORMES

- Sélectionnez les trois formes (Ctrl+clic). Sous l'onglet **Outils de dessins/Format**>groupe **Organiser**, cliquez sur le bouton **Aligner**, puis sur Aligner au milieu. Recommencez en cliquant sur Distribuer horizontalement. Cliquez ensuite sur le bouton **Grouper**, puis sur la commande Grouper. Enregistrez et fermez la présentation.

EXERCICES

→ Ouvrez `Voyages-6`. Enregistrez sous `Voyages-6-R`. Sur la diapositive de titre, dessinez un *nuage* (**Formes de base**), puis dessinez la forme : *flèche courbée vers le haut* (**Flèches pleines**).

→ Diminuez sa hauteur et étirez-la. Dupliquez-la deux fois (pour avoir trois flèches). Décalez légèrement les flèches comme sur la figure, et utilisez la poignée de rotation ❶. Sélectionnez les trois flèches et groupez-les.

→ Positionnez le nuage sur les flèches. Mettez-le au premier plan et modifiez sa taille de façon à cacher le croisement des flèches et ne laisser visible que les extrémités des flèches : étirez-le et faites-lui faire une légère rotation. Sélectionnez l'ensemble des formes (Ctrl+clic) et groupez-les.

→ Cliquez sur une des poignées d'angle et, en maintenant la touche Maj appuyée, glissez vers l'intérieur de la forme pour la rétrécir.

→ Sélectionnez l'espace de sous-titre. Rétrécissez son cadre et placez-le en bas à droite de la diapositive, alignez le texte à droite. Sélectionnez le dessin et le sous-titre, et alignez-les à droite : onglet **Format**>groupe **Organiser**, bouton **Aligner**. Enregistrez sous `Voyages-6-R` puis fermez la présentation.

EXERCICE 20 : TRAVAILLER LA COULEUR ET LES EFFETS

COULEURS ET DÉGRADÉS

- Ouvrez `Epices-6`. Enregistrez sous `Epices-6-R`. Sur la diapositive de titre, cliquez la forme dessinée puis, pour la dégrouper, cliquez sur le bouton **Grouper** puis sur la commande Dissocier. Cliquez à côté des formes pour annuler les sélections. Sélectionnez le triangle.

- Sous l'onglet **Outils de dessins/Format**>groupe **Style de formes**, cliquez sur la **flèche** déroulante de la galerie, pointez (sans cliquer) différentes vignettes pour visualiser le résultat. Tapez Echap pour sortir de la galerie. Le triangle reste sélectionné, cliquez sur la **flèche** du bouton **Remplissage de forme**, choisissez *Rouge* dans les couleurs standards. Cliquez à nouveau sur la flèche du même bouton puis sur Dégradés... sous **Variations sombre** la 2e vignette, 3e rangée.

- Cliquez sur la forme de gauche, donnez-lui la couleur *Orange accentuation 6 plus sombre 25%*, avec un dégradé parmi les **Variations claires**.

- Gardez la forme sélectionnée et cliquez sur le bouton **Reproduire la mise en forme** (onglet **Accueil**>groupe **Presse-papiers**), cliquez ensuite sur la forme de droite afin qu'elle adopte la même couleur et le même dégradé que la première.

- Dans la barre d'affichage rapide, cliquez sur le bouton *Diaporama*, afin de visualiser l'effet produit. Tapez Echap pour revenir en mode normal.

EFFETS DE FORMES

- Sélectionnez le triangle, cliquez sur le bouton **Effets sur la forme**, ensuite sur Réflexion, enfin sur la vignette *Pleine réflexion décalage 4pts*. Sélectionnez la forme de gauche et, dans les **Effets sur la forme**, cliquez sur Lumière puis sur la dernière vignette en bas à droite de la galerie. Dans les **Effets sur la forme**, cliquez sur Ombre, puis sur la 2e vignette de la 2e rangée sous **Perspective**. Sur la forme lune à droite, appliquez les mêmes effets avec le pinceau (bouton **Reproduire la mise en forme**), vérifiez que l'ombre s'est bien adaptée, sinon modifiez-la.

- Groupez les trois formes du logo, enregistrez puis fermez la présentation.

EXERCICES

- → Ouvrez la présentation `Voyages-7`, enregistrez sous `Voyages-7-R`. Cliquez droit sur la diapositive de titre puis sur Mise en forme de l'arrière-plan... Dans la zone <Couleurs prédéfinies> puis sur *Or II* (4e vignette de la 4e rangée) ; cliquez sur [Appliquer partout] puis [Fermer].

- → Sélectionnez la forme et dissociez-la. Cliquez sur le nuage, puis sur le bouton **Remplissage de formes** puis sur *Image*. Dans le dossier `Favoris\Exercices PowerPoint 2010`, double cliquez sur la photo `Fleurs (10).JPG` (téléchargée depuis le site TSOFT).

- → Cliquez sur le bouton **Effets sur la forme** puis sur Lumière, ensuite sur *Or, Lumière de couleur, accentuation 3,5* (3e vignette, 1er rang sous **Variations de lumière**). Appliquez un autre effet : *Réflexion : Réflexion rapprochée décalage 4pts* (2e ligne sous **Variations de réflexion**).

- → Dissociez les flèches. Cliquez sur la première à gauche et choisissez la couleur de remplissage *Rose, plus sombre 25%*, la deuxième en *Bleu clair, Texte2, plus sombre 50 %*, la troisième en *Vert, Accentuation1, plus clair 40 %*.

- → Sélectionnez la première flèche, cliquez sur le bouton **Contour de forme** et choisissez *Sans contour*. Répétez l'action pour les autres flèches, à l'aide de l'outil *Répéter* de la barre d'outil *Accès rapide*.

- → Regroupez les formes. Agrandissez en faisant glisser les poignées de sélection. Positionnez la forme vers le haut de la diapositive. Enregistrez sous `Voyages-7-R`, fermez la présentation.

EXERCICE 21 : INSÉRER ET MODIFIER UN DESSIN

- Ouvrez la présentation `Epices-7` puis enregistrez sous `Epices-7-R`. Positionnez-vous sur la diapositive `Les épices simples`, puis sous l'onglet **Insertion**>groupe **Images**, cliquez sur **Images clipart**. Dans <Rechercher> du volet *Images clipart*, tapez `épices condiment` ; déroulez <Les résultats devraient être> et ne cochez que ☑ Illustrations. cochez <☑ Inclure le contenu Office.com>, validez par [OK]. Choisissez le dessin représentant des piments, cliquez dessus pour l'insérer.

- Sous l'onglet **Outils de dessin/Format**>groupe **Organiser**, cliquez sur le bouton **Grouper** puis Dissocier. Répondez [Oui] à la question « Voulez-vous le convertir… » et dissociez une nouvelle fois. Chacun des éléments du dessin est sélectionné, vous avez donc une multitude de poignées. Utilisez le **Zoom** pour agrandir le dessin à 200 %, cliquez hors du dessin pour le désélectionner.

- Attention, maintenant chaque élément peut être modifié. Cliquez sur le fond coloré du dessin, supprimez-le. En plusieurs fois, car il y a plusieurs morceaux. Mais, attention à ne pas supprimer des morceaux de piment.

- Avec le pointeur, dessinez un large cadre autour du dessin pour le sélectionner en entier. Cliquez sur **Grouper** (onglet **Outils de dessin/Format** groupe **Organiser**) puis sur Grouper.

- Dans le volet *Images clipart*, faites une recherche sur `poivre` et insérez un poivrier. Réduisez la taille de l'image et placez-la à côté de la précédente. Dissociez les éléments, sélectionnez les éléments, appliquez leur-une texture liège ou marbre marron. Revenez à l'affichage 100 %, regroupez le dessin. Faites un retournement horizontal. Positionnez l'image.

- Insérez une troisième image de la recherche sur `épices`. Réduisez sa taille et placez-la sous les piments. Enregistrez, puis fermez la présentation.

EXERCICES

- → Ouvrez la présentation `Voyages-8` enregistrez sous `Voyages-8-R`. Positionnez-vous sur la diapositive `Itinéraire`. Sous l'onglet **Insertion**>groupe **Image**, cliquez sur le bouton **Images clipart** puis, dans le volet *Images clipart*, utilisez `voyage` comme terme de recherche.

- → Choisissez l'image d'un car chargé de bagages. Redimensionnez-le et positionnez-le en haut à droite de la diapositive.

- → Supprimez les différents fonds du dessin. Vous aurez besoin de dissocier plusieurs fois. regroupez le dessin, faites-lui faire une rotation horizontale, puis inclinez-le par une rotation de `-15°` (bouton **Rotation** puis Autres options de rotation).

- → Positionnez-vous sur la diapositive `Inde`. Faites une recherche clipart sur le mot `Inde` et choisissez un dessin du Taj Mahal en couleur. Dissociez-le, enlevez le fond du ciel. Regroupez les éléments du dessin. Placez ce dessin dans le quart haut droit de la diapositive.

- → Positionnez-vous sur la diapositive `Laos`. Faites une recherche Clipart sur le mot `Laos`. Sélectionnez l'image d'un temple et l'image d'un homme sur un chemin. Dissociez l'image de l'homme, enlevez le fond vert. Cliquez sur la forme du chemin et étirez la pointe, en l'agrandissant. Si nécessaire, repositionnez le chemin, groupez les éléments du dessin.

- → Redimensionnez le temple pour que les deux dessins respectent la perpective. Mettez-le au premier plan. Positionnez l'homme devant le temple. Sélectionnez les deux dessins, groupez-les. Diminuez l'ensemble du dessin et placez-le dans le quart haut droit de la diapositive. Enregistrez sous `Voyages-8-R`, puis fermez la présentation.

EXERCICE 22 : LE MASQUE DES DIAPOSITIVES

- Ouvrez la présentation `Epices-8`. Enregistrez sous `Epices-8-R`. Passez en mode Masque des diapositives. Pour cela : sous l'onglet **Affichage**>groupe **Modes Masque**, cliquez sur le bouton **Masque des diapositives** ou Maj+clic sur l'icône *Normal* de la barre d'affichage rapide sur la barre d'état.

- Dans le volet gauche, cliquez sur la miniature de la racine du masque (1re miniature). Dans le volet droit, cliquez dans l'espace de titre et modifiez la taille de police à `44`. Dans l'espace texte, cliquez dans le paragraphe de niveau 1, modifiez la taille de police à `32`.

- Dans le volet gauche, cliquez sur la miniature de la disposition *Diapositive de titre* (la première sous la racine). Dans le volet droit, cliquez dans la zone de titre et modifiez la taille de police à `48`, couleur *Rouge, plus sombre 25%* ; puis sélectionnez l'espace de sous-titre et modifiez la taille de police à `24`. Revenez en mode *Normal* pour visualiser les modifications.

- Repassez en mode *Masque* et dans la racine, modifiez la puce du 1er niveau de texte : symbole *Windings 170* (étoile), choisissez la couleur *Rouge, plus sombre 25%*, à `100%` du texte, [OK].

- Changez la couleur de thème, pour cela : sous l'onglet **Masque des diapositives**>groupe **Modifier le thème**, cliquez sur le bouton **Couleurs** et choisissez le jeu de couleurs *Oriel*.

- Dans la racine du masque, sélectionnez l'espace réservé de texte et appliquez l'interligne `1,5`.

- Dans la disposition *Diapositive de titre* du masque. Sélectionnez l'espace de sous-titre, Réduisez en hauteur le cadre du texte et positionnez-le juste au-dessus de la barre colorée du pied de page. Centrez ce cadre horizontalement dans la diapositive, cliquez sur **Aligner** puis Centrer.

- Revenez en mode *Normal*. Copiez le dessin inséré sur la page de titre, puis repassez en mode *Masque*, collez le dessin sur la racine du masque, positionnez-le en bas à droite et diminuez-le.

- Copiez ce logo et collez-le sur la disposition *Contenu avec légende* (n°8). Revenez en mode *Normal*. Vérifiez vos diapositives et enregistrez sous `Epices-8-R`.

EXERCICES

→ Ouvrez la présentation `Voyages-9`. Enregistrez sous `Voyages-9-R`. Passez en mode d'affichage *Masque des diapositives*.

→ Dans le masque racine : cliquez sur la bordure de l'espace de titre, et appliquez la police *Bradley Hand ITC* taille *54*, en gras.

→ Par Ctrl+A, sélectionnez tous les textes de la racine du masque et changez la couleur du texte pour le *Bleu clair, plus sombre 90 %*. Faites de même pour le sous-titre de la disposition de titre.

→ Cliquez dans le paragraphe de premier niveau : appliquez comme puce le symbole *Wingdings 151* 🕮, mettez la puce à `120 %` du texte en couleur *Rose plus sombre 25 %*. Par le dialogue *Paragraphe*, appliquez un retrait de `2 cm` avant le texte et suspendu de `1,5 cm`.

→ Cliquez dans le paragraphe de second niveau : attribuez la police *Candara*, taille `24 pts`. Changez la puce : choisissez à l'aide du bouton [Image] un rond hérissé vert, définissez à `110 %` du texte. Appliquez un retrait de `3,5 cm` avant le texte et suspendu de `1.5 cm`.

→ Sélectionnez le premier niveau de paragraphes, mettez l'espacement avant à `16 pts`. Mettez l'espacement avant à `8 pts` pour le deuxième niveau.

→ Dans la disposition *Diapositive de titre*, définissez la taille des caractères à `60 pts`. Repassez en affichage *Normal*.

→ Dans la diapositive `Jordanie`, insérez un paragraphe après `La Mer Morte`. Par la touche Tab, descendez d'un niveau de texte et tapez `Ancrée dans l'histoire c'est l'une des merveilles du monde`.

→ Enregistrez sous `Voyages-9-R` et fermez la présentation.

EXERCICE 23 : INSÉRER ET MODIFIER UNE IMAGE

- Ouvrez `Voyage-10` puis enregistrez sous `Voyages-10-R`. Insérez une diapositive en fin de présentation avec la disposition *Vide* afin de travailler une forme plus facilement. Sous l'onglet **Insertion**>groupe **Illustrations**, cliquez sur **Formes**, sous **Flèches pleines**, cliquez sur *Flèche droite à entaille*, puis cliquez dans la diapositive vide. Cliquez droit sur la forme flèche puis sur Format de la forme ; dans le volet droit du dialogue, activez <⊙ Remplissage avec image ou texture> et cliquez sur le bouton [Fichier]. Dans `Favoris/ Exercices PowerPoint 2010` sélectionnez la photo `Désert`, cliquez sur [Insérer], puis sur [Fermer].

- Sous **Outils Image/Format**>groupe **Styles d'images**, cliquez sur **Effets des images** puis sur Rotations 3D et choisissez, sous **Parallèle**, *Isométrique droit vers le haut*. Redimensionnez : largeur 4 `cm`, hauteur 2 `cm` (sous l'onglet **Outils Images/Format**>groupe **Taille**).

- Copiez la flèche puis passez en affichage *Masque des diapositives*. Sélectionnez la racine du masque et collez la flèche, puis faites-la glisser dans le coin droit en bas, au-dessus de la zone pied de page. Revenez en mode *Normal*. La flèche apparaît alors sur toutes les diapositives.

- Positionnez-vous sur la diapositive `Jordanie`. Sous l'onglet **Insertion**>groupe **Illustrations,** cliquez sur **Images clipart**, faites une recherche sur `Inde`. Les résultats doivent être des fichiers Photographies. Sélectionnez et cliquez sur la photo représentant une fenêtre «Moucharabieh». Elle s'insère dans la diapositive. Sous l'onglet **Outils Image/ Format**>groupe **Style d'images**, cliquez sur **Styles rapides**. Dans la galerie cliquez sur *Rectangle arrondi réfléchi* (5e vignette). Diminuez la taille de l'image : cliquez-droit puis sur Taille et position..., spécifiez l'échelle en <hauteur> et <largeur> à 40%. Centrez l'image dans le bas de la diapositive.

- Positionnez-vous sur la diapositive `Inde`. Faites une recherche clipart sur `Jaipur`. Insérez la troisième photo, puis sous l'onglet **Outils Image/Format**>groupe **Ajuster**, cliquez sur **Effets artistiques**, cliquez sur la dernière vignette *Éclat - bords*. Cliquez ensuite sur *Supprimer l'arrière-plan,* puis sur *Conserver les modifications*. Réduisez la photo, placez-la dans l'angle bas gauche. Enregistrez sous `Voyages-10-R`, et fermez la présentation.

EXERCICES

→ Ouvrez la présentation `Epices-9`, enregistrez sous `Epices-9-R`. Insérez une diapositive de disposition *Vide*, en fin de présentation, qui servira à travailler les images. Dans le volet *Images clipart*, faites une recherche sur `épices`, afin d'obtenir seulement des photos ; insérez l'image 16. Utilisez l'outil de rognage pour ne garder que le bol et la cuillère, réduisez la taille de la photo à 40%. Dans la galerie des styles rapides, choisissez *Rectangle à contours adoucis*. Collez l'image sur la diapositive `Les épices simples`. Supprimez le dessin du poivrier ainsi que la zone de texte qui sont sur la gauche. Déplacez le clipart de gauche vers la droite, déplacez la photo dans le bandeau de gauche. Mettez le titre en taille 32, de couleur *Rouge, Accentuation 3, plus sombre de 25%*.

→ Sur la diapositive de travail, insérez en plus la photo représentant un bol d'épices, diminuez-la. Dans la galerie des styles rapides, choisissez *Ovale, biseau noir*. Appliquez les effets d'image *Rotation 3D* (vignette *Perspective relâchée*) et *Ombre* (vignette *Perspective diagonale vers le haut à droite*). Collez l'image sur la diapositive `Les épices mélangés`. Ajustez-la et placez-la au milieu bas de la diapositive, légèrement décentrée à gauche.

→ Insérez la photo représentant des cuillères à mesure (photo 12) dans la diapositive de travail. Rognez les bords pour ne garder que les cuillères. Collez la photo sur la diapositive `Les herbes aromatiques`. Donnez-lui la taille de la diapositive en faussant un peu les proportions. Par le groupe **Ajuster**, cliquez sur **Couleurs**, rubrique **Recoloriez** choisissez *Couleur Accent 4 claire*. Mettez l'image en arrière-plan. Faites une recherche sur `bouquet garni`, insérez la photo, ajustez sa taille pour la placer en bas à gauche, cliquez sur *Supprimez l'arrière-plan, le fond devient violet*, cliquez à l'extérieur pour valider... Mettez le titre en rouge standard. Supprimez la diapositive de travail Enregistrez sous `Epices-9-R`.

Ouvrez la présentation `Epices-10` puis enregistrez sous `Epices-10-R`. Vous allez insérer des informations générales sur les diapositives dans les en-têtes et pieds de page.

- Sous l'onglet **Insertion**>groupe **Texte**, cliquez sur le bouton **En-tête et pied de page** ❶, le dialogue *En-tête et pied de page* s'affiche.

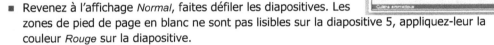

- Sous l'onglet **Diapositive**, cochez <☑ Date et heure>, <⊙ Mise à jour automatique> et choisissez la mise en forme mois-année. Cochez <☑ Numéro de diapositive>. Cochez <☑ Pied de page> et dans <Pied de page>, saisissez `Cuisine aromatique`. Vérifiez dans l'aperçu que les zones sont bien surlignées. Cochez la case <☑ Ne pas afficher sur la diapositive de titre>. Pour terminer, cliquez sur le bouton [Appliquer partout].

- Passez en affichage *Masque des diapositives*. Dans la racine du masque : sélectionnez la zone pied de page, mettez à 20 pts la taille des caractères. Mettez la zone numéro de diapositive en caractères gras de taille 18 pts.

- Revenez à l'affichage *Normal*, faites défiler les diapositives. Les zones de pied de page en blanc ne sont pas lisibles sur la diapositive 5, appliquez-leur la couleur *Rouge* sur la diapositive.

- Ouvrez le dialogue *En-tête et pied de page*, et sous l'onglet **Commentaires et Documents**, cochez <☑ Date et heure> et <⊙ Mise à jour automatique>. Cochez <☑ En-tête> et saisissez `Cuisine aromatique`. Cochez <☑ Pied de page> et saisissez `Saisons et Jardins`. Cliquez sur [Appliquer partout].

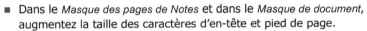

- Dans le *Masque des pages de Notes* et dans le *Masque de document*, augmentez la taille des caractères d'en-tête et pied de page.

- Cliquez sur l'onglet **Fichier**, puis sur **Imprimer**. Dans <Imprimer>, choisissez *Diapositives* et choisissez 2 diapositives par page de document. Vérifiez que le résultat vous convient. Fermez la présentation en l'enregistrant.

EXERCICES

→ Ouvrez `Voyages-11`, puis enregistrez sous `Voyages-11-R`. Insérez des en-têtes et pieds de page des diapositives avec la date fixe `Aout 2010`, le numéro des diapositives, le texte de pied de page `Organisation du voyage`, sauf sur la diapositive de titre.

→ Insérez la même date pour les documents et pages de commentaires, cochez la case d'en-tête des pages imprimées et tapez `Organisation du voyage`.

→ Dans la racine du masque, sélectionnez la zone de pied de page et définissez la taille des caractères à 20 pts. Ajustez la taille de la zone à son contenu mis en forme, déplacez-la pour la positionner en haut et au centre de la diapositive, centrez le contenu dans la zone.

→ Augmentez à 18 pts la taille des caractères de la zone de la date. Ajustez la taille de la zone à son contenu et positionnez-la en bas à gauche.

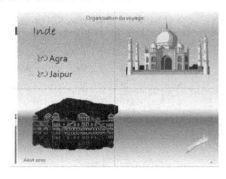

→ Dans le masque des pages de notes, par Ctrl+A, sélectionnez tous les textes et augmentez la taille de police à 18 pts.

→ Faites de même dans le masque du document.

→ Revenez en mode *Normal*. Vérifiez que les photos ne recouvrent pas les en-têtes ou pieds de page, rectifiez si nécessaire. Enregistrez sous `Voyages-11-R` et fermez la présentation.

EXERCICE 25 : INSÉRER UN TABLEAU

- Ouvrez `Voyages-12` puis enregistrez sous `Voyages-12-R`. Insérez une diapositive en troisième position, avec la disposition *Titre et contenu*. Dans la zone de titre, saisissez : `Destinations et prix`.

- Sous l'onglet **Insertion**>groupe **Tableau**, cliquez sur le bouton **Tableau**, spécifiez 7 colonnes et 4 lignes. Saisissez les données suivantes. Les contenus s'alignent à gauche par défaut.

Départ	Arrivée	Date	H Départ	H Arrivée	Durée	Prix ttc
Paris	Dehli	9/04/11	21h	20h	18h	689 €
Paris	Jaipur	11/04/11	07h	07h	19h	941 €
Paris	Bombay	12/04/11	07h	23h	11h	497 €

- Sélectionnez les cellules contenant les heures et les prix (quatre dernières colonnes sans les titres) puis, sous l'onglet **Outils de tableau/Disposition**>groupe **Alignement**, cliquez sur **Aligner le texte à droite (Ctrl+Maj+D)**. Sélectionnez une colonne de quatre cellules, augmentez la hauteur de ligne à `1,5 cm` (groupe **Taille de la cellule**).

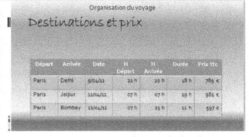

- Centrez horizontalement les contenus des cellules de la première ligne. Puis, centrez-les verticalement : cliquez sur **Centrer verticalement** (groupe **Alignement**).

- Cliquez sur la bordure du tableau pour le sélectionner en entier, puis modifiez la largeur du tableau : groupe **Taille du tableau**, et attribuez-lui une largeur de `20 cm`.

- Centrez horizontalement le tableau : groupe **Organiser**, cliquez sur **Aligner** puis sur Centrer. Le tableau apparaît légèrement décalé car le thème comporte une bordure blanche à gauche. Utilisez la flèche de déplacement droite (clavier) pour le décaler légèrement vers la droite. Centrez le tableau verticalement : cliquez sur le bouton **Aligner** (groupe **Organiser**) puis sur Aligner au milieu.

- **Outils de tableau/Création**>groupe **Styles de tableau**, déroulez la galerie et cliquez sur la vignette *Style à thème 1 accentuation 5* (sous **Meilleure correspondance pour le tableau**).

- Dans la zone *Commentaires*, saisissez `Les prix s'entendent Aller/Retour`.

- Enregistrez les modifications sous le nom `Voyages-12-R` et fermez la présentation.

EXERCICES

→ Ouvrez `Epices-11`, puis enregistrez sous `Epices-11-R`. Passez en mode *Normal* et insérez une diapositive en dernière position, avec la disposition *Titre seul*. Dans la zone de titre saisissez `Commande`. Sous l'onglet **Insertion**>groupe **Tableau**, cliquez sur le bouton **Tableau** et insérez un tableau de 5 colonnes et 7 lignes. Saisissez les données comme dans la figure ci-dessous.

→ Sélectionnez les deux premières colonnes et élargissez-les à `4,5 cm`. Définissez la largeur des trois dernières colonnes à `2,7 cm`. Alignez les données chiffrées sur la droite (pas les titres).

→ Sélectionnez le contour du tableau et modifiez la hauteur du tableau à `10 cm`. Centrez verticalement les données dans les cellules.

→ Centrez le tableau verticalement et horizontalement à l'aide des commandes du Ruban.

→ Onglet **Création**>groupe **Options de style de tableau**, cochez <☑ **Ligne des totaux**>. Dans la galerie des styles choisissez un style dans la deuxième colonne de la galerie (ton rouge).

→ Enregistrez sous le nom `Epices-11-R` puis fermez la présentation.

EXERCICE 26 : INSÉRER UN GRAPHIQUE

- Ouvrez `Epices-12` puis enregistrez sous `Epices-12-R`. Vous allez représenter les proportions du mélange *Cinq épices*.
- Insérez une diapositive de disposition *Contenu avec légende*, après celle de titre `Les épices mélangées`. Dans la zone de titre, tapez `Cinq épices`. Mettez la taille des caractères de cette zone à `32 pts`, et positionnez-la en bas du bandeau orange. Supprimez la zone de texte.
- Dans zone de contenu à droite, cliquez sur l'icône centrale de graphique puis sur *Secteurs*, puis sur la vignette *Secteurs en 3D*, [OK]. Dans la feuille Excel qui s'affiche, remplacez les données :

en gr	Ingrédients
Coriandre	45
Fenouil	27
Cannelle	21
Poivre noir	7

- Fermez le classeur Excel sans enregistrer.
- Sous l'onglet **Outils du graphique /Création**>groupe **Style du graphique**, cliquez sur **Styles rapides**. Dans la galerie, cliquez sur la vignette *Style 18*. Glissez-déplacez le secteur *Poivre* vers l'extérieur du graphique.
- Dans le groupe **Données**, cliquez sur le bouton **Modifier les données**. Changez le chiffre du *Fenouil* et tapez `40`. Fermez la fenêtre Excel.
- Sous l'onglet **Outils du graphique/Disposition**>groupe **Arrière-plan**, cliquez sur le bouton **Rotation 3D**. Dans la zone <Rotation X>, saisissez `40`. Cliquez sur [Fermer].
- Sous l'onglet **Création**>groupe **Dispositions du graphique**, dans la galerie des dispositions du graphique, choisissez *Mise en forme 6*. Cliquez hors des secteurs au-dessus des légendes puis redimensionnez l'objet graphique à `15x15 cm`. Cliquez sur le bouton **Diaporama** de la barre d'affichage pour visualiser, puis sur Echap.
- Enregistrez sous `Epices-12-R` et fermez la présentation.

EXERCICES

- → Ouvrez `Voyages13`, puis enregistrez sous `Voyages13-R`. Positionnez-vous sur la diapositive `Népal`. Modifiez sa disposition en *Deux contenus*. Sélectionnez la zone de texte de droite.
- → Insérez un *histogramme groupé*. Saisissez les données dans les colonnes prévues.

	DE	A
Rani Hotel	55	75
Kondulop	60	95
Dagovari	75	125
Clemency	80	120
Shavaili	45	70
Yéki	50	95
Marschan	25	45

- → Ajustez la limite bleue pour supprimer la *Série 3* et ajoutez au graphique les lignes supplémentaires. Fermez la fenêtre Excel.
- → Sélectionnez le cadre de l'objet graphique et modifiez sa taille à `9 cm` sur `22 cm` (**Outils de graphique/Mise en forme**>groupe **Taille**). Centrez-le horizontalement et remontez-le par un glisser-déplacer. Dans la galerie des dispositions du graphique, choisissez la *Mise en forme 3*. Donnez-lui pour titre `Hôtels`. Dans la galerie des styles de graphique, choisissez la 2e vignette. Cliquez sur le bouton **Diaporama**, puis Echap. Testez différents styles de formes, annulez ces actions pour revenir à un fond transparent. Ajoutez l'axe vertical par défaut.
- → Modifiez la hauteur de la zone de texte pour qu'elle n'empiète pas sur le graphique. Supprimez la diapositive de travail. Enregistrez les modifications sous `Voyages-13-R`.

EXERCICE 27 : MANIPULER ET INSÉRER DES DIAPOSITIVES

- Ouvrez Epices-13 puis enregistrez sous Epices-13-R. Sur la diapositive Provenance, cliquez sur le contour de l'espace de texte et augmentez la taille du texte à 40 pts. Ajustez la taille de l'espace en largeur et hauteur pour juste contenir les textes. Centrez le texte, puis centrez la zone texte verticalement et horizontalement à l'aide des boutons alignement. Dans le volet de gauche, sous **Diapositives**, coupez puis collez la diapositive avant la diapositive Commande.

- En mode *Trieuse*, passez la diapositive Les herbes aromatiques en 3ᵉ position. Dupliquez-la, par un cliquer-glisser avec la touche Ctrl et positionnez-la avant la diapositive Commande.

- En mode *Normal*, modifiez son titre en Secrets des herbes. Modifiez la disposition en *Comparaison*. Dans la première zone de légende, tapez Soigner, dans la seconde Parfumer. Sélectionnez les zones de légende, centrez leur contenu et mettez la taille de caractère à 32 et changez la couleur de caractère en *Orange, plus sombre 50%*.

- Remplacez les contenus des zones de texte par : Argousier, Chélidoine, Aubépine pour les herbes qui soignent, et Lavande, Citronnelle, Girofle et Menthe, pour celles qui parfument.

- Dans la zone de commentaires, saisissez : De tous temps, les plantes ont été utilisées pour soigner et guérir et de nos jours encore elles entrent dans la composition de nombreux médicaments.

- Pour insérer une diapositive d'une autre présentation : onglet **Accueil**>groupe **Diapositives**, cliquez sur la **flèche** du bouton **Nouvelle Diapositive**, puis sur Réutiliser les diapositives... Dans le volet, cliquez sur Ouvrir un fichier PowerPoint, sélectionnez Voyages-14. Cliquez sur la diapositive Népal pour l'insérer après la diapositive active. Remplacez le titre par Utilisations comparées, le texte par Soigner, Cuisiner.

- Dans le graphique, supprimez le titre Hôtels, cliquez sur le bouton **Modifier les données** (**Outils de graphique/Création**>groupe **Données**), effacez les chiffres, tapez les données, ajustez la plage.

	A	B	C
1	Colonne1	Soigner	Cuisiner
2	Girofle	45	55
3	fenouil	10	95
4	Chélidoine	100	0
5	Lavande	90	10

- Revenez dans la diapositive. Adaptez le graphique et centrez-le horizontalement dans la diapositive. Sélectionnez les zones de texte de l'abscisse et de l'ordonnée, mettez-les en rouge sombre. Enregistrez sous Epices-13-R et fermez.

EXERCICES

→ Ouvrez Voyages-14 puis enregistrez sous Voyages-14-R. Supprimez la diapositive de travail. Dans le volet de gauche, sous **Diapositives** déplacez, par couper-coller, la diapositive Destinations et Prix en dernière position. Sous **Plan**, glissez la diapositive Jordanie avant Destinations et Prix. Double-cliquez devant un titre pour ouvrir ou fermer les sous-niveaux.

→ Ouvrez Les épices-14 ; en mode *Trieuse*, Copiez la diapositive Cinq épices. Revenez dans Voyage-14, passez en mode *Trieuse* ; cliquez droit sur la diapositive Jordanie, puis sous **Options de collage**, choisissez *Utiliser le thème de destination*.

→ Changez le titre Cinq épices en Frais de voyage. Sous l'onglet **Accueil**>groupe **Diapositives**, cliquez sur le bouton **Mise en page des diapositives** et appliquez la disposition *Titre et contenu* ; cliquez sur **Rétablir** pour réinitialiser la mise en forme de la diapositive en fonction du masque.

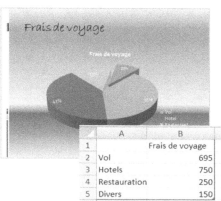

→ Cliquez droit sur le graphique puis sur Modifier les données... Remplacez les données dans la feuille, fermez la feuille. Modifiez la couleur des textes et les étiquettes du graphique en *Bleu clair, plus sombre 90 %*. Enregistrez sous Voyages14-R.

	A	B
1		Frais de voyage
2	Vol	695
3	Hotels	750
4	Restauration	250
5	Divers	150

DIAPORAMA ET IMPRESSION

3

EXERCICE 28 : METTRE EN PAGE POUR IMPRIMER

METTEZ EN PAGE

- Ouvrez Voyages-15. Sous l'onglet **Création**>groupe **Mise en page**, cliquez sur le bouton **Mise en page** puis, dans <Diapositive dimensionnée pour>, testez l'*Affichage à l'écran 16/9*. Revenez dans la présentation et visualisez le diaporama par **Affichages**>groupe **Affichage des présentations**, cliquez sur **Mode Lecture**. Puis, passez les diapositives en orientation *Portrait* et faites la même chose. Vous constatez que les images et tableaux insérés sur les diapositives ont changé de proportions. Revenez sur l'*Affichage à l'écran 4:3* et à l'orientation *Paysage*.

Ceci montre que la mise en page d'une présentation doit se faire avant d'y insérer des objets : images tableaux, graphiques...Il n'est pas recommandé de la modifier, une fois les objets créés.

IMPRIMEZ VIA L'APERÇU AVANT IMPRESSION

- Sélectionnez les diapositives 1, 3 et 5, cliquez sur l'onglet **Fichier** puis sur **Imprimer**. Dans le panneau central, cliquez sur le 1er bouton sous **Paramètres** et choisissez *Imprimer la sélection*. Cliquez sur le 2e bouton sous **Paramètres** et choisissez *4 diapositives horizontales* ; recliquez sur le même bouton et cochez ☑ Encadrer les diapositives ; recommencez et cochez ☑ Mettre à l'échelle de la feuille afin de mieux occuper l'espace de la feuille. Après chaque action l'aperçu s'actualise dans le panneau de droite.

- Cliquez sur le 4e bouton sous **Paramètres** pour choisir l'orientation (ici *Paysage*) ; cliquez sur le 5e bouton et choisissez *Nuance de gris* ; visualisez l'aperçu. Cliquez sur le 2e bouton et choisissez *Imprimer toutes les diapositives* ; faites défiler les pages de l'aperçu.

- Pour lancer l'impression, cliquez sur l'icône [Imprimer]. Revenez sur l'onglet **Accueil**.

- En mode *Trieuse*, sélectionnez les diapositives Itinéraires et Destination et prix, puis cliquez sur l'onglet **Fichier** puis sur **Imprimer**. Dans le panneau central, cliquez sur le 1er bouton sous **Paramètres**, choisissez *Imprimer la Sélection*. Cliquez sur l'icône [Imprimer] en haut du panneau central pour lancer l'impression. Fermez sans enregistrer.

EXERCICES

- → Ouvrez Epices-14, enregistrez sous Epices-14-R. Pour la diapositive Utilisations comparées choisissez la disposition *Contenu avec légende*. Déplacez et ajustez le tableau dans la zone de droite.

- → Modifiez la taille des caractères du titre à 32 et ajustez la dimension du cadre titre. Supprimez la zone de texte.

- → Cliquez sur l'onglet **Fichier** puis sur **Imprimer**. Sous **Paramètres** : cliquez sur le premier bouton et choisissez *Imprimer toutes les diapositives*, cliquez sur le deuxième bouton et choisissez *3 diapositives* ; cliquez sur le troisième bouton et choisissez *Orientation Portrait* ; cliquez sur le quatrième bouton et choisissez *Nuances de gris*.

- → Cliquez sur l'icône [Imprimer] en haut du panneau central.

- → Revenez sur les **Paramètres** et définissez un document de *9 diapositives* par page. Vérifiez l'Aperçu et lancez l'impression.

- → Modifiez le document et demandez *4 diapositives* par page. N'imprimez pas. Demandez l'impression de la page de commentaire de la seule diapositive Secrets des herbes.

- → Enregistrez la présentation sous Epices-14-R puis fermez la présentation.

EXERCICE 29 : TRANSITIONS

- Ouvrez Epices-15 puis enregistrez sous Epices-15-R. Passez en mode *Trieuse*.
- Sélectionnez toutes les diapositives. Sous l'onglet **Transition**>groupe **Accès à cette diapositive**, ouvrez la galerie des transitions ❶ et choisissez *Balayer* ❷, <Durée> : 2 ❸ (en secondes).

- Restez en mode *Trieuse*, utilisez le zoom pour ajuster l'échelle des vignettes des diapositives.
- Sur la diapositive de titre, appliquez la transition *Horloge* (sous **Captivant** dans la galerie) et cliquez sur **Options d'effet** pour choisir *À partir du coin supérieur gauche*.
- Sélectionnez les deux diapositives Les Herbes aromatiques et Secrets des herbes et appliquez-leur la transition *Portes* (sous **Captivant**), et l'option d'effet : *Horizontalement*.
- Cliquez sur la diapositive de titre, vérifiez sa transition (elle est surlignée dans la galerie) et appliquez cette même transition à la diapositive Provenance.
- Sélectionnez ensemble les deux diapositives, de titre et Provenance, et modifiez leur transition pour *Forme* (sous **Discret**). Décochez <☐ **Manuellement**> et entrez 6 (secondes) après pour passer à la diapositive suivante ❹.

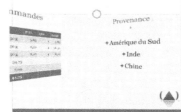

- Sur la diapositive Commande, appliquez la transition *Orbite*, l'option d'effet *À partir de la gauche*.
- Sélectionnez toutes les diapositives, vérifiez que la transition dure bien 2 s. Décochez <☐ **Manuellement**>, cochez <☑ **Après**> et à droite tapez 8 (8 s, 00:08,00 s'inscrit).
- Enregistrez sous le nom Epices-15-R et fermez la présentation.

EXERCICES

- → Ouvrez Voyages15 puis enregistrez sous Voyages15-R. Dans le volet de gauche, sous l'onglet **Diapositives**, sélectionnez toute les diapositives. Appliquez-leur la transition *Damier*, option d'effet *À partir du haut*, avec une <Durée> : 3 s. Définissez le passage à la diapositive suivante automatique (non manuel) après 10 s.
- → Sélectionnez la diapositive de titre. Spécifiez 5 s comme temps avant la diapo suivante. Appliquez à la diapositive Itinéraire la transition *Cube,* d'une durée de 3 s.
- → Sur la diapositive Inde, appliquez une transition de 3 s, *Ondulation, À partir du coin inférieur gauche*.

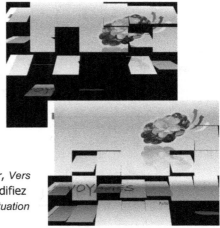

- → Sur la diapositive Laos : transition *Ondulation* d'une durée de 4 s, et 8 s avant la diapositive suivante.
- → Sur la diapositive Népal : transition *Stores, Verticalement*, durée de 4 s et 15 s avant diapositive suivante.
- → Sur la diapositive Jordanie gardez la transition *Damier*.
- → Sur la diapositive Frais de voyage : la transition *Retourner, Vers la droite*. Sélectionnez les étiquettes de pourcentage et modifiez la couleur de la police du graphique pour *Pervenche accentuation 5, plus sombre 50 %*.
- → Appliquez à la diapositive Destination et prix la transition *Déchiquetage,* durée de 4 s et un temps de 20 s avant passage à la diapositive suivante. Enregistrez sous le nom Voyages-15-R. et fermez la présentation.

EXERCICE 30 : ANIMATIONS

- Ouvrez `Epices-16` puis enregistrez sous `Epices-16-R`. Sur la diapositive de titre, dans la galerie des styles d'animation, cliquez sur *Estomper*.

- Sélectionnez la zone de titre et, sous l'onglet **Animation**>groupe **Minutage**, spécifiez <Démarrer> : *Avec la précédente*, <Durée> 3

(secondes). Cliquez sur `Une ronde de parfum`, puis dans le groupe **Minutage** sur <Démarrer> *Après la précédente* <Durée> 3 s. Visualisez le résultat : cliquez sur **Aperçu**, dans le groupe **Aperçu**.

- Sur la diapositive `Les épices mélangés`, sélectionnez la première zone de texte. Sélectionnez *Entrée brusque* dans la galerie, cliquez sur **Options d'effet** pour choisir *À partir du haut*. Refaites cela pour la deuxième zone de texte.
  Ensuite, cliquez sur l'image des piments, cliquez sur **Ajouter une animation** (dans le groupe **Animation avancée**), puis sur *Autres effets d'entrée...* double-cliquez sur *Damier*. Spécifiez <Durée> : 4 pour ralentir l'animation. Pour visualiser le résultat, cliquez sur le bouton **Aperçu**.

- Sur la diapositive `Les herbes aromatiques`. Sélectionnez les trois paragraphes de la première zone de texte et, dans la règle, glissez la base du taquet de retrait sur 4. Ensuite, sélectionnez les deux zones de texte et passez l'interligne à 2,0 lignes. Conservez la sélection et redimensionnez le cadre des zones de texte en hauteur (jusqu'au 2 de la règle verticale). Sélectionnez la première zone de texte, appliquez l'animation *Balayer*, puis l'option d'animation *Par paragraphes*, *À partir de la droite*. Recommencez pour la deuxième zone de texte.

- Sur la diapositive `Les épices mélangés`. Sélectionnez tous les paragraphes de la zone de gauche et glissez la base du taquet de retrait sur 3 cm. Ensuite, sélectionnez les deux zones de texte, puis dans la galerie des styles d'animation, sous **Accentuation**, cliquez sur *Faire ressortir*. choisissez <Démarrer> : *Avec la précédente*, et <Durée> : 1 s.

- Sur la diapositive `Utilisation comparée`, sélectionnez le graphique puis appliquez l'animation *Estomper* avec l'option d'effet *Par catégorie*. Enregistrez sous `Epices-16-R`.

EXERCICES

→ Ouvrez `Voyages-16` puis enregistrez sous `Voyages-16-R`.

→ Sur la diapositive de titre, ajustez la taille de la zone de titre à son contenu. Appliquez au dessin, l'animation d'ouverture *Roue*, avec l'option d'effet *4 rayons*. Appliquez aux deux zones de titre, l'animation *Estomper* avec <Démarrer> *Après la précédente*, <Durée> 5 s. Visualisez l'aperçu de l'animation sur la diapositive.

→ Sur la diapositive `Itinéraire`, sélectionnez le camion, appliquez l'effet *Rebondir*, <Durée> : 3 s. Sélectionnez la zone de texte et appliquez l'animation *Estomper* avec l'option d'animation *Par paragraphes*, <Début> des deux animations : *Après la précédente*.

→ Sur la diapositive `Népal`, appliquez au graphique une animation *Entrée brusque*, avec l'option *Par élément* dans les séries, <Début> : *Après la précédente*, <Durée> : 1 s.

→ Sur la diapositive `Laos`, dissociez l'image. Ajustez la taille de la zone texte à son contenu. Appliquez au temple l'animation d'ouverture *Flottant entrant*, avec l'option d'effet *Flottant vers le bas* d'une durée de 2 s. Sélectionnez l'homme, ouvrez la galerie d'animation et cliquez sur *Autres Effets...* et double cliquez sur *Coin* (sous **de base**), avec <Début> : *Après la précédente*.

→ Revenez sur les diapositives `Destination et Prix`, `Jordanie` et `Inde`, appliquez aux images et/ou au texte les effets de votre choix. Enregistrez sous `Voyages16-R` puis fermez la présentation.

EXERCICE 31 : ORGANISER LE DIAPORAMA

Ouvrez `Voyages-17` puis enregistrez sous `Voyages-17-R`. Il suffit de cliquer sur un bouton pour lancer le diaporama. Mais vous pouvez contrôler l'organisation, le déroulement du diaporama.

CONFIGUREZ LE DIAPORAMA

■ Sous l'onglet **Diaporama**>groupe **Configuration**, cliquez sur **Configurer le diaporama**. Sous **Type de diaporama**, cochez <⊙ Visionné par une personne (fenêtre)>, validez par [OK]. Dans le volet plan, sélectionnez la diapositive `Destination et prix` et cliquez sur **Masquer la diapositive**. Faites de même pour la diapositive `Frais de voyage`. Lancez le diaporama à partir de la diapositive 5 : sélectionnez cette diapositive puis Maj+F5 ou cliquez le bouton **Diaporama à partir de la diapositive sélectionnée**. Constatez que les diapositives masquées ne sont pas dans le diaporama.

DIAPORAMA PERSONNALISÉ

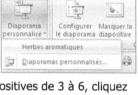

■ Dans le volet de gauche, sous l'onglet **Diapositives**, les diapositives masquées apparaissent grisées. Mettez fin au masquage de ces diapositives, en cliquant sur le même bouton.

■ Cliquez sur **Diaporama personnalisé** (groupe **Démarrage du Diaporama**) puis sur Diaporamas personnalisés. Dans le dialogue, cliquez sur le bouton [Nouveau], nommez-le `Visites`, sélectionnez les noms de diapositives de 3 à 6, cliquez sur [Ajouter] puis cliquez sur [OK] enfin cliquez sur [Fermer].

■ Cliquez sur le bouton **Diaporama personnalisé** puis sur Visites, ce qui lance ce diaporama.

INSÉREZ UN LIEN HYPERTEXTE

■ Sur la diapositive `Itinéraire`, sélectionnez le mot `Jordanie`. Sous l'onglet **Insertion**>groupe **Liens**, cliquez sur **Lien Hypertexte**, cliquez sur l'icône *Emplacement dans ce document*. Dans la liste de diapositives, cliquez sur `Jordanie`, [OK]. Faites de même pour chacun des pays.

■ Dans la racine du masque : sous l'onglet **Insertion**>groupe **Illustrations**, cliquez sur **Formes** puis cliquez sur la dernière vignette sous **Boutons d'actions**. Dessinez (par cliquer-glisser) un petit carré en bas à gauche de la diapositive. Dans le dialogue qui s'affiche, cochez <⊙ Créer un lien hypertexte vers>, dans la liste déroulante choisissez *Diapositives...* et sélectionnez la diapositive `Itinéraire`. cliquez sur [OK] et revenez en mode *Normal*. Lancez le diaporama puis cliquez sur le lien hypertexte `Inde`. Sur la diapositive `Inde`, cliquez sur le rectangle, ce qui ramène à la diapositive `Itinéraire`. Enregistrez sous le nom `Voyages17-R` puis fermez la présentation.

EXERCICES

→ Ouvrez `Epices-17` puis enregistrez sous `Epices-17-R`.

→ Créez un diaporama personnalisé composé des diapos 7 et 8, nommez-le `Herbes`. Créez-en un second avec les diapositives 4 et 5, nommez-le `Epices`. Lancez les diaporamas personnalisés, arrêtez-les par Echap.

→ Cliquez sur **Configurer le diaporama**, choisissez *Epices* ❶ , Configurez le diaporama personnalisé pour être visionné par une personne, pour tourner en boucle.

→ Insérez un bouton de retour à la diapositive de titre sur la racine du masque et sur la disposition *Contenu avec légende*. Sur les diapositives `Les Herbes aromatiques` et `Secrets des herbes`, le bouton étant masqué par l'arrière-plan, insérez le bouton sur la diapositive.

→ Utilisez la **Vérification du minutage** : cliquez sur la diapositive pour passer à l'effet ou à la diapositive suivante. Revenez dans la configuration du diaporama et demandez un déroulement *Manuel*. Enregistrez sous le nom `Epices-17-R` puis fermez la présentation.

PARTIE 3
CAS PRATIQUES

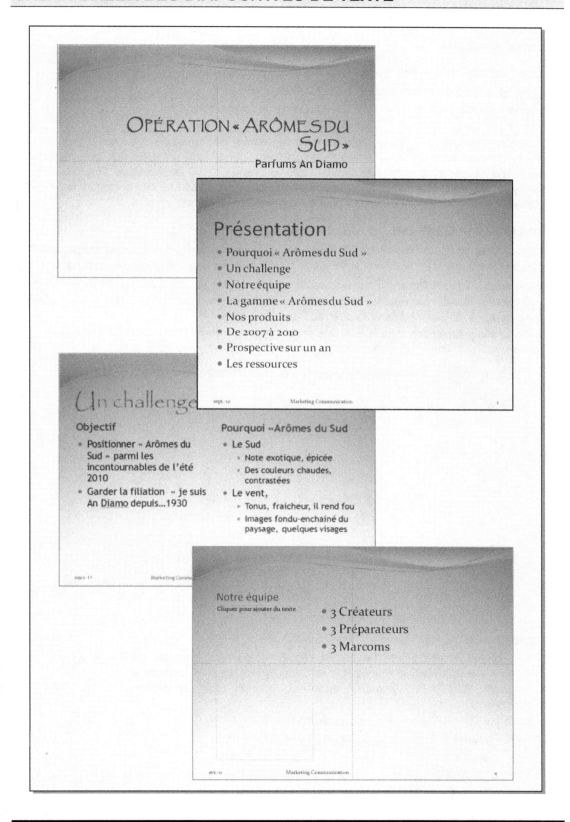

CAS 1 : CRÉER DES DIAPOSITIVES DE TEXTE

Fonctions utilisées

– *Saisir des titres et des sous-titres*

– *Texte à puces à plusieurs niveaux*

– *Ajouter des diapositives*

– *Modifier les dispositions*

– *Modifier le thème*

– *Imprimer les diapositives*

20 mn

Vous allez créer une présentation en ajoutant, à la première diapositive de titre, deux diapositives qui seront destinées au texte. Vous choisirez alors un thème qui déterminera le jeu des couleurs, le jeu des polices et les emplacements de différentes zones prédéfinies sur la diapositive. En utilisant le volet plan, vous ajouterez une diapositive supplémentaire avec du texte. Cette présentation de quatre diapositives servira de point de départ pour les cas pratiques suivants.

COMMENCEZ PAR CRÉER UNE NOUVELLE PRÉSENTATION

Si vous venez de lancer PowerPoint 2010, une nouvelle présentation a été créée automatiquement. Si vous avez déjà une présentation affichée, vous pouvez en créer une autre de la façon suivante :

■ Cliquez sur l'onglet **Fichier** [Fichier] puis sur la commande **Nouveau**. Dans le volet droit qui s'affiche, cliquez sur **Nouvelle présentation**. Vous pouvez aussi cliquer sur l'outil *Nouveau* dans la barre d'outils *Accès rapide*. S'il est installé, utilisez le raccourci (Ctrl+N).

Une nouvelle présentation s'ouvre avec une seule diapositive vierge dont la disposition s'appelle *Diapositive de titre*. Elle contient deux espaces réservés pour du texte : titre et sous-titre.

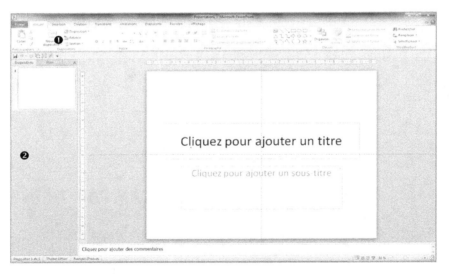

Ajoutez deux nouvelles diapositives pour y saisir du texte.

■ Sous l'onglet **Accueil**>groupe **Diapositives**, cliquez sur le bouton **Nouvelle diapositive ❶**. Ajoutez une seconde diapositive par le raccourci Ctrl+M. Le volet à gauche de la fenêtre**❷** , sous l'onglet **Diapositives**, permet de visualiser les miniatures des diapositives.

Ajoutez ensuite deux autres diapositives avec le raccourci.

Le volet à gauche ❷ affiche les cinq miniatures de diapositives.

■ Enregistrez sous le nom `An Diamo-0-R` en utilisant le bouton *Enregistrer* de la barre d'outils *Accès rapide*, dans le dossier `Documents/Mes Documents`.

CAS 1 : CRÉER DES DIAPOSITIVES DE TEXTE

INSÉREZ DU TEXTE SUR LA DIAPOSITIVE DE TITRE

Dans le volet de gauche, sous l'onglet **Diapositives**, cliquez sur la miniature de la première diapositive, puis dans l'espace réservé pour le titre de la diapositive. Sous l'onglet **Accueil**>groupe **Police**, notez que la police est *Calibri (en-tête)* taille 44, cliquez dans l'espace réservé au sous-titre et notez que la police est Calibri *(Corps)* taille 32.

En effet, le thème par défaut d'une nouvelle présentation est *Office* ; dans ce thème, la police prévue aussi bien pour les en-têtes que pour le corps du texte est *Calibri*.

- Cliquez dans l'espace réservé au titre et tapez `Opération «Arômes du Sud»`. Puis, cliquez dans l'espace réservé au sous-titre et saisissez `Parfums An Diamo`. Enfin, cliquez à l'extérieur de l'espace réservé pour supprimer la sélection.

- Dans le volet de gauche sous l'onglet **Diapositives**, cliquez sur la seconde diapositive. Sa disposition est différente de la première. Elle comprend ❶ une zone de titre, ❷ un grand espace réservé avec une invite à saisir du texte. Ce texte est mis en forme avec une puce. Au milieu de l'espace réservé, des icones ❸ permettant d'insérer en lieu et place du texte différents objets.

INSÉREZ DU TEXTE DANS LA DEUXIÈME DIAPOSITIVE

- Cliquez dans l'espace réservé au titre, puis tapez `Présentation`.
- Cliquez dans l'espace réservé au texte, puis tapez `Pourquoi «Arômes du Sud»` et appuyez sur ⏎ pour aller à la ligne.

L'espace entre les paragraphes est défini par le thème (ici *Office*). Vous verrez plus tard comment le modifier.

- Tapez `Un challenge` ⏎. Tapez `Notre équipe` ⏎. Tapez ensuite les cinq lignes suivantes ❹, puis cliquez en dehors de ce cadre pour terminer.

MODIFIEZ LA DISPOSITION POUR LA TROISIÈME DIAPOSITIVE

- Appuyez sur ⬇ pour afficher la diapositive suivante, ou cliquez sur la miniature de la troisième diapositive dans le volet de gauche sous l'onglet **Diapositives**.
- Sous l'onglet **Accueil**>groupe **Diapositives**, cliquez sur le bouton **Disposition**. Dans la galerie qui s'affiche, choisissez la disposition *Comparaison*.

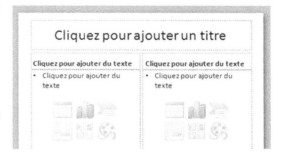

CAS 1 : CRÉER DES DIAPOSITIVES DE TEXTE

- Cliquez dans l'espace réservé au titre et tapez `Un challenge`.
- Cliquez dans l'espace réservé au sous-titre de gauche et tapez `Objectif`. Puis, cliquez dans l'espace réservé au-dessous et tapez `Positionner « Arômes du Sud » parmi les incontournables de l'été 2010`, puis appuyez sur ⏎. Tapez `Garder la filiation « je suis An Diamo depuis...1930`.

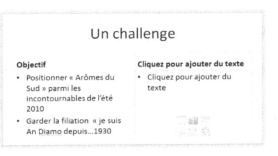

UTILISEZ UN DEUXIÈME NIVEAU DE TEXTE

- Cliquez dans l'espace réservé au sous-titre de droite, puis tapez `Pourquoi «Arômes du Sud»`. Cliquez dans l'espace réservé au-dessous et tapez `Le Sud` et appuyez sur ⏎.
- Appuyez sur la touche `Tab` pour augmenter le retrait, puis tapez `Note exotique, épicée` ⏎. Tapez `Des couleurs chaudes contrastées`, ce paragraphe est au même niveau que le précédent. Appuyez sur ⏎.
- Cliquez sur le bouton **Réduire le niveau de liste** ❶ (dans le groupe **Paragraphe**). Le paragraphe reprend le premier niveau de puce. Tapez `Le vent parfumé` ⏎.
- Appuyez sur `Tab`, tapez `Tonus, fraîcheur, il rend fou` ⏎. Appuyez sur `Maj`+`Tab`, puis tapez `Images fondu-enchaîné de paysages et quelques visages`. Cliquez en dehors des cadres.

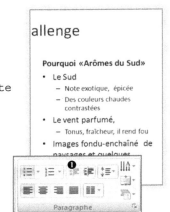

CHANGEZ LE THÈME

- Rappelez-vous que le thème par défaut est *Office*, un thème est un ensemble de mises en forme, prédéfinies, regroupant un jeu de couleurs, un jeu de deux polices de caractères (une dite *En-têtes* qui sert aux titres, une dite *Corps* qui sert pour les textes), le format des puces et certaines organisations d'espaces réservés.
- Pour changer le thème, sous l'onglet **Création**>groupe **Thèmes**, amenez le pointeur sur les différents thèmes de la première ligne pour en visualiser l'effet sur la diapositive. Finalement, cliquez sur le thème *Débit*, la vignette bleue.
- Enregistrez la présentation par le raccourci `Ctrl`+S.

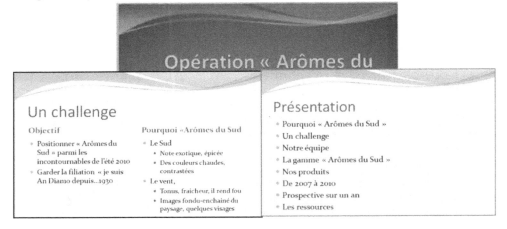

CAS 1 : CRÉER DES DIAPOSITIVES DE TEXTE

Saisissez le texte de la diapositive dans le volet plan

- Cliquez sur l'onglet **Plan**. Cliquez-glissez le bord droit du volet pour l'élargir. Notez que le volet peut avoir presque toute la largeur de la fenêtre. Le nom des onglets ne s'affiche pas lorsque la largeur du volet est réduite.

- Vous allez insérer une diapositive : positionnez le curseur après le dernier s de `visages` ❶ puis tapez Ctrl+↵, pour insérer un titre de diapositive. Cela revient à insérer une diapositive.

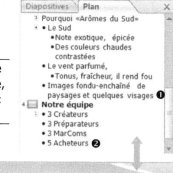

Dans le mode plan, Ctrl+↵ permet de passer dans l'espace de texte suivant. Si vous êtes dans le dernier espace de texte de la diapositive, l'espace de texte suivant sera le titre d'une nouvelle diapositive, donc une nouvelle diapositive.

- Dans le groupe **Diapositives**, cliquez sur le bouton **Disposition**, sélectionnez *Contenu avec légende*. Tapez le titre `Notre équipe`, puis tapez Ctrl+↵ et tapez `3 Créateurs` ↵ `3 Préparateurs` ↵ `3 MarComs` ↵ `5 Acheteurs` ❷.

- Insérez deux diapositives après la diapositive en cours `Notre équipe` en travaillant dans le volet **Plan**. Pour cela : positionnez le curseur après le mot `Acheteurs`, tapez deux fois sur Ctrl+↵, pour créer un nouveau titre (donc une nouvelle diapositive). Tapez ↵ deux fois pour créer deux nouvelles diapositives.

La disposition comprend un titre et deux zones de texte. En tapant sur Ctrl+↵, vous passez dans l'ordre, du titre aux zones de texte puis à une nouvelle diapositive.

- Passez en mode *Trieuse* en cliquant sur le bouton ⊞ *Trieuse de diapositive*, situé sur la barre d'affichage rapide. Cliquez plusieurs fois sur l'outil ⊕ *Zoom avant* pour agrandir les vignettes, réduisez ensuite en cliquant sur ⊖ *Zoom arrière*. Faites ensuite glisser le curseur de zoom, pour ajuster la taille des vignettes à votre convenance.

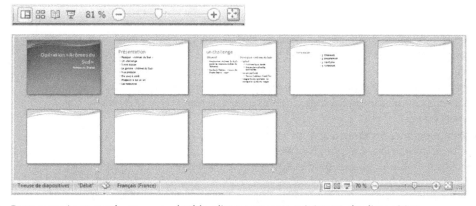

- Pour revenir en mode *Normal,* double-cliquez sur une miniature de diapositive.

Naviguez dans les diapositives

- Dans le volet de gauche, cliquez sur l'onglet **Diapositives**.

Affichez une diapositive particulière

- Faites défiler les miniatures dans le volet **Diapositives**, puis cliquez sur la vignette de la diapositive que vous voulez afficher.

CAS 1 : CRÉER DES DIAPOSITIVES DE TEXTE

Passez d'une diapositive à l'autre

- Cliquez sur les flèches ⬆ *Diapositive précédente* ou ⬇ *Diapositive suivante* situées en bas de la barre de défilement vertical.
- Affichez la dernière diapositive : appuyez sur ⌈Ctrl⌉+⌈Fin⌉.
- Affichez la première diapositive : appuyez sur ⌈Ctrl⌉+⌈↑⌉.

Supprimez et déplacez des diapositives

- Passez en mode *Trieuse de diapositives* afin de réorganiser les diapositives de la présentation. Pour ce faire, cliquez sur le bouton 🖳 *Trieuse de diapositive*, situé sur la barre d'affichage rapide puis en cliquant plusieurs fois sur le bouton *Zoom avant*, sélectionnez un zoom de 80 %.

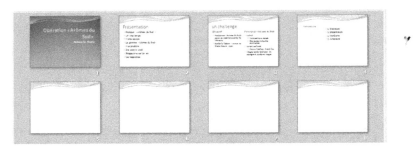

- À titre d'exercice, cliquez sur la diapositive n°1 et faites-la glisser en troisième position.

- À titre d'exercice, déplacez la diapositive n°5 vide en deuxième position et la diapositive n°6 vide en quatrième position.

RÉORGANISEZ ET SUPPRIMEZ DES DIAPOSITIVES EN MODE NORMAL

Vous pouvez réorganiser aussi les diapositives dans le volet Diapositives /Plan.

- Repassez en affichage mode *Normal*. Dans le volet de gauche, sous l'onglet Diapositives, faites glisser la diapositive de titre au début de la présentation.
- Sélectionnez les deux diapositives vides n°2 et n°4 ensemble ; pour cela : maintenez appuyée la touche ⌈Ctrl⌉ en cliquant successivement sur les diapositives, puis relâchez la touche ⌈Ctrl⌉. Tapez ensuite sur ⌈Suppr⌉ pour les supprimer.
- Vous allez supprimer les deux diapositives encore vides par un autre procédé ❶ dans le volet de gauche, sous l'onglet Diapositives sélectionnez ensemble les diapositives n°5 et n°6, cliquez droit et choisissez la commande Supprimer la diapositive.
- Il ne reste plus que quatre diapositives ❶. La diapositive de titre en tête de la présentation et la diapositive `Notre équipe` en dernière position.
- Enregistrez sous `An Diamol-R` pour conserver les modifications.

MODIFIEZ LE THÈME DE LA PRÉSENTATION

Pour suggérer les couleurs épicées et chaudes, vous allez changer non pas le thème, mais les couleurs et les polices du thème pour en chercher de plus originales.

CAS 1 : CRÉER DES DIAPOSITIVES DE TEXTE

Modifiez les couleurs du thème

- Amenez le pointeur sur la diapositive de titre.
- Sous l'onglet **Création**>groupe **Thèmes**, cliquez sur le bouton **Couleurs**, amenez le pointeur sur un jeu de couleurs sans cliquer et observez l'effet sur la diapositive de titre affichée. Faites la même chose, en ayant cliqué sur une diapositive de texte.
- Cliquez sur le jeu de couleurs *Solstice*.

Modifiez l'arrière-plan des diapositives

- Passez en mode *Trieuse*, pour visualiser simultanément la diapositive de titre et celles de texte.
- Changez l'arrière-plan, par exemple pour un dégradé : cliquez sur le bouton **Styles d'arrière-plan** (dans le groupe **Arrière-plan**), et choisissez le *Style 6*.

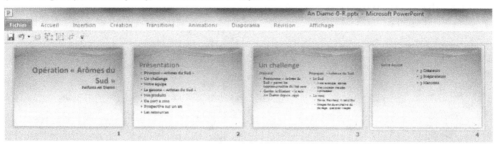

Modifiez la couleur des polices

- Double-cliquez sur la diapositive de titre puis sélectionnez la zone de titre. Changez la couleur de la police pour *Brun Tanné, Arrière-plan 2, plus sombre 75%*.
- Affichez le masque des diapositives en utilisant le raccourci : appuyez sur la touche Maj en cliquant sur le bouton d'affichage *Normal* situé sur la barre d'affichage rapide.
- Cliquez sur la racine du masque (première miniature du masque), sélectionnez le contour de la zone de titre. Puis, sous l'onglet **Accueil**>groupe **Police**, cliquez sur la **flèche** du bouton **Couleur de police** et changez la couleur de la police pour *Brun tanné, Arrière-plan 2, plus sombre 75%*. Ce changement de couleur des caractères du titre dans la racine du masque s'appliquera à tous les titres de toutes les diapositives. Faites la même chose sur la disposition de la diapositive de titre.

La racine du masque permet, par exemple, de modifier la couleur des caractères ou l'arrière-plan de la zone de titre ou de la zone texte ; ces modifications s'appliquent alors sur toutes les diapositives.

- Repassez en affichage *Normal* : bouton *Normal* dans la barre d'affichage rapide. Onglet **Création**>groupe **Thèmes**, cliquez sur le bouton **Polices.** Passez le pointeur sur les différents jeux de police, visualisez les effets sur la diapositive en cours.
- Vous allez créer votre propre jeu de polices ; pour cela : à la fin des jeux de polices, cliquez sur la commande Nouvelles polices de thème.... Dans le dialogue qui s'affiche, choisissez pour la police de titre : *Papyrus* (ou *Microsoft Sans Serif* si vous n'avez pas la police *Tempus sans ITC*) et pour la police de corps de texte : *Trébuchet MS*. Dans la zone <Nom>, changez Personnalisé1 par Désert. Cliquez sur [Enregistrer]. Vous avez créé votre propre jeu de polices, il se nomme Désert. Et il est appliqué à la présentation. Enregistrez par Ctrl+S.

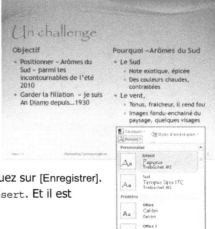

CAS 1 : CRÉER DES DIAPOSITIVES DE TEXTE

INSÉREZ DES INFORMATIONS PIED DE PAGE SUR LA PRÉSENTATION

Vous allez ajouter la date du jour, le numéro de diapositive et un pied de page sur toutes les diapositives, sauf la première, la page de titre.

■ Sous l'onglet **Insertion**>groupe **Texte**, cliquez sur le bouton **En-tête et pied de page**.

Dans le dialogue qui s'affiche :

■ Cochez <☑ Date et heure> puis <⊙ Mise à jour automatique>.

■ Déroulez la liste de format de date et sélectionnez le septième format pour la date.

■ Cochez <☑ Numéro de diapositive> et <☑ Pied de page>.

■ En dessous, tapez `Marketing Communication`.

■ Cochez <☑ Ne pas afficher sur la diapositive de titre>.

■ Cliquez sur [Appliquer partout].

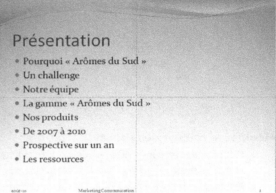

Les informations apparaissent dans ce thème, au bas de chaque diapositive, sauf sur la diapositive de titre. La date sera mise à jour chaque fois que vous ouvrirez la présentation.

ENREGISTREZ LA PRÉSENTATION DANS VOTRE DOSSIER D'EXERCICES

■ Passez en mode *Trieuse de diapositives* pour visualiser le résultat : à l'aide du bouton de la barre d'affichage rapide, sélectionnez un zoom de 100 %.

Vous allez enregistrer la présentation sous le nom `An Diamo-1-R`, dans le dossier `Favoris \Exercices PowerPoint 2010` : cliquez sur l'onglet **Fichier**, puis sur **Enregistrer sous**, le dialogue *Enregistrer sous* s'affiche.

Le dossier `Favoris\Exercices PowerPoint 2010` est celui qui contient les fichiers des exercices. Vous devez l'avoir créé.

– Double-cliquez sur le dossier `Exercices PowerPoint 2010`, dont le raccourci est visible sous le dossier `Favoris`.

– Dans la zone <Nom de Fichier>, saisissez `An Diamo-1-R`. Cliquez sur [Enregistrer].

CAS 1 : CRÉER DES DIAPOSITIVES DE TEXTE

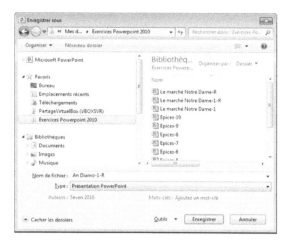

IMPRIMEZ LA PRÉSENTATION

- Cliquez sur le bouton 🖶 *Impression rapide* de la barre d'outils *Accès rapide* ; vous lancez une impression rapide, c'est-à-dire sans passer par le dialogue permettant de paramétrer l'impression. Par défaut, la présentation sera imprimée avec une diapositive sur chaque page, en orientation paysage.

- Il est recommandé de demander un aperçu avant l'impression : cliquez sur l'onglet **Fichier** puis sur **Imprimer**, le panneau de droite présente un aperçu de la présentation telle qu'elle sera imprimée.

  Vous pouvez imprimer un document de plusieurs diapositives par page, elles sont alors par défaut en orientation *Portrait*. Vous allez changer l'orientation en *Paysage*.

- Dans le volet central, sous **Paramètres**, cliquez sur le 2e bouton et, sous **Documents**, sélectionnez *4 diapositives horizontales*.

- Cliquez sur le 4e bouton et sélectionnez *Orientation Paysage*.

- Cliquez sur le bouton *Imprimer* en haut du panneau central.

Vous allez imprimer deux diapositives par page, mais avec un dégradé de gris.

- Cliquez sur l'onglet **Fichier** puis sur **Imprimer**. Dans le panneau central, sous **Paramètres** :

- cliquez sur le 1er bouton et sélectionnez *Imprimer tous les diapositives* ;

- cliquez sur le 2e bouton et, sous **Documents**, sélectionnez *2 diapositives* ;

- cliquez sur le 4e bouton et sélectionnez *Orientation Portrait* ;

- cliquez sur le 5e bouton, et sélectionnez *Nuances de gris*.

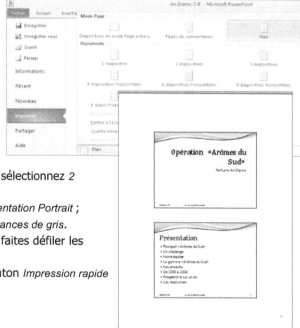

- Visualisez l'impression dans le volet droit et faites défiler les pages.

- Cliquez sur le bouton *Imprimer*, ou sur le bouton *Impression rapide* de la barre d'outils *Accès rapide*.

- Fermez la présentation.

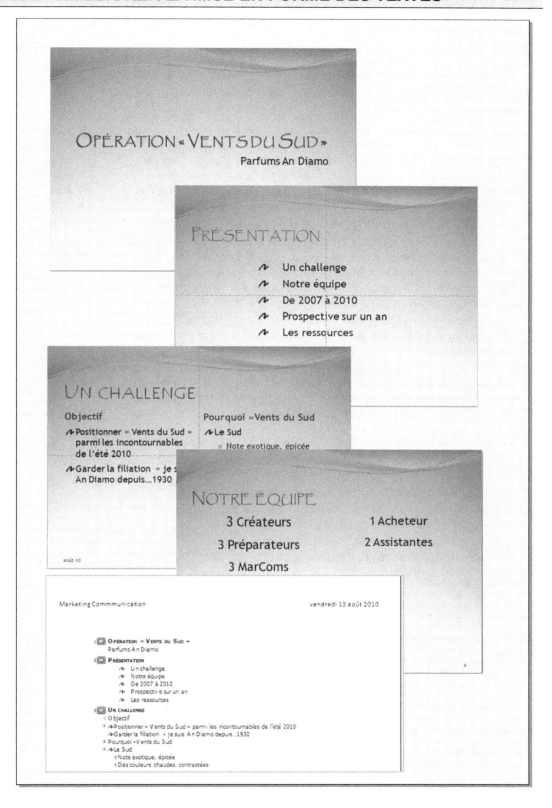

CAS 2 : AMÉLIORER LA MISE EN FORME DES TEXTES

Fonctions utilisées

– *Modifier la racine du masque*   – *Modifier le retrait et l'alignement*

– *Modifier des dispositions dans le masque* – *Déplacer du texte*

– *Modifier les puces de paragraphes*   – *Vérifier l'orthographe*

20 mn

Vous allez améliorer la mise en forme des textes et des espaces réservés aux textes dans les diapositives, principalement la mise en forme des paragraphes et les arrière-plans. Pour éviter d'avoir à répéter les mises en forme sur chaque diapositive, vous allez les effectuer dans le masque.

- Ouvrez `An Diamo-2` et enregistrez sous `An Diamo-2-R`.

Le masque est l'infrastructure de la présentation. Il se compose ❶ d'une «racine » et ❷ de plusieurs « dispositions des contenus » dont chacune définit une organisation particulière des éléments qui la composent. Toute modification d'une disposition est immédiatement répercutée sur toutes les diapositives qui en dépendent.

- Passez en mode d'affichage du masque des diapositives : sous l'onglet **Affichage**>groupe **Affichage des présentations**, cliquez sur le bouton **Masque des diapositives**.

- Observez, dans le volet gauche de la fenêtre, les miniatures de la racine ❶ (la première) et des différentes dispositions ❷ en retrait sous la racine. Pour modifier la racine, cliquez sur la miniature de la racine (la première). Pour modifier une disposition, cliquez sur la miniature de la disposition.

MODIFIEZ LA CASSE DES TITRES SUR TOUTES LES DIAPOSITIVES

- Cliquez sur la miniature de la racine du masque : la racine apparaît dans le volet de droite de la fenêtre.

- Cliquez sur le contour de la zone de titre, puis sous l'onglet **Accueil**>groupe **Police**, cliquez sur le **lanceur** du groupe ❶, cochez <☑ Petites majuscules>. [OK].

- Cliquez sur la miniature de la disposition *Diapositive de titre*. Cliquez sur le contour de la zone de sous-titre, cochez la case <☑ Petites majuscules>, [OK].

Le nom de la disposition apparaît dans une infobulle lorsque vous amenez le pointeur sans cliquer sur la miniature dans le volet de gauche.

MODIFIEZ L'ESPACEMENT DES PARAGRAPHES SUR TOUTES LES DIAPOSITIVES

- Dans la racine du masque, sélectionnez tous les paragraphes de l'espace réservé de texte (ou cliquez sur le contour de l'espace réservé), puis sous l'onglet **Accueil**>groupe **Paragraphe**, cliquez sur le **Lanceur** du groupe. Dans le dialogue, sous **Espacement**, spécifiez <Avant> = 9 et <Après>= 0 (l'unité implicite étant en pt) pour espacer chaque paragraphe du précédent.

MODIFIEZ LES RETRAITS DE LA PUCE ET DU TEXTE POUR CERTAINES DIAPOSITIVES

Vous allez faire cette modification dans la disposition *Titre et contenu*, elle affectera seulement les textes à puces des diapositives basées sur cette disposition.

- Cliquez sur la miniature de la disposition *Titre et contenu* (en 3e position dans le masque). Ensuite, dans le volet de droite, cliquez dans le paragraphe à puces de 1er niveau.

CAS 2 : AMÉLIORER LA MISE EN FORME DES TEXTES

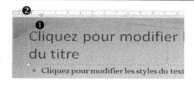

- Repérez sur la gauche de la règle deux taquets, l'un en haut (pointe vers le bas) qui marque la position de la puce du paragraphe, l'autre en bas (pointe vers le haut) qui marque la position du texte. Ces positions indiquent une distance en cm par rapport au bord de l'espace réservé de texte.

- Sur la règle, déplacez la base rectangulaire sous le taquet du bas ❶ jusque sur la graduation 4 (en cm). Le déplacement de la base de ce taquet entraîne le déplacement des deux taquets, donc change à l'unisson les retraits de la puce et du texte en conservant l'écart entre la puce et le texte.

- Après le déplacement précédent, le taquet du haut est placé sur 3,25. Déplacez le taquet du haut ❷ vers la gauche sur 2. Le déplacement du taquet du haut seul, ne modifie que le retrait de la puce par rapport au bord de l'espace réservé : il accroît ou diminue l'espace entre la puce et le texte.

- Cliquez dans le paragraphe puce de niveau 2, positionnez le taquet bas sur 5 et le haut sur 4.

MODIFIEZ LE TYPE DES PUCES POUR TOUTES LES DIAPOSITIVES

Vous allez faire les modifications de puce dans la racine du masque, elles affecteront donc tous les textes à puces de toutes les diapositives.

- Toujours dans le masque, cliquez sur la miniature de la Racine, cliquez dans le texte à puces de premier niveau. Sous l'onglet **Accueil**>groupe **Paragraphe**, cliquez sur la **flèche** du bouton **Puces** puis, dans le menu qui se déroule, cliquez sur Puces et numéros...

- Dans le dialogue, cliquez sur le bouton [Image]. Faites défiler les puces-images, jusqu'à faire apparaître la vignette *Gribouillage*, cliquez sur cette vignette.

- Faites la même chose pour le paragraphe à puces de second niveau, et choisissez la puce image *spirale rose* (utilisez la fonction recherche du dialogue *Puces graphiques*).

- Revenez à l'affichage des diapositives pour voir l'effet des modifications effectuées dans le masque sur les diapositives. Pour cela : cliquez sur le bouton *Normal* dans la barre d'Affichage Rapide.

- Faites défiler les diapositives pour visualiser le résultat. Enregistrez les modifications.

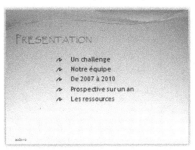

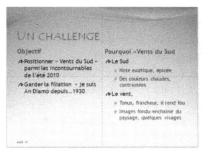

Le retrait des paragraphes de niveau 1 n'est pas le même sur la diapositive Un challenge et sur la diapositive Présentation. Pourquoi ? Elles ne sont pas basées sur la même disposition. Or, la modification du retrait n'a été définie que sur la disposition Titre et contenu (disposition de la diapositive Présentation).

MODIFIEZ LA TAILLE DES POLICES ET L'ALIGNEMENT DU TEXTE DANS UNE DIAPOSITIVE

La diapositive n°4 est mal équilibrée. Nous y insérerons des images plus tard, mais la disposition des éléments et la mise en forme du texte peuvent déjà être améliorées.

- Positionnez-vous sur la diapositive et changez sa disposition : sous l'onglet **Accueil**>groupe **Diapositives**, cliquez sur le bouton **Disposition** et choisissez la disposition *Deux contenus*.

CAS 2 : AMÉLIORER LA MISE EN FORME DES TEXTES

- Sélectionnez tous les textes dans l'espace réservé de gauche. Sous l'onglet **Accueil**>groupe **Polices,** augmentez la taille de la police à 30 pts (tapez 30 dans <Taille de police>).
- Sous l'onglet **Accueil**>groupe **Paragraphe**, cliquez sur la **flèche** du bouton **Puces** puis cliquez sur la vignette *Aucun*. Cliquez ensuite sur le bouton **Centrer**.
- Cliquez sur le **Lanceur** du groupe **Paragraphe**, dans le dialogue sous Espacement, spécifiez <Avant> = 18 pts. Cliquez sur [OK] pour valider.
- Cliquez sur l'onglet Plan du volet de gauche. Placez le curseur à la fin du texte de la diapositive n°4. Tapez sur Entrée puis tapez : 1 Acheteur Entrée, 2 Assistantes Entrée 1 Graphiste.

RECHERCHEZ ET REMPLACEZ DU TEXTE DANS TOUTES LES DIAPOSITIVES

Vous allez modifier le nom de la gamme de produit dans toutes les diapositives concernées.

- En mode *Normal*, cliquez sur la diapositive de titre et changez le mot Arômes par Vents.

Vous voulez ensuite changer dans toutes les diapositives, le mot Arômes par le mot Vents.

- Sous l'onglet **Accueil**>groupe **Modification**, cliquez sur le bouton **Remplacer**. Le dialogue *Remplacer* s'affiche.
- Dans la zone <Rechercher>, tapez Arômes, dans la zone <Remplacer par>, tapez Vents.
- Cliquez sur [Suivant], vérifiez que la prochaine diapositive contenant le mot Arômes a été sélectionnée et cliquez sur [Remplacer]. Continuez pour remplacer une à une les occurrences du mot Arômes jusqu'au message de fin de recherche auquel vous répondez par [OK]. Fermez le dialogue *Remplacer* en cliquant sur [Fermer] ou en tapant Echap.

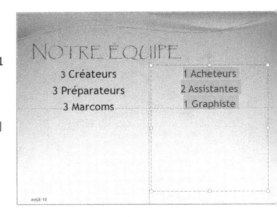

[Remplacer Tout] remplace d'un coup toutes les occurrences du mot dans toutes les diapositives.

FAITES DIVERSES RECTIFICATIONS POUR ÉQUILIBRER LES TEXTES

- Affichez la diapositive n°4. Sélectionnez les trois derniers paragraphes de texte : cliquez avant le 1 de 1 Acheteur, puis faites glisser le pointeur jusqu'à la fin du dernier paragraphe.
- Sous l'onglet **Accueil**>groupe **Presse-papiers**, cliquez sur le bouton **Couper** ou appuyez sur Ctrl +X. Cliquez ensuite dans la zone de texte de droite et cliquez sur **Coller** (du groupe **Presse-papiers**) ou appuyez sur Ctrl+V.
  Vous pouvez aussi glisser-déplacer le bloc de texte : cliquez-glissez la zone sélectionnée dans la zone de texte de droite.

La mise en forme des paragraphes coupés (Aucune puce et centré) est conservée dans les paragraphes coupés-collés.

DÉPLACEZ UN PARAGRAPHE AU SEIN D'UNE DIAPOSITIVE

- Positionnez vous sur la diapositive n°2, en utilisant *Diapositive précédente* sur la barre de défilement verticale à droite de la fenêtre.

CAS 2 : AMÉLIORER LA MISE EN FORME DES TEXTES

- Triple-cliquez sur le paragraphe `Nos produits` pour le sélectionner (double-clic sélectionne le mot, triple-clic sélectionne le paragraphe). Puis, faites glisser la sélection, jusqu'en tête de la liste (la barre d'insertion verticale doit être devant la première lettre du premier paragraphe de la liste).
- Déplacez `Pourquoi «Vents du Sud»` en quatrième position, par un autre procédé : cliquez sur la puce du paragraphe à déplacer, puis faites glisser jusque sous `La gamme «Vents du Sud»`.
- Cliquez en dehors des zones de texte pour terminer.

SUPPRIMEZ DU TEXTE

- Triple-cliquez sur `La gamme «Vents du Sud»` pour sélectionner ce paragraphe, puis `Suppr`.
- Supprimez les paragraphes `Nos produits` et `Pourquoi «Vents du Sud»`.
- Cliquez en dehors des zones de texte de cette diapositive, puis appuyez sur `Ctrl`+`Fin` pour afficher la dernière diapositive.
- Dans la diapositive `Notre équipe`, cliquez après le `e` du mot `Graphiste` puis appuyez sur `←` autant de fois qu'il le faut pour supprimer `1 Graphiste`, jusqu'à ce que le curseur soit remonté à la fin de la ligne précédente.

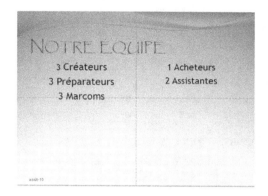

AFFICHEZ LES REPÈRES ET CENTREZ LA ZONE DE LISTE À PUCES

- Cliquez droit sur le bord de la diapositive (en dehors des zones de texte), puis sur Grilles et repères... Dans le dialogue, cochez <☑ Afficher les repères de dessin à l'écran>, puis [OK].
- Dans la diapositive N° 2 : cliquez sur le contour de la zone texte, puis cliquez-glissez la poignée carrée au milieu du bord droit vers la gauche jusqu'à 4,5 sur la règle, pour ajuster la largeur.
- Par un cliquer-glisser du contour (en dehors des poignées), faites glisser la zone de façon à ce que la poignée centrale du bord haut soit sur le repère vertical.
  À titre d'exercice, déplacez la zone vers la droite pour l'excentrer puis centrez-la autrement en cliquant sur **Aligner** (onglet **Outils de Dessin/ Format**>groupe **Organiser**) puis sur Centrer.
  À titre d'exercice, déplacez le cadre sélectionné en utilisant les touches de direction fléchées du clavier, c'est une façon très précise de positionner un cadre.
- Faites glisser la poignée centrale du bord inférieur jusque sous la dernière ligne du texte pour réduire la hauteur de la zone. Cliquez-glissez la zone de texte (le contour) légèrement vers le bas, en la gardant centrée sur le repère vertical. Cliquez en dehors de cette zone de texte.

APPLIQUEZ UN JEU DE POLICES

- Sous l'onglet **Création**>groupe **Thème**, cliquez sur le bouton **Polices**, vérifiez que le jeu de police *Desert* correspond bien à votre définition.
- Ensuite, dans le masque des diapositives, dans la Racine attribuez `36` pts à la police du titre et sur la *Diapositive de titre*.

CAS 2 : AMÉLIORER LA MISE EN FORME DES TEXTES

VÉRIFIEZ L'ORTHOGRAPHE

- Sous l'onglet **Révision**>groupe **Vérification**, cliquez sur le bouton **Orthographe** ou F7.

Dès qu'une faute d'orthographe est repérée, un dialogue s'affiche :

Vous avez alors plusieurs possibilités :

- Corriger le mot dans <Remplacer par> ou sélectionner une des suggestions, puis cliquer sur [Remplacer] ou [Remplacer tout].

Le bouton [Ignorer] ne corrige pas le mot et poursuit la recherche. Le bouton [Ajouter] ajoute le mot au dictionnaire personnel, il ne sera plus détecté comme un mot suspect par la suite.

À la fin de la vérification, un message *La vérification est terminée* s'affiche, cliquez sur [OK].

- À titre d'exercice, introduisez volontairement des fautes d'orthographe dans les textes des différentes diapositives, puis effectuez une correction orthographique.

ENREGISTREZ LES MODIFICATIONS

- Visualisez la présentation en mode *Trieuse*, en cliquant sur le bouton *Trieuse* de la barre d'Affichage rapide.
- En passant par l'onglet **Fichier** , enregistrez sous le nom `An Diamo-2-R`, dans le dossier `Favoris/Exercices PowerPoint 2010`.

IMPRIMEZ LE PLAN DE LA PRÉSENTATION

Passez en mode *Normal*, le texte hiérarchisé de la présentation s'affiche dans le volet de gauche sous l'onglet Plan. Pour imprimer ce plan :

- Cliquez sur l'onglet **Fichier** puis sur **Imprimer**, le panneau impression s'affiche. Avec ses quatre boutons d'options sous Paramètres.
- Cliquez sur le deuxième bouton puis sur l'icône *Plan*. Visualisez l'Aperçu avant impression dans le panneau de droite.
- Cliquez sur le quatrième bouton et sélectionnez *Orientation Paysage*.
- Cliquez sur le lien en dernière ligne, Modifiez l'en-tête et le pied de page... Dans le dialogue, sous l'onglet **Commentaires et documents**, cochez <☑ Date et heure> puis <⊙ Mise à jour automatique> puis, dans la zone déroulante au-dessous, sélectionnez le deuxième format. Cochez <☑ En-tête de page> et tapez `Marketing Communication`. Validez par [Appliquer partout].
- Cliquez sur l'icône *Imprimer* pour lancer l'impression du plan. Enfin fermez sans enregistrer.

Vous pouvez imprimer sans passer par le dialogue *Imprimer* : cliquez sur le bouton *Impression rapide* de la barre d'outils *Accès rapide*. Vous pouvez aussi appuyer sur Ctrl+P.
L'impression rapide utilise les options d'impression utilisées lors de la précédente impression.

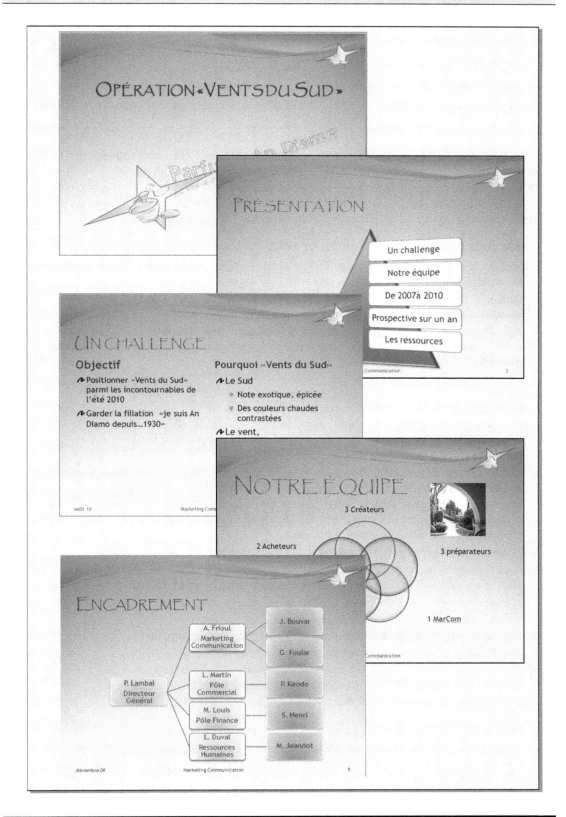

CAS 3 : PRÉSENTATION AVEC DESSINS ET DIAGRAMMES

Fonctions utilisées

– *Rechercher un clipart*

– *Dessiner avec des éléments de cliparts*

– *Créer des titres avec WordArt*

– *Insérer une photo*

– *Diagramme SmartArt de liste*

– *Modifier le pied de page de diapositive*

20 mn

Vous allez créer un dessin logo pour nos nouveaux parfums. Pour cela, vous utiliserez des formes et des parties d'images que vous allez modifier et associer.

Ouvrez `An Diamo-3` puis enregistrez-le sous le nom `An Diamo-3-R`. Insérez une diapositive disposition *Vide* à la fin de la présentation. Elle vous servira de « table de travail » pour fabriquer les dessins. Notez que vous pouvez aussi utiliser l'espace situé autour de la diapositive.

- **FABRIQUEZ UN DESSIN QUI SERVIRA DE LOGO**

  - Ajoutez le bouton *Formes* à la barre d'outils *Accès rapide*, pour cela : sous l'onglet **Insertion**>groupe **Illustrations**, cliquez droit sur **Formes** puis sur Ajouter à la barre d'outils Accès rapide.

  - Cliquez ensuite sur l'outil *Formes* dans la barre d'outils *Accès rapide*. Dans la galerie, sous **Etoiles et bannières**, cliquez sur *Etoile à 4 branches* puis cliquez dans la diapositive.

  - Agrandissez l'image en conservant les proportions, pour cela : appuyez sur Maj en faisant glisser une des poignées d'un des coins. Agrandissez-la jusqu'à ce qu'elle couvre environ un quart de la diapositive.

  - Cliquez-glissez la poignée centrale du bord supérieur vers le bas de façon à aplatir l'étoile, pour arriver à une taille de 12 cm sur 6 cm. Aidez-vous de la règle verticale pour évaluer la hauteur. Pour appliquer exactement cette taille, renseignez les zones **<Hauteur de la forme>** *et* **<Largeur de la former>** du Ruban (onglet **Outils Dessin/format**>groupe **Taille**).

  - L'étoile restant sélectionnée, cliquez sur la **flèche** du bouton **Remplissage de forme** (groupe **Style de formes**), puis sur la commande Dégradé, puis sur la commande Plus de dégradés... Dans le dialogue, cochez <⊙ Remplissage dégradé> puis, au-dessous, cliquez sur le bouton [Couleurs prédéfinies] et choisissez *Chaume* ; cliquez sur le bouton [Type] et choisissez *Radial* ; cliquez sur le bouton [Orientation] et choisissez la vignette *Du centre*.

Vous avez préparé un des éléments du logo, vous allez insérer et modifier un dessin.

  - Sous l'onglet **Insertion**>groupe **Illustrations**, cliquez droit sur le bouton **Images clipart**, puis dans le volet *Images clipart*. Vérifiez que <☑ Inclure le contenu Office.com> est cochée.

  - Dans la zone <Rechercher>, tapez `flacon de parfum`.

  - Dans la zone <Les résultats devraient être>, cochez <☑ Illustrations>.

  - Dans la galerie qui s'affiche, double-cliquez sur la deuxième vignette de la quatrième ligne. Le clipart s'insère au centre de la diapositive.

  - Cliquez sur le dessin et faites-le glisser dans un espace vide de la diapositive. Sous l'onglet **Outils de dessin/Format**>groupe **Organiser**, cliquez sur le bouton **Grouper** puis sur Dissocier. Un message apparaît proposant de convertir le dessin, répondez [Oui].

  - Le dessin est maintenant un objet PowerPoint. Mais, pour pouvoir en modifier les éléments, cliquez une nouvelle fois sur le bouton **Grouper** puis sur Dissocier. Tous les éléments constitutifs du dessin sont sélectionnés, vous avez donc de nombreux points blancs qui représentent autant de « poignées » pour chaque élément.

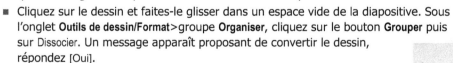

CAS 3 : PRÉSENTATION AVEC DESSINS ET DIAGRAMMES

- Cliquez en dehors du dessin pour tout désélectionner.
- Cliquez sur le fond parme du dessin, écartez-le et supprimez-le. Supprimez aussi les traits représentant des odeurs. Sélectionnez à nouveau tous les éléments du dessin, de la façon suivante : cliquez-glissez un rectangle autour des éléments avec la souris, puis cliquez sur le bouton **Grouper** puis sur Grouper.
- Définissez comme précédemment la taille du flacon : 2,7 cm de hauteur et 3,7 cm de largeur.
- Sélectionnez l'étoile : cliquez sur le rond vert qui surmonte son cadre et faites-la pivoter d'environ 25°. Sélectionnez le flacon et venez le positionner sous la branche gauche de l'étoile : il recouvre un peu l'étoile.

Il vous reste maintenant à créer un nuage de parfum provenant du flacon et s'élevant.

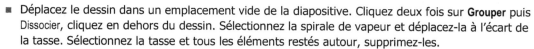

- Dans le volet *Images clipart*, faites une recherche sur le mot vapeurs. Insérez le dernier dessin de la quatrième ligne : un mug de thé.
- Déplacez le dessin dans un emplacement vide de la diapositive. Cliquez deux fois sur **Grouper** puis Dissocier, cliquez en dehors du dessin. Sélectionnez la spirale de vapeur et déplacez-la à l'écart de la tasse. Sélectionnez la tasse et tous les éléments restés autour, supprimez-les.
- Augmentez le zoom d'affichage de la diapositive à 120 % pour travailler sur la spirale de vapeur, utilisez les flèches de défilement pour placer la spirale au centre de la fenêtre.
- Sélectionnez la spirale de vapeur, cliquez sur **Copier** (onglet **Accueil**>groupe **Presse-papiers**), puis cliquez sur **Coller** deux fois de suite.
- Sélectionnez ensuite la première spirale, puis sous l'onglet **Outils de dessin/Format**>groupe **Styles de forme**, cliquez sur **Remplissage de forme**. Dans le menu, cliquez sur Dégradé, puis sur Plus de dégradé... Dans le dialogue, cochez <⊙ Remplissage dégradé>. Cliquez sur le bouton [Couleurs prédéfinies] et choisissez la vignette *Or*, validez par [Fermer].
- Faites la même chose pour les deux autres spirales en choisissant les vignettes *Or II* et *Cuivre*.
- Faites pivoter les spirales, en utilisant la poignée verte qui les surmonte, afin de joindre leur base. Diminuez légèrement leur hauteur en cliquant-glissant successivement sur les poignées du haut du cadre de chaque spirale.
- Sélectionnez les spirales et groupez-les. Pour voir la diapositive en entier dans la fenêtre, ajustez le zoom d'affichage à la fenêtre, en cliquant sur le bouton situé à droite des outils de zoom sur la barre d'état.

- Glissez les spirales de façon que leur base soit positionnée à l'embout du flacon. Sélectionnez le flacon, les spirales et l'étoile, groupez-les.

PLACEZ L'IMAGE LOGO SUR TOUTES LES DIAPOSITIVES

- Copiez le dessin et collez-le sur la diapositive de titre, placez-le en bas à gauche de la diapositive.
- Repositionnez-vous sur la dernière diapositive « table de travail », réduisez le dessin à une taille de 2 cm sur 4 cm. Copiez-le, puis cliquez en dehors du dessin. Passez dans le masque des diapositives en utilisant le raccourci : Maj+clic sur le bouton *Normal* de la barre d'affichage rapide. Collez le dessin dans la racine du masque et placez-le en haut à droite. Puis, sous l'onglet **Outils de dessin/Format**>groupe **Organiser**, cliquez sur le bouton **Mettre au premier plan**.
- Cliquez sur le bouton *Normal* dans la barre d'affichage rapide pour revenir à la présentation en mode *Normal*.

CAS 3 : PRÉSENTATION AVEC DESSINS ET DIAGRAMMES

CRÉEZ UN TITRE AVEC WORDART

- Positionnez-vous sur la diapositive de titre. Supprimez la zone de sous-titre qui contient Parfums An Diamo et la zone de texte restante. Cliquez sur la zone de titre, cliquez-glissez la poignée supérieure pour ajuster le cadre à la hauteur au texte. Déplacez ensuite ce cadre (en cliquant sur la bordure, en dehors des poignées) et amenez sa base au niveau du 4 de la règle verticale.

- Sous l'onglet **Insertion**>groupe **Texte**, cliquez sur le bouton **WordArt**, puis cliquez sur l'une des formes du A : la dernière vignette de la première ligne. Une zone de texte s'insère sur la diapositive. Tapez Parfums An Diamo.

- Cliquez ensuite sur le contour de la zone de texte pour la sélectionner. Sous l'onglet **Outils de dessin/Format**>groupe **Styles WordArt**, cliquez sur la **flèche** déroulante de la galerie des **Styles rapides**. Pointez (sans cliquer) les différentes formes de lettres pour visualiser l'effet dans la zone de texte. Cliquez sur la vignette *Remplissage Marron, Accentuation 5, transparente, biseau clair* (première de la dernière ligne sous **S'applique à tout le texte**).

- La zone de texte étant encore sélectionnée, cliquez sur le bouton **Effets du texte** (dans le groupe **Styles WordArt**) puis sur *Transformer*. Sous la section *Déformation*, cliquez sur la vignette *Courbe vers le bas* (deuxième vignette de la quatrième rangée).

- La zone de texte étant toujours sélectionnée, cliquez à nouveau sur le bouton *Effets du texte* puis sur Ombre. Sous la section **Perspective**, cliquez sur la vignette *Perspective diagonale vers le bas à gauche.* La zone de texte devra faire 2,5 x 16 cm.

- Inclinez la zone de texte, en faisant glisser vers la gauche la poignée ronde et verte au-dessus de la zone, avec le même angle que celui de la branche droite de l'étoile. Placez ensuite la zone dans le prolongement de la branche droite de l'étoile.

- Sélectionnez ensemble le dessin et l'objet Word Art et groupez-les, puis sous l'onglet **Outils de dessin/Format**>groupe **Aligner**, cliquez sur **Centrer**. Visualisez en diaporama et enregistrez.

FABRIQUEZ UN DESSIN EN ASSEMBLANT DES ÉLÉMENTS DE DIFFÉRENTS CLIPARTS

Vous allez fabriquer un nouveau dessin en assemblant des éléments pris dans d'autres dessins : vous remplacerez l'atomiseur tenu dans les deux mains un flacon apportant une note exotique.

- Positionnez-vous dans la dernière diapositive, votre diapositive de travail.

- Dans le volet *Images clipart*, dans la zone <Rechercher>, tapez parfums, puis cliquez sur [OK]. Les résultats, sont dans les lignes 4 et 5.

- Les deux images se sont superposées au centre de la diapositive. Cliquez-glissez ces images de façon à les voir toutes les deux, d'un côté un atomiseur tenu par deux mains, de l'autre un flacon avec une poire.

- Isolez le flacon : cliquez sur l'image puis, sous l'onglet **Outils Image/Format**>groupe **Organiser**, cliquez sur le bouton **Grouper**, puis sur la commande Dissocier. Répondez [Oui] au dialogue vous demandant si vous voulez convertir l'image. L'image est devenue un objet PowerPoint. Recommencez pour dissocier les éléments du dessin, enfin cliquez en dehors du dessin.

CAS 3 : PRÉSENTATION AVEC DESSINS ET DIAGRAMMES

- Supprimez le fond violet, le cercle noir à la base du flacon et les traits de cadre. Faites glisser le tuyau pour le mettre à l'écart et supprimez-le également.

Vous allez séparer la poire du flacon, mais pour cela, il faut d'abord en regrouper les éléments :

- Cliquez-glissez un rectangle de sélection un peu large autour de la poire (sans englober le flacon ni le nuage) puis, sous l'onglet **Outils Image/Format**>groupe **Organiser**, cliquez sur le bouton **Grouper**, cliquez sur la commande Grouper (attention, la commande Regrouper, grouperait l'ensemble de l'image).

Si vous avez fait une erreur et qu'un des éléments a disparu ou a été déplacé, pensez à la touche *Annulation*.

- Éloignez la poire de l'image, vous l'utiliserez plus tard. Sélectionnez le corps du flacon puis, sous l'onglet **Outils Image/Format**>groupe **Styles de formes**, cliquez sur **Remplissage de forme** et attribuez-lui la couleur *Marron, Accentuation 5, plus claire 40 %*.

- Cliquez à nouveau sur le bouton **Remplissage de forme** puis sur la commande Dégradé et sous **Variations sombres** sur la première vignette *Diagonale linéaire* (la première de la dernière ligne).

- Sélectionnez l'ensemble des éléments du flacon (sans la poire), groupez-les. Cliquez-glissez ce dessin de côté.

Vous allez maintenant modifier le dessin des mains afin de pouvoir y placer le nouveau flacon.

- Cliquez sur la deuxième image. De la même manière que précédemment, convertissez l'image en objet PowerPoint, dissociez-la en éléments et cliquez dans la diapositive pour faire disparaître les poignées de sélection des éléments.

- Pour plus de facilité, effectuez un zoom à 200 %. Sélectionnez-les les un après les autres, tous les éléments de l'atomiseur y compris la petite poire dans la main du haut et déplacez-les à l'écart dans un premier temps, puis supprimez-les tous.

- Positionnez le flacon dans le creux de la main du bas, mettez-le au premier plan et la poire à parfum dans le creux de la main du haut, en premier plan également.

Vous allez dessiner une sorte de S pour créer un tuyau entre la poire et le flacon du vaporisateur.

- Cliquez sur le bouton *Formes* dans la barre d'outils *Accès rapide*. Sous **Lignes**, cliquez sur *Courbe*. Dessinez une sorte de S : sur la diapositive, cliquez-glissez un tracé court partant de la poire vers la droite, lâchez la pression, cliquez-glissez un tracé plus long vers la gauche, lâchez la pression, cliquez-glissez un tracé vers la droite pour raccorder au flacon. Double-cliquez lorsque la forme est terminée.

- Cliquez sur le bouton **Contour de forme,** définissez un trait plus épais et noir.

- Sélectionnez l'ensemble des éléments y compris les mains, et groupez-les pour constituer la nouvelle image. Coupez le dessin et allez sur la diapositive Notre équipe pour le coller en dessous de 2 Assistantes. Utilisez le rond vert qui surmonte la forme pour le faire pivoter vers la gauche de façon que la main qui soutient le flacon soit verticale. Laissez le flacon sur l'espace de travail. Supprimez la diapositive de travail, enregistrez.

INSÉREZ UNE PHOTO

- Positionnez-vous sur la diapositive Notre équipe. Sélectionnez le contour pointillé de la zone de texte de droite et remontez le bord inférieur jusque sous la dernière ligne du texte, en faisant glisser la poignée du bord inférieur. Déplacez la zone de texte vers le milieu de la partie basse de la diapositive. Élargissez le cadre de la zone de texte, du repère vertical au bord droit de la diapositive. Le texte est centré dans le quart inférieur de la diapositive.

- Sous l'onglet **Insertion**>groupe **Illustrations**, cliquez sur le bouton **Image**, dans le dossier Favoris/Exercices Powerpoint 2010, cliquez sur la photo Image Hotel.jpg.

- Sous l'onglet **Outils Image/Format**>groupe **Taille**, cliquez sur l'outil **Rogner**, puis cliquez-glissez la barre noire au milieu du bord droit l'image vers l'intérieur, pour placer le bord de l'image au milieu du pilier.

- Cliquez à l'extérieur de l'image pour arrêter l'action *Rogner*. Réglez la hauteur de l'image à 7 cm.

- Positionnez l'image dans le quart supérieur droit de la diapositive, dans l'angle formé par le repère vertical et le repère horizontal.

UTILISEZ UN DIAGRAMME DE LISTE

Les graphiques Smart Art fournissent des représentations schématiques dont certaines peuvent illustrer idéalement une succession d'actions à réaliser ou de sujets à traiter.

- Positionnez-vous sur la diapositive Présentation.

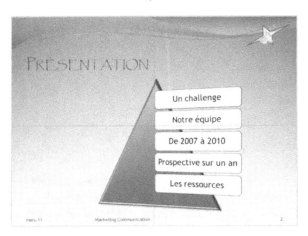

CAS 3 : PRÉSENTATION AVEC DESSINS ET DIAGRAMMES

- Sélectionnez tous les paragraphes de texte. Cliquez droit sur la sélection puis sur la commande Convertir en graphique SmartArt et dans la galerie des SmartArts, cliquez sur la vignette *Liste pyramidale* (première de la cinquième rangée).
- Sous l'onglet contextuel **Outils SmartArt/Création**>groupe **Style SmartArt**, cliquez sur **Modifier les couleurs**. Dans la galerie qui s'affiche, cliquez sur *Couleurs vives 5 à 6* (dernière vignette sous **En couleurs**).
- Sous l'onglet contextuel **Outils SmartArt/Création**>groupe **Style SmartArt**, déroulez la galerie des styles SmartArt, puis, sous **3D**, choisissez la vignette *Metallique* (deuxième de la deuxième rangée).
- Sélectionnez le cadre du graphe et sous **Outils SmartArt/Format**>groupe **Taille**, spécifiez une hauteur de 13 cm.
- En utilisant les touches de déplacement du clavier, amenez la pointe supérieure de la pyramide sur le repère vertical au centre et aligné sur la base du titre Présentation. Enregistrez.

UTILISEZ UN DIAGRAMME DE CERCLES

Vous allez modifier la diapositive Notre Équipe, pour lui donner plus d'impact à l'aide d'un graphique SmartArt qui indiquera les relations logiques entre les membres de l'équipe.

- Changez 1 Acheteur en 2 Acheteurs et 3 MarComs en 1 MarCom. Sélectionnez tous les textes de la zone de droite puis, par couper-coller, positionnez-les à la suite des textes de la zone de gauche. Supprimez la zone de texte vide.
- Changez la disposition de la diapositive en *Titre et contenu*.
- Cliquez dans la zone de texte, sélectionnez tous les textes par le raccourci clavier Ctrl+A. Vérifiez qu'il n'y a pas de paragraphes supplémentaires vides (la surbrillance doit s'arrêter au s de Assistantes), sinon supprimez-les et sélectionnez de nouveau le texte.
- Cliquez droit sur la sélection et choisissez Convertir en graphique SmartArt puis, dans la galerie des SmartArts, choisissez la vignette *Venn simple* (troisième de la cinquième rangée).

Les cercles du diagramme se sont organisés dans le sens des aiguilles d'une montre, du premier au dernier paragraphe. Vous allez modifier cet ordre afin de mieux présenter les équipes.

- Sur le bord gauche du pourtour du diagramme, cliquez sur les deux petites flèches. Un volet texte apparaît, avec le contenu des textes du diagramme.

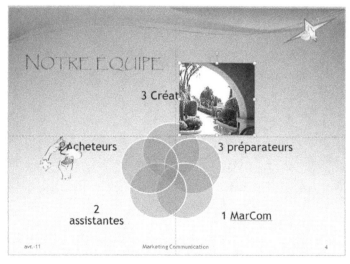

- Déplacez les images en dehors de la diapositive, sur l'espace de travail de la diapositive. Pour le faire, réduisez le zoom d'affichage pour laisser de l'espace autour de la diapositive.

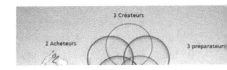

- Insérez une nouvelle ligne en fin de liste après
  `2 Assistantes`. Sélectionnez le paragraphe `2 Acheteurs`,
  coupez-le pour le coller en fin de liste.

- De la même façon, coupez-collez `3 Préparateurs` en fin
  de liste.

- Insérez une nouvelle ligne après `3 Créateurs` et coupez-collez `3 Préparateurs` pour le mettre
  maintenant en seconde position.

Vous avez les créateurs, encadrés à droite et à gauche par les acheteurs et les préparateurs.

- Sous l'onglet contextuel **Outils SmartArt/Création**>groupe **Style SmartArt**, cliquez sur le **lanceur** de la
  galerie des styles et choisisssez *Dessin animé* sous **3D**. Cliquez ensuite sur Modifier les
  couleurs, sous **En couleur**, cliquez sur la première vignette *Couleur-couleurs vives.*

Vous pourriez choisir un style (brique) et une couleur différente cercle par cercle,
comme dans l'image ci-contre.

- Sélectionnez les 5 zones de texte dans le volet des textes du diagramme, puis sous
  l'onglet **Accueil**>groupe **Police**, cliquez sur le bouton **Réduire la taille de police**, cliquez
  jusqu'à la taille `18` pt.

- Vous allez agrandir le cadre du diagramme : cliquez sur la poignée au centre du bord supérieur et
  glissez vers le haut, jusqu'à englober le titre. Faites glisser légèrement vers le bas le cadre du
  texte `3 Créateurs`.

- Modifiez la taille des deux images : photo : 4,5 cm x 4,5 cm, : dessin : 3,3 x 3,3 cm.

- Positionnez le dessin entre `2 Acheteurs` et `2 Assistantes`, la photo entre `3 Créateurs` et
  `3 Préparateurs`.

VISUALISEZ ET MODIFIEZ LE PIED DE PAGE

- Modifiez l'affichage et passez en mode *Trieuse* pour visualiser la présentation.

Le pied de page décalé ne convient plus à l'organisation des diapositives.

- Passez en mode *Masque*, par le raccourci Maj+clic sur l'icône *Normal* (barre d'affichage rapide).

- Dans la racine du masque, sélectionnez la zone de texte du pied de page, centrez le texte dans
  l'espace réservé (onglet **Accueil**>groupe **Paragraphe**, bouton **Centrer**) et centrez la zone
  horizontalement sur la diapositive (onglet **Outils de dessin/Format**>groupe **Organiser**, cliquez sur le
  bouton **Aligner** puis sur Centrer).

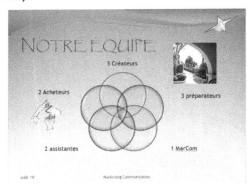

- Revenez en mode d'affichage *Normal* et faites défiler les diapositives avec la roulette de la souris.

- Supprimez la diapositive de travail en fin de présentation.

- Enregistrez sous `An Diamo-3-R`.

CAS 3 : PRÉSENTATION AVEC DESSINS ET DIAGRAMMES

UTILISEZ UN ORGANIGRAMME

SmartArt propose de nombreux diagrammes dont un organigramme. Voici celui que vous allez créer :

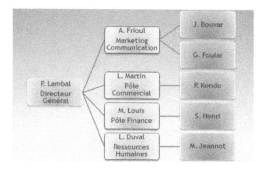

- Insérez une nouvelle diapositive en dernière position, appliquez-lui la disposition *Titre et contenu*.
- Insérez un SmartArt de type *Organigramme*, pour cela cliquez sur l'icône *Insérer un graphique SmartArt* parmi les icônes de création d'objet au centre de l'espace réservé. Dans le menu, cliquez sur *Hiérarchie* dans le volet gauche, puis sur la vignette *Hiérarchie horizontale* dans le volet droit, validez par [OK].

Les six icônes de création d'objet apparaissent au centre d'un espace réservé tant qu'il est vide. Lorsque vous cliquez sur un de ces outils pour créer un objet, l'espace réservé est supprimé, l'objet se crée à la place de l'espace réservé en épousant la taille de l'espace réservé disparu.

- L'objet SmartArt se substitue à l'espace réservé, il contient un organigramme à compléter, les onglets contextuels **Outils SmartArt/Création** et /**Format** apparaissent sur le ruban.
- Cliquez sur l'icône (deux petites flèches) sur le bord gauche du cadre de l'organigramme. Le volet de texte apparaît, avec des puces hiérarchisées correspondant aux formes de l'organigramme.
- Cliquez dans le volet texte sur la première ligne et tapez `P. Lambal`, puis, pour aller à la ligne en restant dans la même forme, appuyez sur `Maj`+`↵`, tapez `Directeur Général`, puis `↵` pour créer la forme suivante de même niveau.
- Tapez `Tab` pour abaisser la forme sélectionnée d'un niveau. Puis, tapez `A. Frioul` `Maj`+`↵` `Marketing Communication`, puis sur `↵` pour créer la forme suivante de même niveau.
- Tapez `Tab` pour abaisser la forme d'un niveau. Tapez `J.Bouvar` `↵`, puis tapez `G.Foular` `↵`.
- Tapez `Maj`+`Tab` pour remonter la forme sélectionnée d'un niveau.

La saisie peut se faire dans les formes de l'organigramme, mais elle est plus simple dans le volet texte.

- Continuez la saisie dans le volet texte :
- `L. Martin` `Maj`+`↵` Pôle Commercial `↵` `Tab` `P. Kendo` `↵` `Maj`+`Tab`
- `M. Louis` `Maj`+`↵` Pôle Finance `↵` `Tab` `S. Henri` `↵` `Maj`+`Tab`
- `L. Duval` `Maj`+`↵` Ressources Humaines `↵` `Tab` `M. Jeannot`
- Sélectionnez les lignes non renseignées apparaissant sous la forme ● [Texte], supprimez-les.
- Fermez le volet de texte. Sélectionnez la forme contenant le directeur, puis sous l'onglet **Outils SmartArt/Format**>groupe **Styles de formes**, sélectionnez *Effet intense – 3 accentué*.
- Maintenez l'appui sur `Maj` en cliquant sur les contours des 4 formes du niveau Direction et, dans la galerie des styles de formes, sélectionnez Effet discret – 3 accentué.
- Sélectionnez les formes de niveau inférieur et appliquez Effet discret – 4 accentué.
- Enregistrez en conservant le nom `An Diamo-3-R` et fermez la présentation.

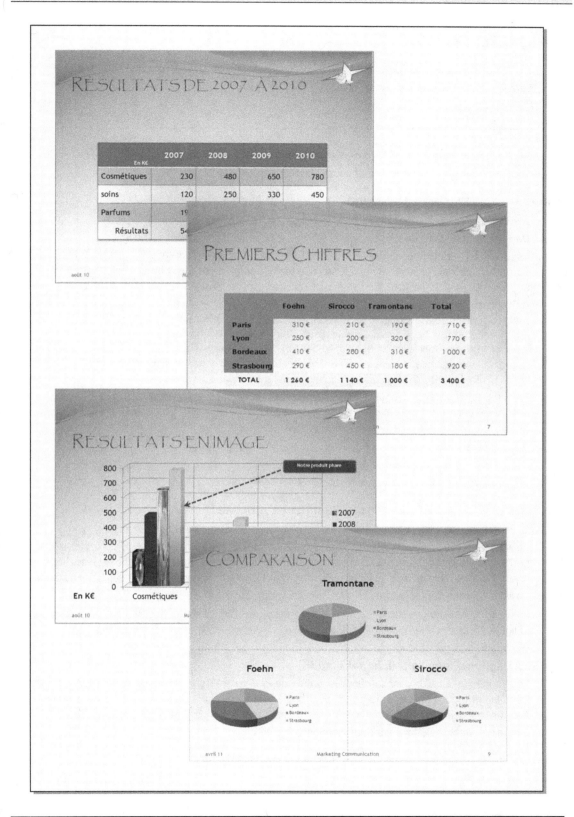

CAS 4 : PRÉSENTATION AVEC TABLEAUX ET GRAPHIQUES

Fonctions utilisées

– *Utiliser un tableau PowerPoint*   – *Mettre en forme un tableau incorporé*

– *Mettre en forme un tableau PowerPoint*   – *Créer et mettre en forme un graphique*

– *Utiliser un tableau Excel incorporé*

20 mn

Vous allez créer un tableau et représenter les données par un graphique.

Ouvrez `An Diamo-4` et enregistrez-le sous le nom `An Diamo-4-R`.

CRÉEZ UN TABLEAU DANS POWERPOINT

- Insérez une nouvelle diapositive de disposition *Titre et contenu* en fin de présentation.
- Dans la zone de titre de diapositive, tapez `Résultats de 2007 à 2010`.
- Cliquez sur l'outil *Insérer un tableau*, situé au centre de l'espace réservé parmi les outils de création d'objets. Dans le dialogue, spécifiez 4 colonnes et 3 lignes, validez par [OK]. Le tableau remplace l'espace réservé.

- À titre d'exercice, créez à nouveau le tableau d'une autre façon. Avant tout, supprimez le tableau que vous venez de créer, l'espace réservé réapparaît comme il est prévu dans la disposition. Puis, sous l'onglet **Insertion**>groupe **Tableaux**, cliquez sur le bouton **Tableau** ; dans la grille, cliquez-glissez jusqu'à la case située à l'intersection de la 4ᵉ colonne et la 3ᵉ ligne. Un tableau de 4 colonnes et 3 lignes remplace l'espace réservé.
- En commençant par la première cellule du tableau, saisissez les données ; utilisez la touche ⭾ pour passer à la cellule suivante.

En K€	2007	2008	2009
Cosmétiques	230	480	650
Soins	120	250	330

- Cliquez à l'extérieur du tableau lorsque vous avez terminé.

AJOUTEZ DES LIGNES ET DES COLONNES DANS LE TABLEAU

Vous voulez ajouter une colonne et une ligne, commencez par cliquer dans le tableau.

- Pointez (amenez le pointeur sans cliquer) juste au-dessus de dernière colonne du tableau. Une petite flèche noire apparaît. Cliquez dessus pour sélectionner la colonne en entier. Puis, sous l'onglet contextuel **Outils de table/Disposition**>groupe **Lignes et colonnes**, cliquez sur **Insérer à droite**.
- Dans la colonne supplémentaire : tapez en colonne `2010   780   450`.
- Pointez juste sur la gauche de la dernière ligne `Soins`. Cliquez sur la flèche noire pour sélectionner la ligne. Cliquez sur le bouton **Insérer en dessous** sur le Ruban (groupe **Lignes et colonnes**).
- Dans la ligne supplémentaire, tapez : `Parfums`   `190    230    320    370`.

Ajoutez une ligne avec la touche tabulation

- Positionnez le curseur dans la dernière cellule de la dernière ligne. Appuyez sur la touche ⸤Tab⸥. Dans la ligne qui vient de s'ajouter, tapez : `Résultats     540   960   1 300   1 600` (pensez bien à taper l'espace séparateur des milliers, ce tableau fonctionne comme un tableau Word).
- Cliquez en dehors du tableau pour terminer.

CAS 4 : PRÉSENTATION AVEC TABLEAUX ET GRAPHIQUES

Modifiez la largeur des colonnes

- Modifiez la largeur de la première colonne : positionnez-vous dans la première colonne, puis sous l'onglet contextuel **Outils de table/Disposition**>groupe **Taille de la cellule**, dans la zone <**Tableau largeur de colonne**>, tapez 5.
- À titre d'exercice, modifiez la largeur de la colonne d'une autre façon : amenez le pointeur sur le bord droit de la colonne, il prend la forme d'une double flèche : +‖+. Cliquez et faites glisser vers la droite ou vers la gauche.

Pour donner aux quatre colonnes de chiffres exactement la même largeur :

- Cliquez dans une cellule de la première colonne de chiffres, puis faites glisser le pointeur sur les trois cellules suivantes vers la droite. Puis, sous l'onglet contextuel **Outils de table/ Disposition**>groupe **Taille de la cellule**, cliquez sur le bouton **Distribuer les colonnes**.

METTEZ EN FORME LE TABLEAU

- Cliquez dans le tableau, puis sur la bordure grise pour le sélectionner.
- Sous l'onglet contextuel **Outils de table/Création**>groupe **Styles de tableau**, cliquez sur la **flèche** déroulante de la galerie de styles, puis sur *Style à Thème 1, accentuation 3* (4e vignette de la 1re rangée).
- Sélectionnez la première ligne du tableau (comme à l'étape précédente). Puis, sous **l'onglet Outils de table/Disposition**>groupe **Alignement**, cliquez sur les boutons **Centrer** et **Centrer verticalement**. Ensuite, dans le groupe **Taille de la cellule**, spécifiez 2 (cm) dans la zone <**Hauteur de ligne**>.
- Sélectionnez les trois lignes suivantes. Pointez juste devant la deuxième ligne, une flèche noire apparaît, cliquez sur la flèche noire et faites glisser vers le bas jusqu'à la quatrième ligne. Puis, dans le groupe **Alignement**, centrez verticalement et, dans le groupe **Taille de la cellule**, donnez aux lignes une hauteur de 1,5 cm.
- Sélectionnez toutes les cellules contenant des nombres. Alignez-les à droite.
- Sélectionnez les trois premières cellules de textes de la première colonne et alignez-les à gauche. Cliquez dans le mot Résultats dans la dernière ligne, et alignez-le à droite.
- Sélectionnez En K€. Baissez la taille de la police à 12 pts et alignez en bas de la cellule, à droite.
- Centrez horizontalement le tableau sur la diapositive : cliquez sur la bordure du tableau et dans le groupe **Organiser**, cliquez sur le bouton **Aligner**, choisissez Centrer.
- Centrez verticalement le tableau dans la partie de la diapositive sous le titre : cliquez sur le contour de l'objet tableau et utilisez, au clavier, la flèche de direction vers le bas pour le baisser sans dévier du centrage horizontal.

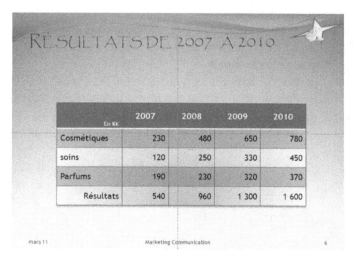

En K€	2007	2008	2009	2010
Cosmétiques	230	480	650	780
soins	120	250	330	450
Parfums	190	230	320	370
Résultats	540	960	1 300	1 600

CAS 4 : PRÉSENTATION AVEC TABLEAUX ET GRAPHIQUES

INSÉREZ UN TABLEAU EXCEL

Lorsque vous voulez calculer des valeurs dans un tableau, il vaut mieux utiliser le logiciel Excel. Soit le tableau existe déjà dans Excel et vous le copiez-collez, soit vous le créez sous PowerPoint.

Vous allez insérer un tableau de bord des chiffres prévisionnels de la première année dans les succursales.

- Par le raccourci Ctrl+M, ajoutez une nouvelle diapositive. Titrez-la : Premiers chiffres.
- Ouvrez le classeur Succursales.xlsx situé dans le dossier Favoris\Exercices PowerPoint 2010 dans une fenêtre application Excel.
- Sélectionnez le tableau puis, sous l'onglet **Accueil**>groupe **Presse papier**, cliquez sur **Copier**.
- Sur la barre des tâches Windows, cliquez sur le bouton de l'application PowerPoint pour revenir sur la diapositive. Vérifiez que la diapositive courante est Premiers chiffres.
- Sous l'onglet **Accueil**>groupe **Presse papiers**, cliquez sur la **flèche** du bouton **Coller**, choisissez Collage spécial et sélectionnez *Objet feuille Microsoft Office Excel,* cliquez sur [OK] (un collage simple transformerait votre tableau en tableau PowerPoint).
- Par défaut, le tableau se positionne au centre de la diapositive. L'espace réservé se trouve en arrière-plan et risque de nous gêner. Cliquez sur sa bordure et supprimez-le.
- Double-cliquez sur l'objet tableau, le tableau se transforme en une fenêtre qui affiche une feuille de calcul contenant les données du tableau, formatées comme dans le fichier source. La fenêtre ne laisse visible que la plage des données qui a été copiée-collée. Notez que les commandes d'Excel ont remplacé celles de PowerPoint sur le Ruban.
- Cliquez sur la poignée (carré noir) qui se trouve dans le coin inférieur droit de la fenêtre Excel affichant la feuille de calcul et faites glisser vers le bas et vers la droite afin d'agrandir la fenêtre d'Excel de façon à voir une ligne et une colonne en plus.

MODIFIEZ DES DONNÉES DU TABLEAU EXCEL.

Élargissez la première colonne

- Amenez le pointeur à la limite entre la colonne A et la colonne B dans la ligne d'en-tête. Le pointeur prend la forme d'une double flèche.
- Cliquez et faites glisser vers la droite pour élargir légèrement la colonne A, de façon à voir en entier Strasbourg.
- Positionnez-vous dans la première cellule chiffrée de la ligne de Paris. Tapez les nouvelles données du magasin de Paris : 320 290 230.

Calculez les sommes

- Placez le curseur dans la cellule B6. Puis, sous l'onglet **Accueil**>groupe **Edition**, cliquez sur le bouton **Somme** Σ . Vérifiez que la sélection pointillée couvre la colonne de chiffres, validez par Entrée.
- Cliquez sur la poignée (petit carré situé dans le coin inférieur droit de la cellule. Le curseur se transforme en croix) et faites glisser jusqu'en D6 afin de recopier vers la droite la formule.

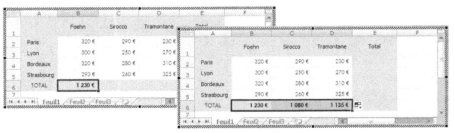

CAS 4 : PRÉSENTATION AVEC TABLEAUX ET GRAPHIQUES

- Placez le curseur dans la cellule E2. Insérez la formule Somme des cellules B2:D2 comme précédemment. Tapez Entrée.
- Cliquez sur la cellule E2, faites glisser le carré noir en bas de la cellule jusqu'à la cellule E6.
- Cliquez dans une cellule vide pour annuler la sélection. Cliquez en dehors de l'objet feuille pour revenir à PowerPoint.

Mettez en forme le tableau Excel

Double-cliquez sur le tableau pour entrer dans l'application Excel.

- Avec la touche Ctrl, sélectionnez les plages A1:A6, A6:E6, A1:E1 et E1:E6 puis, sous l'onglet **Accueil**>groupe **Police**, cliquez sur le bouton **Gras**.
- Avec la touche Ctrl, sélectionnez la première ligne A1:D1, et la première colonne sans la ligne de total, A1:A5. Puis, sous l'onglet **Accueil**>groupe **Police**, cliquez sur la **flèche** du bouton **Couleur de remplissage** et choisissez la couleur de thème *Rouge accentuation 2, plus sombre 25 %*.
- Sélectionnez, toujours avec Ctrl, la ligne et la colonne de totaux et appliquez-leur la couleur de remplissage de thème *Rouge accentuation 2 plus clair 80 %*.
- Cliquez sur la poignée (carré noir) qui se trouve dans le coin inférieur droit de la fenêtre affichant la feuille de calcul et faites glisser vers la gauche et vers le haut afin d'adapter exactement la taille de la fenêtre à celle des données à voir dans le tableau.
- Cliquez à l'extérieur du tableau pour retourner dans PowerPoint.
- Cliquez sur la bordure du tableau, sous l'onglet **Outils de dessin/Format**>groupe **Organiser**, cliquez sur le bouton **Aligner**, et choisissez Centrer. Le tableau est centré horizontalement dans la diapositive.
- Si vous utilisez le centrage vertical, le tableau sera centré au milieu vertical de la diapositive, c'est-à dire trop près du titre. Pour le descendre verticalement, utilisez les flèches de déplacement directionnelles du clavier.
- Pointez sur l'un des angles, le pointeur se transforme en doubles flèches. Cliquez-glissez en diagonale vers l'extérieur pour agrandir le tableau (qui est maintenant un objet PowerPoint).
- Centrez à nouveau le tableau horizontalement sur la diapositive.

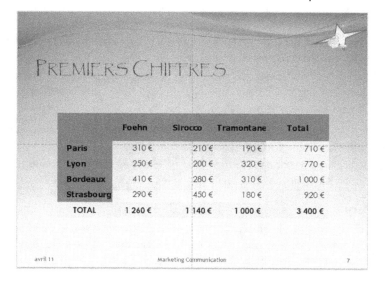

CAS 4 : PRÉSENTATION AVEC TABLEAUX ET GRAPHIQUES

CRÉEZ UN GRAPHIQUE

Vous allez créer un graphique qui permettra de mieux suivre les résultats des 4 dernières années.

- Insérez une nouvelle diapositive, après la diapositive Résultats de 2007 à 2010. Titrez-la : Résultats en image.

- Sous l'onglet **Insertion**>groupe **Illustrations**, cliquez sur le bouton **Graphique**, ou cliquez, au milieu de la diapositive, sur l'icône *Insérer un graphique*.

- Dans le dialogue qui s'affiche, cliquez sur la catégorie *Histogramme* dans le volet de gauche puis, dans le volet de droite, sur la quatrième vignette de la première ligne : *Histogramme 3D groupé*. Validez par [OK].

- Une feuille Excel s'ouvre avec une zone délimitée de données exemples. Vous allez utiliser les données de la diapositive Résultats de 2007 à 2010 et les copier-coller dans la zone de données exemples.

- Revenez dans la présentation et sélectionnez toutes les cellules du tableau de la diapositive Résultats de 2007 à 2010. Puis, sous l'onglet **Accueil**>groupe **Presse-papiers**, cliquez sur le bouton **Copier**.

- Revenez par la barre des tâches dans la feuille de données Microsoft Excel. Cliquez dans la première cellule de la zone de données, en A1. Collez le contenu du Presse-papiers.

- Un graphique s'est affiché dans la diapositive. Le dernier groupe de barres est beaucoup plus haut que les autres, car la ligne de total est intégrée au graphique.

- Revenez dans la feuille de données Excel. Sélectionnez la ligne 5 (Résultats) en entier et sous l'onglet **Accueil**>groupe **Cellules**, cliquez sur le bouton **Supprimer** (ou clic droit puis Supprimer).

- Fermez la feuille de donnée pour visualiser le graphique.

Attention, si vous ne supprimez pas la ligne, mais l'effacez simplement, la zone restera vide dans le graphique, elle ne sera pas supprimée.

Dans ce tableau, les libellés des colonnes sont des chiffres. Pour qu'Excel les considère comme des données, mettez un ' (l'apostrophe du 4) devant chacune des années : '2007 '2008 '2009 '2010

METTEZ EN FORME LE GRAPHIQUE

- Revenez sur la diapositive et sélectionnez le graphique. Puis, sous l'onglet contextuel **Outils de graphique/Création**>groupe **Dispositions du graphique**, cliquez sur la **flèche** déroulante de la galerie et cliquez sur la vignette *Mise en forme 10* (la dernière).

- Dans le groupe **Styles du graphique**, déroulez la galerie de la même manière et cliquez sur la vignette *Style 26* (la deuxième sur la quatrième rangée).

- Cliquez dans la diapositive en dehors de l'objet graphique pour sortir de l'outil graphique.

CAS 4 : PRÉSENTATION AVEC TABLEAUX ET GRAPHIQUES

AFFICHEZ ET MODIFIEZ DES ÉLÉMENTS DU GRAPHIQUE

Ajoutez des titres aux axes

- Cliquez dans le graphique. Puis, sous l'onglet contextuel **Outils de graphique/Disposition**>groupe **Étiquettes**, cliquez sur le bouton **Titres des axes** puis sur Titre de l'axe vertical principal, cliquez ensuite sur Titre horizontal. Une zone de texte s'affiche à gauche du graphique.
- Sélectionnez cette zone de texte de titre de l'axe, tapez : en K€.
- Cliquez sur la bordure de la zone de texte de titre de l'axe et déplacez-la dans l'angle inférieur gauche de la zone du graphique.

Ajoutez un quadrillage

- Dans le groupe **Axes**, cliquez sur le bouton **Quadrillage**, puis sur Quadrillage principal.
- Définissez de la même manière un quadrillage vertical et de la même manière, choisissez Quadrillage principal.

Modifiez la couleur des séries (les barres)

Vous allez utiliser la couleur afin d'améliorer la lisibilité du graphique une fois qu'il sera imprimé.

- Cliquez sur une barre de la série 2010. Toutes les barres sont sélectionnées. Et, sous l'onglet **Outils de graphique/Mise en forme**>groupe **Styles de formes**, cliquez sur le bouton **Remplissage de forme**. Cliquez sur la commande Dégradé, puis dans le menu choisissez Plus de dégradé... Dans le dialogue *Mise en forme des séries de données*, cliquez sur *Remplissage* dans le volet gauche. Cochez <⊙ Remplissage dégradé>. Déroulez les options de <Couleurs prédéfinies> et choisissez *Océan* (deuxième vignette deuxième rangée). Cliquez sur [Fermer].
- Sélectionnez la série 2009 en cliquant sur l'une des barres. Et, sous l'onglet **Outils de graphique/Mise en forme**>groupe **Styles de formes**, cliquez sur le bouton **Remplissage de forme**. Cliquez sur la commande Image... Dans le dialogue, sélectionnez le fichier Fleurs (7) qui se trouve dans le dossier Favoris\Exercices PowerPoint 2010, validez par [Ouvrir].
- Cliquez sur une barre de la série 2008. Et, sous l'onglet **Outils de graphique/Mise en forme**>groupe **Styles de formes**, cliquez sur le bouton **Remplissage de forme**. Cliquez sur la commande Texture... Dans la galerie, cliquez sur la vignette *Filet violet* (troisième de la cinquième rangée).
- Sélectionnez la série 2007 et insérez comme remplissage l'image Fleurs (14) du fichier qui se trouve enregistré dans Favoris\Exercices PowerPoint 2010.

AJOUTEZ UN TEXTE LIBRE DANS UNE BULLE

- Restez dans le graphique. Sous l'onglet **Insertion**>groupe **Illustrations**, cliquez sur le bouton **Formes** et choisissez *Rectangle avec bords arrondis*.
- Cliquez droit sur la forme, puis sur la commande Modifier le texte, et tapez Notre produit phare. Cliquez droit sur la forme, puis sur Format de la forme... Choisissez la couleur *Rouge Accentuation 3 plus sombre 50 %*, validez par [Fermer].
- Faites glisser la poignée inférieure droite pour ajuster la taille de la forme de façon que le texte tienne sur une seule ligne. Puis, positionnez la forme dans le coin supérieur droit du graphique.
- Insérez une forme flèche, partant de la forme du texte jusqu'à la barre *Cosmétiques 2008*.
- Cliquez sur la flèche pour la sélectionner. Cliquez droit sur la flèche puis sur Format de la forme... Le dialogue s'affiche : dans la zone <Largeur> sélectionnez 3,25 pt, dans <Type de tiret> sélectionnez les tirets, dans <Taille de fin>, sélectionnez la plus grande taille. Validez en cliquant sur [Fermer].
- Cliquez droit à nouveau sur la flèche, puis Format de la forme... Dans le dialogue, cliquez sur Couleur de trait dans la partie gauche, puis dans la partie droite déroulez la zone <Couleur> et choisissez *Rouge Accentuation 3, plus sombre 50 %*. Cliquez sur [Fermer].
- Cliquez dans la diapositive en dehors du graphique pour terminer le graphique.

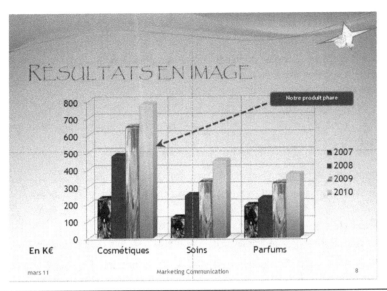

Si vous insérez une forme dans le graphique, elle est intégrée au graphique. Si vous la créez en dehors, sur la diapositive, vous pourrez l'animer indépendamment du graphique.

MANIPULEZ ET MODIFIEZ LES GRAPHIQUES

Pour comparer les premiers résultats des ventes, vous allez créer trois graphiques en secteurs représentant les données du tableau de la diapositive n° 7, Premiers chiffres.

■ Insérez une nouvelle diapositive, après Résultats en image. Titrez-la : Comparaison.

Pour copier les valeurs du tableau, vous allez modifier l'affichage de façon à avoir les deux diapositives côte à côte.

■ Sous l'onglet **Affichage**>groupe **Fenêtre**, cliquez sur le bouton **Nouvelle fenêtre**, puis cliquez aussitôt sur le bouton **Réorganiser Tout**.

■ Dans la fenêtre de gauche, positionnez-vous à gauche sur la diapositive Premiers chiffres et, dans la fenêtre de droite, sur la diapositive Comparaison.

■ Cliquez dans le tableau de la fenêtre de gauche, puis sélectionnez les deux premières colonnes (sans la ligne de résultats). Sous l'onglet **Accueil**>groupe **Presse-papiers**, cliquez sur **Copier**.

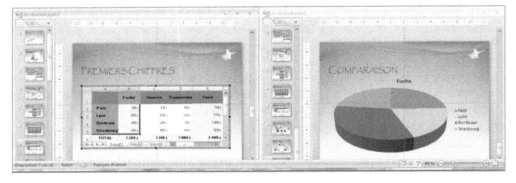

■ Cliquez sur la diapositive dans la fenêtre de droite puis, sous l'onglet **Insertion**>groupe **Illustrations**, cliquez sur le bouton **Graphique**, ou bien cliquez sur l'icône *Insérer un graphique* situé au milieu de la diapositive. Le dialogue *Insérer un graphique* s'affiche.

■ Dans le volet gauche du dialogue, choisissez *Secteur* puis, dans le volet droit, *Secteur en 3D*, validez par [OK].

CAS 4 : PRÉSENTATION AVEC TABLEAUX ET GRAPHIQUES

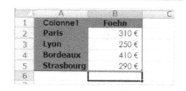

- Dans la feuille de données Microsoft Excel qui s'affiche, cliquez dans la première cellule de la zone de données, en A1. En utilisant la commande du menu contextuel, collez le contenu du Presse-papiers.

- La diapositive Comparaison comprend maintenant un graphique en secteur, représentant les données des ventes du parfum *Foehn*.

- Cliquez sur le coin supérieur droit de la bordure de l'objet graphique et réduisez sa taille par un cliquer-glisser vers l'intérieur de façon à le faire tenir dans le quart inférieur gauche de la diapositive.

Pour obtenir, sur la même diapositive, un secteur par parfum, vous allez dupliquer deux fois le graphique de *Foehn* par copier-coller puis modifier les données.

- Dans le graphique, sélectionnez le cadre de la légende, donnez-lui une taille de 12 pts.

- Cliquez à nouveau sur le bord du graphique, pour sélectionner l'objet. Gardez le doigt appuyé sur la touche ⃞Ctrl⃞, tout en déplaçant l'objet graphique par un cliquer-glisser vers la droite de la diapositive. Relachez d'abord le clic puis la touche ⃞Ctrl⃞ Vous avez dupliqué le graphique en secteur.

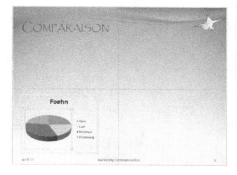

- Répétez la manipulation pour obtenir un troisième graphique placé comme dans l'illustration.

Les trois graphiques représentent le parfum *Foehn*. Vous allez modifier leurs données.

- Cliquez dans la fenêtre de gauche sur la diapositive Premiers chiffres. Cliquez sur le tableau et sélectionnez la deuxième colonne (*Sirocco*) sans prendre le total, puis copiez les données.

- Cliquez dans la fenêtre de droite sur la diapositive Comparaison, cliquez sur le deuxième graphique *Foehn*, puis sous l'onglet **Outils de graphique/ Création**>groupe **Données**, cliquez sur le bouton **Modifier les données**.

- Cliquez dans la cellule B1 de la feuille de données Excel et collez les données. Vérifiez, dans la diapositive, que le graphique correspond bien aux données.

- Répétez ces manipulations pour modifier les données du troisième graphique en copiant les données du parfum *Tramontane*.

	A	B
1	Colonne1	Sirocco
2	Paris	210 €
3	Lyon	200 €
4	Bordeaux	280 €
5	Strasbourg	450 €
6		

- Remontez légèrement le cadre du titre afin que le graphique tienne sous le titre. Puis, centrez horizontalement l'objet graphique du haut.

- Alignez les deux graphiques du bas : sélectionnez les deux graphiques et, sous l'onglet **Outils de dessin/format**>groupe **Organiser**, cliquez sur le bouton **Aligner** puis sur Aligner en bas.

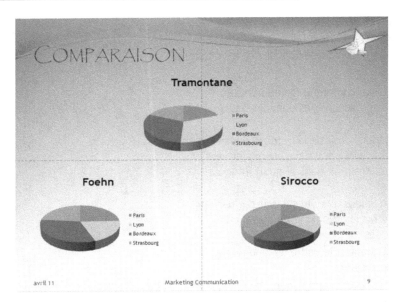

METTEZ À JOUR LE SOMMAIRE DES DIAPOSITIVES

Vous avez créé toutes les diapositives souhaitées. Il faut mettre la diapositive Présentation à jour.

- Positionnez-vous sur la diapositive n° 2, puis sur le diagramme. Ouvrez le volet texte ❶ du diagramme et effacez toutes les lignes de texte à puce. Tapez les nouveaux textes tels que dans la figure ci-dessous, en terminant chaque ligne par Entrée.

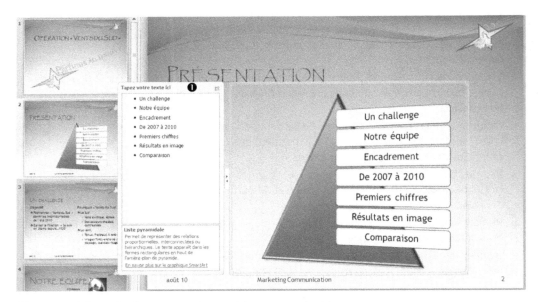

- Cliquez en dehors du diagramme et enregistrez en gardant le nom An Diamo-4-R.

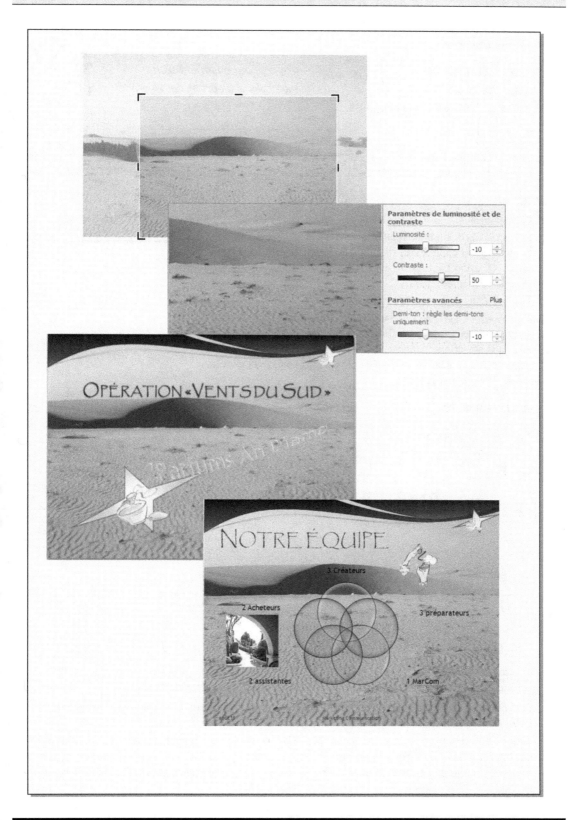

CAS 5 : UTILISER MS PICTURE MANAGER

Fonctions utilisées

– *Ouvrir un fichier photo*

– *Rogner une photo*

– *Modifier la luminosité et le contraste*

– *Mettre la photo en arrière-plan*

– *Changer des couleurs et des dégradés*

15 mn

Vous allez changer l'arrière-plan de la présentation en y insérant une image, que vous allez modifier, à l'aide du logiciel MS Picture Manager de gestion et traitement rapide d'images de Microsoft Office.

OUVREZ UN FICHIER PHOTO

- Cliquez-droit sur le fichier `Desert.jpg` dans `Favoris\Exercices PowerPoint 2010`. Puis, dans le menu contextuel, cliquez sur Ouvrir avec... ❶, enfin choisissez *Microsoft Office Picture Manager* ❷, [OK].

Si vous souhaitez que vos photos soient ouvertes automatiquement avec le logiciel *Microsoft Office Picture Manager*, lorsque vous double-cliquez sur le fichier, cliquez sur la commande Choisir le programme par défaut... puis sélectionnez *Microsoft Office Picture Manager* et cochez la case <☑ Toujours utiliser ce type de programme pour ouvrir ce type de fichier>❸. Validez par [OK].

ROGNEZ UNE PHOTO

- Si l'image n'est pas en plein écran, cliquez sur le bouton ❶ *Affichage image unique* (troisième bouton de la barre d'affichage rapide sous la barre d'outils).

- Cliquez sur le bouton *Modifier les images* sur la barre d'outils ❷, le volet *Modifier les images* s'affiche sur la droite de la fenêtre. Cliquez sur ⟦ Rogner ⟧, le volet *Rogner* s'affiche et des poignées noires bordent l'image aux quatre coins et au milieu de chaque côté. Elles servent à rogner les bords de l'image.

CAS 5 : UTILISER MS PICTURE MANAGER

- Cliquez sur la poignée au milieu du côté gauche et cliquez-glissez jusqu'à supprimer les rochers, dans le volet *Rogner* sous **Poignées de rognage**, la zone <Gauche> sera à 500 pixels.
- Cliquez-glissez de la même manière la poignée droite pour obtenir <Droite> à 265 pixels. Cliquez-glissez la poignée du haut pour obtenir <Haut> à 380 pixels.
- Cliquez sur [OK] dans le volet *Rogner*.

MODIFIEZ LES COULEURS DE LA PHOTO

La photo est recadrée et en plein écran. Vous allez maintenant modifier les couleurs de la photo.

- Cliquez sur le bouton **Modifier les images** puis, dans le volet *Modifier les images*, cliquez sur *Luminosité et contraste*. Vous allez donner plus de couleur à l'image.
- Le volet *Luminosité et contraste* s'est affiché. Sous **Paramètres de luminosité et de contraste**, des réglettes permettent d'ajuster la couleur en faisant glisser le curseur. Pour être plus précis, cliquez sur les flèches pour augmenter ou baisser la luminosité ou les contrastes de l'image ou agir sur les demi-tons.
- Tapez -10 dans la case <Luminosité>, 50 dans la case <Contraste> et -10 dans <Demi-ton>. Les couleurs deviennent plus contrastées et plus intenses.

- Dans la barre d'outils, cliquez sur **Fichier** puis sur **Enregistrer sous...** et nommez la photo Desertb.jpg. Fermez *Microsoft Office Picture Manager*.
- Lancez *PowerPoint* et ouvrez la présentation An Diamo-5.pptx. Enregistrez-la sous le nom An Diamo-5-R.

INSÉREZ LA PHOTO EN ARRIÈRE-PLAN DES DIAPOSITIVES

Vous allez insérer la photo Désertb.jpg en arrière-plan de la présentation afin de finaliser la mise en forme. Ouvrez la présentation An Diamo-5.

- Sous l'onglet **Création**>groupe **Arrière-plan**, cliquez sur la commande **Styles d'arrière-plan** puis sur Mise en forme de l'arrière plan... Dans le dialogue *Mise en forme de l'arrière-plan*, cochez <⊙ Remplissage avec image ou texture>. Cliquez sur le bouton [Fichier] et, dans le dossier Favoris\Exercices PowerPoint 2010, sélectionnez la photo modifiée Désertb.jpg. Cliquez sur le bouton [Insérer], la photo s'insère en arrière-plan de la diapositive.
- Cliquez-glissez le curseur de la réglette de la zone <Transparence> jusqu'à 15 % pour faire un effet de filigrane. Cliquez sur [Appliquer partout].
  Toutes les diapositives de la présentation ont maintenant la photo en arrière-plan. Cliquez sur le bouton [Fermer].

CAS 5 : UTILISER MS PICTURE MANAGER

MODIFIEZ LA MISE EN FORME DES OBJETS PLACÉS SUR LA PHOTO EN ARRIÈRE-PLAN

Vous allez faire défiler les diapositives et peaufiner la mise en forme des objets en fonction de la photo d'arrière-plan.

- Diapositive n° 2 : Cliquez sur le diagramme SmartArt et avec les flèches directionnelles du clavier, descendez-le pour que la pointe supérieure soit juste sous le haut de la dune.
- Diapositive n° 4 : Intervertissez la photo et le dessin.
- Diapositive n° 6 : Cliquez dans le tableau puis sur la bordure et sous l'onglet **Outils de tableau/Création**>groupe **Styles de tableau**, sous **Clair** cliquez sur *Style léger 1 accentuation 5* (sixième vignette). Cliquez sur le bouton **Gras** pour faire ressortir les données.
- Diapositive n° 7 : Double-cliquez dans le tableau (qui est un objet Excel) pour ouvrir l'application Excel. Sélectionnez la plage de cellules A1:E6, puis, sous l'onglet **Accueil**>groupe **Police**, cliquez sur le bouton **Couleur de remplissage**, choisissez *Orange, accentuation6, plus clair 60 %*. Cliquez ensuite sur la **flèche** du bouton **Bordure** et choisissez toutes les bordures. Enfin, cliquez deux fois de suite sur le bouton **Gras** pour que les chiffres ressortent sur l'image. Terminez en cliquant en dehors du tableau.

Le bandeau supérieur du thème a une couleur qui ne ressort pas, vous allez la modifier.

- Sous l'onglet **Affichage**>groupe **Affichage des présentations**, cliquez sur le bouton **Masque des diapositives**. Positionnez-vous sur la racine du masque et cliquez sur la partie gauche du bandeau en haut de la diapositive. Sous l'onglet **Outils de dessin/Format**>groupe **Styles de formes**, cliquez sur le bouton **Remplissage de forme**, puis sur *Dégradé* et choisissez *Plus de dégradés...*
  Dans le dialogue *Format de la forme* qui s'affiche, <⊙ Remplissage dégradé> est déjà coché. Cliquez sur la zone <Couleurs prédéfinies> et choisissez *Tombée de la nuit* (troisième vignette).
- Cliquez sur la partie droite du bandeau du haut et, pour répéter la même action (appliquer le dégradé prédéfini *Tombée de la nuit*), appuyez sur la touche F4.

La touche F4 permet de répéter la dernière action. Ici c'est tout l'enchaînement jusqu'à la sélection de la couleur qui sera répété.

Enregistrez la présentation sous `An Diamo-5-R`.

CAS 5 : UTILISER MS PICTURE MANAGER

RECOLORIEZ LA PHOTO D'ARRIÈRE-PLAN

- Positionnez-vous sur la diapositive n° 3. Le texte n'est pas très lisible sur le fond de la photo. Vous allez modifier la transparence de l'arrière-plan.
- Cliquez droit sur le fond de la diapositive (en dehors des espaces réservés ou sur le bord) et dans le menu, choisissez Mise en forme de l'arrière-plan.Dans le dialogue *Mise en forme de l'arrière-plan*, cliquez-glissez le curseur de la réglette de la zone <Transparence> jusqu'à 45 %.
- Enregistrez.

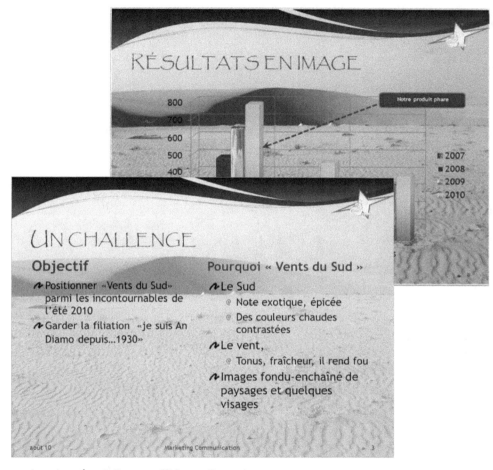

- Revenez dans la présentation en affichage *Normal*.
- Enregistrez les modifications en gardant le nom An Diamo-5-R.

CAS 6 : ANIMER UNE PRÉSENTATION

Appliquez des transitions aux diapositives

Transition Forme, Losange

Transition Damier, arrivée par la gauche

Ajoutez des animations et organisez leur chronologie

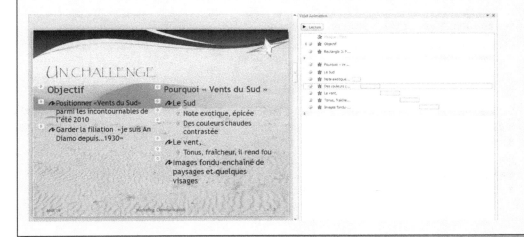

Fonctions utilisées

– *Choisir et appliquer des transitions*   – *Régler le minutage*

– *Ajouter une animation dans le masque*   – *Ajouter du son*

– *Ajouter des animations dans les diapositives*   – *Ajouter une vidéo*   **30 mn**

Pour rendre le diaporama plus vivant, vous allez dans un premier temps appliquer des transitions aux diapositives ; une transition définit une dynamique d'apparition de la diapositive à l'écran. Vous allez ensuite ajouter des animations sur différentes diapositives ; une animation définit une dynamique d'ouverture, d'emphase ou de fermeture d'un élément figurant sur la diapositive. Enfin, vous agrémenterez la présentation avec du son et une vidéo.

- Ouvrez la présentation `An Diamo-6`, puis enregistrez-la sous le nom `An Diamo-6-R`.

- **APPLIQUEZ DES TRANSITIONS AUX DIAPOSITIVES**

La transition d'une diapositive définit la façon dont elle apparaît à l'écran. Vous allez appliquer une même transition à toutes les diapositives, puis modifier la transition pour certaines.

- Cliquez sur l'icône *Trieuse de diapositives*, située sur la barre d'affichage rapide.

- Sélectionnez toutes les diapositives de la présentation. Pour cela, sous l'onglet **Accueil**>groupe **Modification**, cliquez sur **Sélectionner** puis sur Sélectionnez tout, ou bien, en gardant le doigt appuyé sur la touche Maj cliquez sur la première puis sur la dernière diapositive ou encore utilisez le raccourci Ctrl+A.

- Sous l'onglet **Transitions**>groupe **Accès à cette diapositive**, cliquez sur la flèche ❶ déroulant la galerie, puis sur la vignette *Couvrir*. Toutes les diapositives sélectionnées adoptent cette transition.

- Dans le groupe **Minutage**, dans la zone **<Durée>** ❷ : entrez 02 (2 secondes) ; sous **<Passer à la diapositive suivante>**, décochez **<☐ Manuellement>** et cochez **<☑ Après>**, spécifiez 00:03 ❸ (3 secondes). Cela permettra de visualiser rapidement les transitions pendant la mise au point. Vous réglerez plus loin le minutage définitif de la présentation.

- Cliquez sur la diapositive de titre (1ʳᵉ diapositive). Déroulez la galerie des transitions, sélectionnez la transition *Forme* ; cliquez sur **Options d'effet** puis sur Losange ; dans la zone **<Durée>**, 2 s.

- Cliquez sur la diapositive Un challenge et attribuez la transition *Tourbillon* sous **Captivant**, avec l'option d'effet À partir du bas, pour une durée de 2 s.

- Sur la diapositive suivante, Notre équipe, attribuez-lui la transition *Damier*, avec l'option d'effet À partir de la gauche, pour une durée de 2 s.

- Sélectionnez ensemble les deux diapositives contenant des tableaux (diapositives n° 6 et n° 7) et attribuez-leur la transition *Déchiquetage* avec l'option d'effet Bandes déchiquetées avant pour l'une, et Bandes déchiquetées arrière pour l'autre, pour une durée de 2 s.

- Positionnez-vous sur la diapositive de titre et cliquez sur le bouton **Diaporama** ❹ de la barre d'affichage rapide pour visualiser le diaporama avec les transitions.

- Enregistrez la présentation afin de conserver le travail effectué sur les transitions.

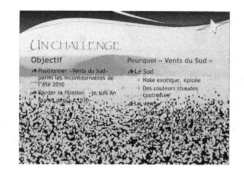

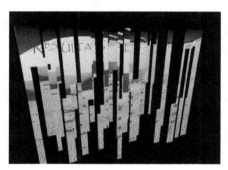

AJOUTEZ UNE MÊME ANIMATION SUR LES TITRES DE TOUTES LES DIAPOSITIVES

Vous voulez animer l'apparition du titre de façon homogène sur toutes les diapositives, il faut donc définir l'animation dans le masque des diapositives, et plus précisément dans la racine du masque.

- Revenez en mode *Normal* en cliquant sur l'icône *Normal* de la barre d'affichage rapide.
- Passez en mode *Masque des diapositives* : maintenez appuyée la touche Maj en cliquant sur l'icône *Normal* de la barre d'Affichage rapide.

- Positionnez-vous sur la racine du masque et sélectionnez la zone de titre en cliquant sur son contour. Puis, sous l'onglet **Animation**>groupe **Animation avancée**, cliquez sur le bouton **Volet Animation** ❶ pour afficher le *Volet Animation* sur la droite de la fenêtre.
- Cliquez sur le bouton **Ajouter une Animation** ❷, puis sur Autres effets d'entrée en bas de la galerie. Dans le dialogue, cliquez sur *Losange*, puis sur [OK]. Dans la zone **<Démarrer>**, spécifiez Avec la précédente, spécifiez une **<Durée>** de 2 s.
- Revenez en affichage Normal. Dans le *Volet d'animation*, cliquez sur le bouton [Lecture]. Ou, sous l'onglet **Animations**>groupe **Aperçu**, cliquez sur le bouton **Aperçu** pour visualiser un aperçu de la transition et des animations seulement sur la diapositive en cours.
- Sous l'onglet **Diaporama**>groupe **Démarrage du diaporama**, cliquez sur le bouton **À partir du début** pour visualiser tout le diaporama avec les transitions et le déroulement des titres sur toutes les diapositives.

CAS 6 : ANIMER UNE PRÉSENTATION

AJOUTEZ DES ANIMATIONS SUR LES OBJETS DES DIAPOSITIVES

Vous allez ajouter des animations sur des objets figurant sur différentes diapositives.

De façon générale, évitez toutefois de mettre trop d'animations, afin de ne pas « brouiller » le message et risquer de détourner l'attention du sens de la présentation.

- Positionnez-vous sur la diapositive de titre, dissociez le groupe formé par le logo et l'objet WordArt. Cliquez en dehors de la sélection puis sélectionnez le dessin logo.
  Sous l'onglet **Animation**>groupe **Animation avancée**, cliquez sur le bouton **Ajouter une Animation**, puis tout en bas sur Autres effets d'entrée. Dans le dialogue, cliquez sur sur *Tourbillon* sous **Modéré** puis sur [OK]. Dans le *Volet d'animation*, cliquez sur le bouton [Lecture].

- L'objet logo étant toujours sélectionné, sous l'onglet **Animation**>groupe **Minutage**, spécifiez **<Démarrer>** : Après la précédente, **<Durée>** : 3 secondes, **<Délai>** : 1,5 secondes.

- Sélectionnez l'objet texte WordArt, puis sous l'onglet **Animation**>groupe **Animation**, déroulez la galerie des styles d'animations et cliquez sur *Forme* ; cliquez sur le bouton **Options d'effet** puis sur Vers l'avant ; dans la zone **<Démarrer>**, sélectionnez Après la précédente ; dans la zone **<Délai>**, spécifiez 2 secondes ; dans la zone **<Durée>**, spécifiez 2 secondes.

- Positionnez-vous sur la diapositive n° 2 : cliquez sur le diagramme SmartArt puis, sous l'onglet **Animation**>groupe **Animation**, choisissez le style d'animation *Balayer*. Dans le *Volet Animation*, cliquez sur la flèche de l'espace réservé, puis sur Options d'effet ; sous l'onglet **Effets** du dialogue, dans la zone <Sens> choisissez A partir de la gauche ; sous l'onglet **Minutage**, dans la zone <Début>, choisissez Après la précédente et dans la zone <Durée> 3 secondes ; sous l'onglet **Animation SmartArt**, dans la zone <Grouper>, choisissez Un par un ; validez le dialogue par [OK].

- Diapositive n° 3 : attribuez à la zone de légende Objectif le style d'animation *Estomper* ; dans la zone **<Démarrer>** : Après la précédente, dans **<Durée>** : 1 s. Appliquez la même animation à la zone de texte au-dessous, avec une durée de 3 s. Procédez de même sur la zone de légende et la zone de texte situées sur la droite de la diapositive.

- Diapositive n° 4 : attribuez au diagramme le style d'animation *Entrée brusque*. Cliquez sur le lanceur sur groupe **Animations**, sous l'onglet **Effet**, dans la zone <Sens>, choisissez : À partir du coin supérieur droit ; sous l'onglet **Minutage**, dans <Durée>, choisissez 3 secondes, dans <Début> : Après la précédente ; sous l'onglet **Animation smartArt** : un par un ; [OK].

- Diapositive n° 5 : attribuez au diagramme le style d'animation *Balayer*. Cliquez sur le lanceur du groupe **Animations**, puis sous **Effet**, dans <Sens> : À partir de la gauche ; sous **Minutage**, dans <Durée> 3 secondes et dans <Début> : Après la précédente ; sous **Animation SmartArt**, dans <Grouper> Par branche un par un ; [OK].

- Diapositive n° 6 : attribuez au tableau le style d'animation *Barres aléatoires*, avec l'option d'effet : Verticalement, avec <Début> : Après la précédente, et <Durée> : 3 s. Validez par [OK].

- Diapositive n° 7: appliquez au tableau la même animation que dans la diapositive précédente.

L'animation *Barres aléatoires* est maintenant visible dans la galerie car elle vient d'être utilisée.

- Diapositive n° 8 : attribuez à l'objet graphique le style d'animation *Balayer*, avec pour l'effet de sens : À partir du bas ; l'animation de groupage : Par élément dans les séries ; et pour le minutage, <Début> : Après la précédente, <Vitesse> : 3 s.

- Diapositive n° 9 : attribuez au graphique *Foehn* le style d'animation *Entrée brusque*, avec le groupage : Par catégorie, <Début> : Après la précédente, <Durée> : 2 s, <Sens> : À partir du coin inférieur gauche.

- Appliquez la même animation aux deux autres graphiques en modifiant le sens : À partir du coin inférieur droit pour *Sirocco*, À partir du bas pour *Tramontane*.

CAS 6 : ANIMER UNE PRÉSENTATION

RÉGLEZ LE MINUTAGE DU DIAPORAMA

- Affichez la présentation en mode *Trieuse*, en cliquant sur l'icône *Trieuse de diapositive* de la barre d'affichage rapide puis sélectionnez toutes les diapositives par [Ctrl]+A. Sous l'onglet **Transition**>groupe **Minutage**, sous **Passer à la diapositive suivante**, cochez la case <☑ **Manuellement**>.

- Sous l'onglet **Diaporama**>groupe **Configuration**, vérifiez que la case <☑ **Utiliser le minutage**> est cochée puis cliquez sur le bouton **Vérification du minutage**.

- Le diaporama commence, une minibarre d'outils s'affiche, vous permettant de suivre le temps de la diapositive et le temps cumulé. Le bouton *Diapositive suivante* ❶ sert à passer à la diapositive suivante. Vous pouvez également utiliser la flèche de déplacement droite du clavier : laissez se dérouler les animations des objets et cliquez sur le bouton ❶ *Diapositive suivante* lorsque vous estimez le temps écoulé suffisant pour que la diapositive affichée soit lue.

Prenez le temps de bien lire tous les textes et de regarder tous les éléments de la diapositive : il faut que l'auditoire dispose du temps nécessaire à la lecture et la perception de la diapositive.

Lorsque, après avoir passé en revue toutes les diapositives, vous êtes parvenu à la fin du diaporama, un dialogue s'affiche indiquant la durée cumulée du déroulement du diaporama et vous demande si vous souhaitez l'enregistrer.

- Un message affiche la durée du diaporama, ici 04 min et 09 s. Cliquez sur [Oui] pour mémoriser le minutage que vous avez effectué.

- Appuyez sur la touche [Echap] pour sortir du mode *Diaporama*.

- Enregistrez la présentation pour conserver le travail de minutage que vous avez effectué.

La présentation ainsi conçue peut être présentée manuellement par un présentateur ou bien se dérouler automatiquement si vous utilisez le minutage.

AJOUTEZ DU SON

Vous allez insérer de la musique en fond de présentation et des acclamations pour la présentation des membres de l'équipe.

Insérer un fichier musique

Vous allez insérer un fichier audio sur la diapositive de titre, de façon que le son démarre en même temps qu'apparaît `An Diamo`.

- Passez en mode d'affichage *Normal* sur la diapositive de titre. Sous l'onglet **Insertion**>groupe **Média**, cliquez sur la flèche du bouton **Audio**, puis sur la commande **À partir du fichier ...** ❶. La fenêtre *Insérer un objet audio* s'affiche : sélectionnez dans le dossier `Favoris\Exercices Powerpoint 2010`, le fichier `Waldszenen.wma`.

- Une icône haut-parleur s'insère au milieu de la diapositive, une barre de gestion du son apparait lorsqu'elle est sélectionnée (elle ne sera visible en diaporama que si vous amenez le pointeur dessus). Déplacez cette icône sur le côté droit de la diapositive.

- Sous l'onglet **Animations**>groupe **Animation avancée**, cliquez sur le bouton **Volet Animation** pour ouvrir le *Volet Animation*. En dernière position se trouve l'animation sonore que vous venez d'insérer.

- Cliquez sur cette animation sonore et paramétrez-la avec **<Démarrer>** : Avec la précédente.
- Dans le *Volet Navigation*, cliquez sur la flèche déroulante située à droite du nom de l'animation sonore, puis sur Options d'effet... Le dialogue *Lire Audio* s'affiche avec ses différents onglets.

- Cliquez sur l'onglet **Effet ❶**, sous **Commencer la lecture**, cochez **<⊙ Du début>**, sous **Interrompre la lecture**, cochez **<⊙ Après>** et spécifiez 9 (diapositives).

Le son durera pendant 9 diapositives, même si vous naviguez entre les diapositives par des allers et retours (cas n°8). En revanche, si vous démarrez le diaporama à partir d'une autre diapositive, le son ne démarrera pas car il n'aura pas de déclencheur.

- Cliquez sur l'onglet **Minutage ❷**, dans la zone **<Répéter>**, tapez 2 : le fichier se répétera une fois (sera exécuté deux fois), validez par [OK].
- Sélectionnez l'icône audio, puid sous l'onglet **Lecture**>groupe **Options audio ❸**, cochez la case **<☑ Masquer pendant la présentation>**.

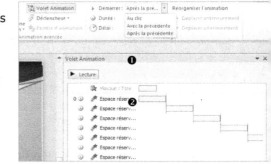

- Positionnez-vous sur la diapositive de titre. Cliquez sur le l'icône Diaporama de la barre d'affichage rapide.
- Le fichier son sera lu durant toute la présentation. Ajustez, si necessaire, le nombre de passages du fichier son.

Insérer un son

- Positionnez-vous sur la diapositive n° 4, Notre Équipe.

Vous allez sonoriser l'arrivée de chaque groupe.

- Dans le volet *Animation ❶*, dans la zone de liste des animations, cliquez droit sur l'animation du diagramme puis sur Options d'effet... Le dialogue de l'effet s'affiche (ici *Entrée brusque*), sous l'onglet **Effet** et sous **Améliorations**, cliquez sur la flèche de la zone **<Son>** puis sur *Appareil photo*. Validez en cliquant sur [OK].
À l'arrivée de chaque élément du diagramme, le son se déclenche.

Vous allez maintenant supprimer des sons pour ne garder le son que sur l'arrivée du texte.

- Cliquez sur l'icône chevrons situé à gauche sous l'animation du premier élément du diagramme. Tous les éléments du diagramme sont listés, avec la même animation.
- Élargissez le volet *Animation* en cliquant-glissant sur la bordure gauche, afin de voir tout le texte des objets composant le diagramme.
- Cliquez droit sur l'animation du premier *Espace réservé du contenu 95* **❷**, puis sur *Options d'effet...* Sous l'onglet *Effets*, dans la zone *<Son>*, sélectionnez Aucun son.

CAS 6 : ANIMER UNE PRÉSENTATION

- Faites de même pour les animations 3,5, 7 et 9 : les ellipses (une animation sur deux). Vous pouvez les sélectionner ensemble par un clic en appuyant sur Ctrl, puis cliquez droit sur la sélection pour afficher le menu contextuel et cliquez sur *Options d'effet...*

- Cliquez sur le bouton **Aperçu** (sous l'onglet **Animations**>groupe **Aperçu**) pour visualiser le résultat.

Vous allez finaliser la présentation de l'équipe par des applaudissements.

- Cliquez dans la diapositive, pour désélectionner le diagramme.

- Sous l'onglet **Insertion**>groupe **Média**, cliquez sur la flèche du bouton **Audio**, puis sur la commande *Audio clipart*. Le volet *Images clipart* ❶ s'affiche sur la droite de la fenêtre PowerPoint.

- Dans le volet *Images clipart*, dans la zone <Les résultats devraient être>, ne gardez cochée que la case <☑ Audio> puis cliquez sur [OK] à droite de la zone <Rechercher>. Dans la zone <Résultats>, cliquez sur la première icône *Applaudissement* ❷. Une icône haut-parleur vient s'insérer au centre de la diapositive. Rétrécissez-la et déplacez-la sur le côté droit de la diapositive, à l'aide de la touche directionnelle du clavier. Fermez le volet *Images clipart*.

- Dans le *Volet Animation,* cliquez droit sur le son inséré puis cliquez sur *Options d'effet...* Dans le dialogue *Lire Audio*, sous l'onglet **Paramètres audio**, cochez la case <☑ Masquer l'icône durant le diaporama>. Sous l'onglet **Minutage**, dans la zone <Début>, sélectionnez *Après la précédente*. Validez par [OK].

- Sous l'onglet **Outils audio/Lecture**>groupe **Options audio**, cochez la case <☑ **Masquer pendant le diaporama**>.

- Cliquez sur le bouton [Lecture] en haut du *Volet Animation* pour visualiser le résultat.

De la même manière, vous allez insérer un son sur la diapositive n° 8, Résultats en image.

- Positionnez-vous sur la diapositive numéro 8. Puis, sous l'onglet **Insertion**>groupe **Média**, cliquez sur la flèche du bouton **Audio**, puis sur Audio clipart.... Dans le volet *Images clipart,* procédez comme précédemment pour insérer le fichier *Applaudissements de quelques personnes* ❸ correspondant à la cinquième icône dans la zone <Résultats>.

Insérer un fichier vidéo

- Positionnez-vous sur la diapositive n°3, Un challenge. Sélectionnez la zone de texte à gauche et réduisez sa taille en hauteur, afin de libérer de l'espace en bas à gauche de la diapositive.

- Sous l'onglet **Insertion**>groupe **Média**, cliquez sur la **flèche** du bouton **Vidéo** puis sur *Vidéo à partir du fichier...* Dans le dialogue *Insérer une vidéo*, sélectionnez le fichier Dunes.wmv.

L'objet vidéo se positionne au milieu de la diapositive, vous allez le placer comme sur l'illustration ci-contre.

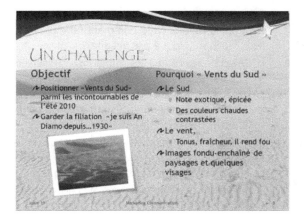

- Déplacez l'objet vidéo vers le bas à gauche, à l'aide de la touche directionnelle du clavier ou par un cliquer-glisser. Adaptez sa taille à l'espace : cliquez sur la vidéo, puis sur la poignée de l'angle supérieur droit et faites-la glissez vers l'intérieur pour réduire la taille du cadre écran vidéo, de manière à ce qu'elle soit sous le texte à gauche.

- Sous **Outils vidéo/Format**>groupe **Styles de vidéo**, déroulez la galerie **Styles de vidéos** et choisissez la mise en forme *Pivoté, blanc*, sous **Modéré**.

- Sous **Outils vidéo/Format**>groupe **Ajuster**, cliquez sur **Corrections** et choisissez *Luminosité – 0 %-Contrastes +20 %* (3e de la 4e ligne), dans le groupe **Couleur**, choisissez *Sépia* (3e de la 1re ligne).

- Sous **Outils vidéo/Lecture**>groupe **Edition,** cliquez sur le bouton **Découper la vidéo.** Dans le dialogue qui s'affiche, réglez l'heure de fin à 00:06 sec. Validez par [OK].

- Sous **Outils vidéo/Lecture**>groupe **Options vidéo**, dans la zone **<Début>**, choisissez Automatiquement et cochez la case **<☑ Boucle jusquà l'arrêt>**.

- Cliquez sur le bouton [Lecture], du *Volet Visualisation* pour visualiser l'enchaînement des actions.

- Dans le *Volet Animation*, sélectionnez pour la vidéo, l'animation *Lecture* (la seconde). Sous l'onglet **Outils video/Lecture**>groupe **Animation**, catégorie *Media*, choisissez *Lecture*.

La vidéo est paramétrée pour démarrer à la fin de l'apparition du texte situé à droite. Vous voulez la faire démarrer dès la fin de l'apparition du texte situé à gauche.

- Sélectionnez l'objet vidéo dans la diapositive. Dans le volet *Volet Animation*, les éléments de l'animation vidéo sont sélectionnés. Cliquez, dans le bas du volet, sur la flèche vers le haut située devant *Réorganiser*, et faites monter les éléments d'animation de la vidéo au-dessus de l'effet de l'élément Pourquoi « Vent du Sud » par des clics successifs.

- Cliquez sur le bouton [Lecture], dans le *Volet Animation* pour visualiser l'enchaînement des actions. Vous allez ajouter un effet d'ouverture.

- L'objet vidéo étant toujours sélectionné, sous **Animations**>groupe **Animation avancée**, cliquez sur le bouton **Ajouter une animation**, puis sur Autres effets d'entrée… sous **Captivant**, choisissez l'effet *Rebondir*.

- L'animation est venue se placer en dernière position. Sélectionnez-la et par la flèche de déplacement, faites-la monter en première position des animations de la vidéo.

- Sélectionnez ensuite les éléments d'animation de la vidéo et paramétrez-les avec **<Démarrer>** : Après la précédente.

- Cliquez sur le bouton [Lecture], pour visualiser le nouvel enchaînement des animations.

MODIFIEZ LE MINUTAGE DES ANIMATIONS

La zone de texte située à droite ne s'affiche plus tant que la vidéo n'est pas terminée, voici comment faire pour que le déroulement de la vidéo ne bloque pas la suite.

- Sélectionnez toutes les animations qui suivent, puis cliquez-droit sur la sélection et paramétrez **<Démarrer>** : Avec la précédente. Les textes situés à droite s'affichent d'un coup en même temps que débute la vidéo, et restent affichés pendant l'exécution de la vidéo.

Vous souhaitez cependant que les niveaux de paragraphes des textes de droite apparaissent avec échelonnement dans le temps de la diapositive. C'est possible en paramétrant les délais.

- Sélectionnez, avec la touche MAJ, tous les effets depuis l'effet de Pourquoi « Vents du Sud » jusqu'à Images fondu-enchaîné de paysages et quelques visages. Cliquez droit sur la sélection, puis sur Options d'effet… paramétrez un **<Début>** : Après la précédente ; sous l'onglet **Minutage**, dans la zone **<Délai>**, spécifiez 3 s.

CAS 6 : ANIMER UNE PRÉSENTATION

- Cliquez droit sur un des effets d'animation, puis sur Afficher la chronologie avancée. Ceci permet une représentation graphique de l'ordre chronologique des effets d'animation dans le *Volet Animation*. L'enchaînement du déroulement des animations est visualisé par les barres orange. Une réglette ❶ indique le minutage des différents enchaînements.

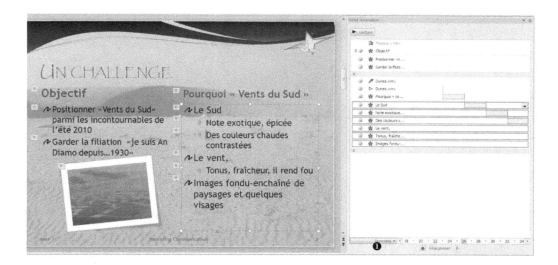

- Cliquez sur le bouton [Lecture] du *Volet Animation*, pour visualiser le nouvel enchaînement des effets d'animation sur la diapositive.
- Sous l'onglet **Diaporama**>groupe **Démarrage du diaporama**, cliquez sur le bouton À partir du début, pour visualiser l'ensemble de la présentation avec les transitions et le déroulement des titres.
- Après le déroulement du diaporama, masquez la chronologie comme vous l'avez affichée. Cliquez droit sur un des effets d'animation, puis sur Masquer la chronologie avancée.
- Enregistrez la présentation An Diamo-6-R pour conserver le travail effectué sur les animations.

Créez un thème, il apparaît ensuite dans la galerie des thèmes sous **Personnalisé**.

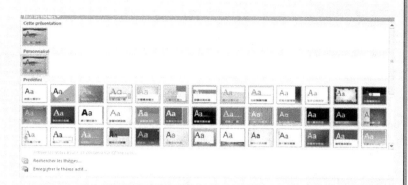

Créez une nouvelle présentation avec le thème personnalisé.

Créez un modèle avec des diapositives prédéfinies à compléter.

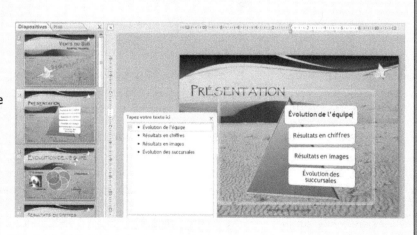

CAS 7 : CRÉER ET UTILISER UN THÈME ET UN MODÈLE

Fonctions utilisées

– *Créer un thème personnalisé*   – *Utiliser le modèle*

– *Utiliser le thème personnalisé*   – *Insérer des formes avec une image de fond*

– *Créer un modèle*   – *Modifier les données d'un tableau et d'un graphique*

25 mn

Vous avez créé une présentation avec un « look » affirmé pour le lancement d'une nouvelle ligne de parfums. Vous allez faire de ce « look » un thème que vous pourrez réutiliser dans vos prochaines présentations. Vous aurez aussi à présenter périodiquement les résultats de cette nouvelle gamme de parfums. Vous allez créer un modèle qui fournira les dispositions prédéfinies servant à organiser les données sur les diapositives ainsi que les diapositives avec tableaux et graphiques dont vous n'aurez plus qu'à changer les données pour chaque période.

CRÉEZ UN THÈME PERSONNALISÉ

Vous allez créer le thème *Désert*, applicable à toutes les présentations concernant la gamme de parfums *Vents du Sud*.

- Ouvrez le fichier `An Diamo-7.pptx`, puis sous l'onglet **Création**>groupe **Thèmes**, cliquez sur la **flèche** qui déroule la galerie des thèmes. Cliquez sur la commande Enregistrer le thème actif...
  Dans le dialogue *Enregistrer le thème actif*, dans la zone <Nom de fichier>, tapez `An Diamo`, validez par [OK].

L'extension d'un fichier thème est `thmx` ; les fichiers thème sont enregistrés dans le dossier `Microsoft/Templates/Document Thèmes`.

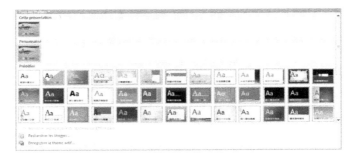

- Déroulez la galerie des styles, le thème *An Diamo* se trouve maintenant sous **Personnalisé**.
- Le thème étant créé, fermez la présentation `An Diamo-7.pptx`. Elle n'a pas été modifiée et n'a servi qu'à créer le thème, donc il n'est pas demandé de l'enregistrer.

CRÉEZ UNE PRÉSENTATION AVEC LE THÈME PERSONNALISÉ

- Cliquez sur le bouton *Nouveau* (sur la barre d'outils *Accès rapide*) ou utilisez le raccourci `Ctrl`+N pour créer une nouvelle présentation. Enregistrez-la sous le nom : `Actions publicitaires.pptx`.
- Sous l'onglet **Création**>groupe **Thèmes**, déroulez la galerie des thèmes, cliquez sur le thème *An Diamo*, pour l'appliquer à la présentation.
- Positionnez-vous sur la diapositive de titre, cliquez sur la zone de titre et tapez `Actions publicitaires`, puis cliquez dans la zone de sous-titre et tapez `1er semestre 2010` (ces textes de titre et sous-titre sont mis en petites majuscules comme défini dans le thème). Ajustez manuellement les zones de texte à leur contenu et placez-les dans le haut de la diapositive sur le ciel au-dessus des dunes de sable, alignées sur la droite.

CAS 7 : CRÉER ET UTILISER UN THÈME ET UN MODÈLE

- Sous l'onglet **Insertion**>groupe **Illustrations**, cliquez sur le bouton **Formes** et, dans la galerie, sous **Formes de base**, cliquez sur *Ellipse*. Dessinez un cercle, par un cliquer-glisser en diagonale sur la diapositive, en gardant appuyée la touche Maj pendant toute l'action.

- Cliquez droit sur la forme puis sur la commande Format de la forme... Dans le dialogue *Format de la forme*, cochez <⊙ Remplissage avec image ou texture>, cliquez ensuite sur le bouton [Fichier] et dans le dialogue : sélectionnez le dossier C:\Exercices PowerPoint 2010, puis sélectionnez le fichier image Fleurs(14).jpg et cliquez sur [Insérer]. Cliquez sur le bouton [Fermer].

- De la même manière, dessinez une forme *Larme* et insérez-y l'image du fichier Fleurs(13).jpg.

- Dessinez une forme *Explosion 1* (sous **Étoiles et bannières**), insérez-y l'image Fleurs(17).jpg.

- Activez l'affichage de la grille : cliquez droit sur la diapositive, puis sur Grille et repères..., cochez <☑ Afficher la grille à l'écran>, [OK]. Donnez aux trois formes la taille d'environ 2 carrés et demi de la grille. Disposez-les sous le titre, en arc de cercle.

- Par le raccourci Ctrl+M, insérez une diapositive. Donnez-lui la disposition *Image avec légende*. La disposition prévoit un cadre oblique à fond blanc sur lequel est disposé un espace réservé pour une image. Dans la zone de titre, tapez Foehn ; dans la zone de sous-titre tapez Mystérieux, il rend fou. Cliquez sur l'icône *Image*, située au centre de l'espace réservé à l'image, et insérez l'image Fleurs (14).jpg.

- Insérez une nouvelle diapositive. Elle prend la même disposition que la précédente. Tapez le titre Sirocco, le sous-titre Violent et sauvage, le souffle du sud. Insérez Fleurs (17).jpg dans l'espace réservé à l'image.

- Insérez une troisième diapositive et tapez le titre Tramontane puis le sous-titre Une oasis de fraîcheur. Insérez l'image Fleurs(13).jpg. dans l'espace réservé à l'image.

- Dans le masque, positionnez-vous sur la disposition *Image et légende* sous-jacente de ces diapositives. Supprimez le cadre oblique à fond blanc et redimensionnez et déplacez les titres et sous-titres sur la zone du ciel.

- Utilisez l'icône *Diaporama* de la barre d'affichage rapide pour dérouler le diaporama.

- Notez que l'animation des titres a été conservée dans le thème et donc dans la présentation créée avec le thème, car elle était intégrée au masque des diapositives. Enregistrez et fermez la présentation.

CAS 7 : CRÉER ET UTILISER UN THÈME ET UN MODÈLE

CRÉEZ LA PRÉSENTATION QUI SERVIRA DE MODÈLE

Si vous voulez utiliser des dispositions particulières, dans une présentation à créer périodiquement avec de nouvelles données, par exemple un tableau de suivi des résultats, un modèle vous permettra d'avoir, déjà prêtes, les diapositives avec tableaux, graphiques et diagrammes à remplir.

- Ouvrez le fichier `An Diamo-7.pptx`. Enregistrez sous le nom : `Reporting trimestriel.pptx`.
- Positionnez-vous sur la diapositive de titre, puis sous l'onglet **Accueil** > groupe **Diapositives**, cliquez sur le bouton **Rétablir**. La diapositive reprend la disposition du masque, en particulier la zone de sous-titre qui avait été supprimée sur la diapositive est rétablie.
- Passez dans le masque des diapositives : pour cela, maintenez appuyée la touche Maj et cliquez sur le bouton *Normal* de la barre d'affichage rapide.
- Vous êtes alors positionné dans le masque sur la disposition *Diapositive de titre*. Réduisez par le haut la hauteur de la zone de titre. Déplacez-la de façon que la base de cette zone se détache sur le ciel de la photo.

Le texte d'invite « cliquez pour modifier le style du titre » dépasse largement le cadre prévu pour le texte, mais cela n'a pas de conséquence sur le résultat.

- Réduisez à une ligne la hauteur de la zone de sous-titre et mettez-la juste en dessous de la zone de titre.
- Cliquez sur l'icône *Normal* de la barre d'affichage rapide pour revenir en affichage *Normal*.

- Dans la diapositive de titre, tapez le titre `Vents du Sud` et le sous-titre `Reporting trimestriel`, les petites majuscules sont automatiques parce que les zones sont ainsi formatées.
- Dans le volet **Diapositives/Plan**, supprimez les diapositives `Un challenge`, `Encadrement` et `Résultats de 2007 à 2010`.
- Dans la diapositive `Notre équipe`, modifiez le titre en `Évolution de l'équipe`. Sélectionnez la zone de texte `3 Créateurs`, changez la couleur de la police pour la couleur *Or accentuation 2 plus clair 60%*. Il ressortira mieux sur la couleur de la dune.
- Dans la diapositive `Premiers chiffres`, changez le titre par `Résultats en chiffres`.
- Double-cliquez dans le tableau puis dans la feuille Excel, et remplacez les données par les données exemple ci-contre (les totaux sont recalculés automatiquement).

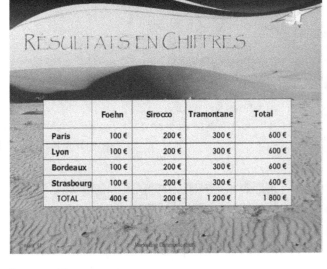

	Foehn	Sirocco	Tramontane	Total
Paris	100 €	200 €	300 €	600 €
Lyon	100 €	200 €	300 €	600 €
Bordeaux	100 €	200 €	300 €	600 €
Strasbourg	100 €	200 €	300 €	600 €
TOTAL	400 €	200 €	1 200 €	1 800 €

On préfère mettre des données exemple dans le modèle plutôt que de laisser les données déjà saisies dans la présentation qui va être enregistrée comme modèle.

- Pour terminer, cliquez en dehors du tableau.

CAS 7 : CRÉER ET UTILISER UN THÈME ET UN MODÈLE

- Cliquez sur la diapositive Résultats en image. Cliquez sur le bord de la zone de graphique puis, sous l'onglet **Outils de graphique/Création**>groupe **Données**, cliquez sur le bouton **Modifier les données**.

- Dans la feuille Excel, remplacez les intitulés des lignes : dans la première colonne,en A2 puis A3 et A4, tapez Foehn, Sirocco, Tramontane.

- Dans la feuille Excel, un petit coin bleu est situé en bas à droite du tableau ❶. Cliquez-glissez ce coin vers la gauche d'une colonne, afin de ne garder que les trois colonnes de données.

- Dans la feuille Excel, tapez les en-têtes de colonnes janvier, février, mars respectivement en B1, C1, D1. Puis saisissez des données exemple, 10 dans la ligne 2, 20 dans la ligne 3, 30 dans la ligne 4. La colonne E ne sert plus au graphique, vous pouvez en effacer les données : sélectionnez la plage E1:E4, puis dans le Ruban d'Excel, sous l'onglet **Accueil**>groupe **Cellules**, cliquez sur la **flèche** du bouton **Supprimer** puis sur Supprimer les cellules...

	A	B	C	D	E	F	G	H
1	En K€	janvier	février	mars				
2	Foehn	10	10	10				
3	Sirocco	20	20	20				
4	Tramontane	30	30	30				
5								
6				Pour redimensionner la plage de données du graphique, faites glisser le coin inférieur droit de la plage.				

- Fermez la fenêtre Excel. Puis cliquez sur le graphique. Sous l'onglet **Outils de graphique /Création**>groupe **Données**, cliquez sur le bouton **Intervertir les lignes/colonnes**, pour suivre l'évolution des ventes, des trois parfums mois par mois.

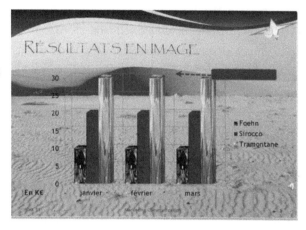

- Triple-cliquez sur le texte de l'objet texte d'où part la flèche en pointillé, pour le sélectionner et tapez Suppr pour le supprimer.

- Modifiez le titre de la diapositive suivante Comparaison en Évolution des succursales. Rappelons que le titre de la diapositive n° 3 a déjà été changé en Évolution de l'équipe.

- Sur la diapositive n°6, saisissez des données exemple pour chacun des graphiques. Fermez pour chacun les fenêtres Excel de saisie des données.

	A	B
1	K€	Foehn
2	Paris	100 €
3	Lyon	100 €
4	Bordeaux	100 €
5	Strasbourg	100 €

	A	B
1	K€	Tramontane
2	Paris	100 €
3	Lyon	100 €
4	Bordeaux	100 €
5	Strasbourg	100 €

	A	B
1	K€	Sirocco
2	Paris	100 €
3	Lyon	100 €
4	Bordeaux	100 €
5	Strasbourg	100 €

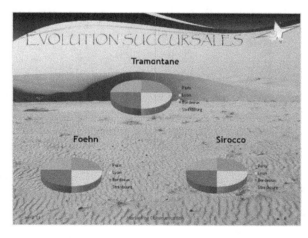

- Positionnez-vous dans la diapositive n°2 `Présentation` et intégrez les textes sur le diagramme SmartArt : pour cela, cliquez sur le diagramme SmartArt, puis sur l'icône double-flèche sur le bord gauche de l'objet. Dans le volet texte qui s'ouvre, sélectionnez le contenu puis tapez à la place :

`Évolution de l'équipe` ↵
`Résultats en chiffres` ↵
`Résultats en image` ↵
`Évolution des succursales`

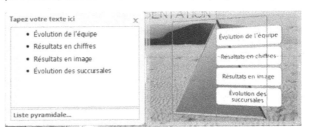

- Fermez la zone de texte par la case marquée d'une croix en haut à droite. Le SmartArt s'est adapté à ces nouvelles données.

ENREGISTREZ LA PRÉSENTATION COMME MODÈLE

Afin de pouvoir réutiliser à volonté cette présentation sans risquer de perdre des données ou de modifier involontairement l'original, vous allez l'enregistrer comme modèle.

- Cliquez sur l'onglet **Fichier** , puis sur **Enregistrer sous**... Dans la partie basse du dialogue *Enregistrer sous*, dans la zone <Nom de fichier>, tapez `Reporting trimestriel`. Cliquez sur la flèche de la zone <Type> puis sur *Modèle PowerPoint (*.potx)*. Cliquez sur [Enregistrer].

- Arrêtez le programme PowerPoint.

Les modèles sont enregistrés dans le dossier spécial `Templates`, dans lequel sont regroupés tous les modèles de PowerPoint, sous Vista : `Nom_utilisateur/AppData/Roaming/Microsoft/Templates`.

UTILISEZ LE MODÈLE

- Lancez *PowerPoint*. Cliquez sur l'onglet **Fichier** puis sur **Nouveau**, cliquez ensuite sur *Mes modèles...* (dans le volet de gauche). Le dialogue *Nouvelle présentation* s'affiche.

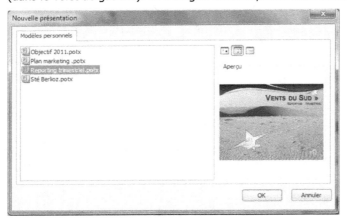

Le nom du modèle que vous avez créé apparaît dans la partie gauche du dialogue, dans la liste des modèles déjà créés. La partie droite permet d'avoir un aperçu du modèle sur lequel vous cliquez.

- Sélectionnez `Reporting trimestriel.potx`, puis cliquez sur [OK]. La présentation s'ouvre. Elle se nomme *PrésentationN*, comme une nouvelle présentation vierge.

- Renommez–la, en l'enregistrant dans le dossier `C:\Exercices PowerPoint 2010`, sous le nom `Reporting trim1 2011`.

- Positionnez-vous sur la diapositive de titre, triple-cliquez dans la zone de sous-titre puis tapez le nouveau sous-titre `Reporting 1er trimestre 2011`.

CAS 7 : CRÉER ET UTILISER UN THÈME ET UN MODÈLE

- Dans la diapositive n°3 Évolution de l'équipe, cliquez sur la bordure de la zone de diagramme pour faire apparaître le volet texte.

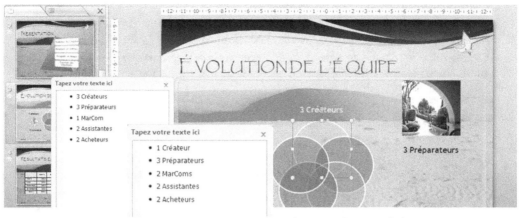

- Modifiez les textes dans la zone de texte comme indiqué dans la figure précédente. Puis refermez le volet texte.
- Dans la diapositive n° 4 Résultats en chiffres : double-cliquez dans le tableau et tapez les nouveaux chiffres.

N'écrivez rien dans la ligne et la colonne des totaux, vous êtes dans un tableau Excel : les formules se mettront à jour automatiquement.

	Foehn	Sirocco	Tramontane	Total
Paris	425 €	650 €	150 €	1 225 €
Lyon	330 €	400 €	50 €	780 €
Bordeaux	530 €	330 €	320 €	1 180 €
Strasbourg	500 €	600 €	180 €	1 280 €
TOTAL	1 785 €	1 980 €	700 €	4 465 €

- Dans la diapositive n° 5 Résultats en image : cliquez sur le graphique puis, sous l'onglet **Outils de graphique/Création**>groupe **Données,** cliquez sur **Modifier les données**, effacez les chiffres du tableau et tapez les données suivantes à la place des données exemple.

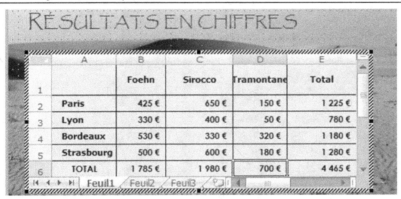

	En K€	janvier	février	mars	
Foehn		460	580	745	
Sirocco		430	540	710	
Tramontane		200	325	375	

Pour redimensionner la plage de données du graphique, fai

- Cliquez droit sur la forme texte insérée en haut à droite de l'objet graphique, puis sur la commande contextuelle Modifier le texte... Supprimez le texte précédent et tapez : Tramontane tarde à percer.

- Modifiez la position de la flèche : cliquez sur la flèche pour la sélectionner, puis sur le rond blanc de la pointe et glissez-la jusqu'à la série *Tramontane* du mois de mars, repositionnez de la même manière le départ de la flèche, si nécessaire.
- Dans la diapositive n° 6 Évolution des succursales : vous allez représenter les données du tableau des succursales qui se trouve sur la diapositive Résultats en chiffres.
- Cliquez sur le graphique de *Foehn*, sous l'onglet **Outils de graphique/Création**>groupe **Données,** cliquez sur le bouton **Modifier les données,** puis tapez les données suivantes à la place des données exemple.

	Foehn
Paris	425 €
Lyon	330 €
Bordeaux	530 €
Strasbourg	500 €

- Répétez la manipulation pour les données des graphiques des parfums *Sirocco* et *Tramontane*.

	Sirocco		Tramontane
Paris	650 €	Paris	150 €
Lyon	400 €	Lyon	50 €
Bordeaux	330 €	Bordeaux	320 €
Strasbourg	600 €	Strasbourg	180 €

Vous pouvez également reprendre, par un copier-coller, les données du tableau de la diapositive n° 4.

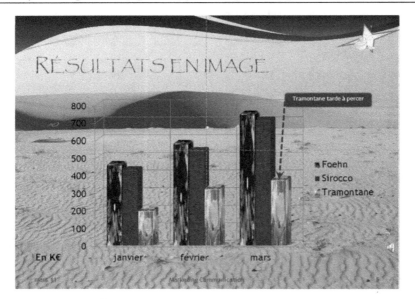

- Enregistrez la présentation en gardant le nom Reporting Trim1 2011.
- Fermez la présentation.

Configurez le
déroulement du diaporama

Créez des liens
hypertextes

Créez un diaporama
personnalisé

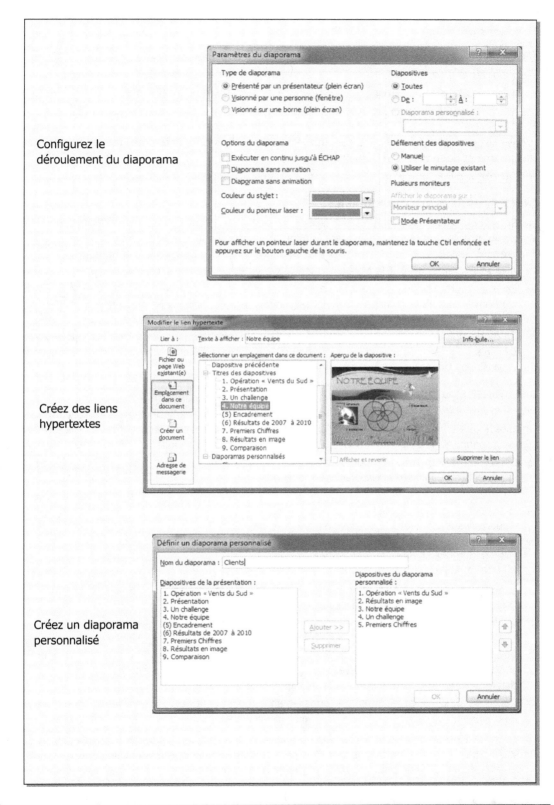

Fonctions utilisées

– *Lancer et arrêter le diaporama*   – *Insérer un bouton « aller à une diapositive »*
– *Configurer le diaporama*   – *Créer un diaporama personnalisé*
– *Insérer des liens hypertextes*   – *Utiliser les commandes de diaporama*

20 mn

Vous allez lancer et visualiser le diaporama. PowerPoint vous offre différentes façons de configurer le diaporama et de faciliter son déroulement.

■ Ouvrez la présentation An Diamo-8.pptx. Enregistrez-la sous le nom An Diamo-8-R.pptx.

LANCEZ ET ARRÊTEZ LE DIAPORAMA

■ Sous l'onglet **Affichage**>groupe **Affichage des présentations**, cliquez sur le bouton **Mode Lecture**. Le diaporama se déroule, en respectant le minutage que vous lui avez donné ; il commence à la première diapositive. Les transitions et animations se déroulent dans le diaporama.

■ Arrêtez le diaporama sur la troisième diapositive en appuyant sur la touche Echap.

■ Essayez l'autre commande pour lancer la diaporama : en mode *Normal*, positionnez-vous sur la troisième diapositive, puis sous l'onglet **Diaporama**>groupe **Démarrer les présentations**, cliquez sur le bouton **À partir du début**. Déroulez les deux premières diapositives. Arrêtez en tapant sur Echap.

■ En mode *Normal*, positionnez-vous sur la troisième diapositive, puis sous l'onglet **Diaporama**>groupe **Démarrer les présentations**, cliquez sur le bouton **À partir de la diapositive actuelle**. Déroulez les deux diapositives suivantes. Arrêtez en tapant sur Echap.

CONFIGUREZ LE DIAPORAMA

Tel qu'il est configuré (par défaut), le diaporama se déroule automatiquement, en respectant le minutage que vous avez enregistré, ainsi que le déroulement des transitions et les animations. Vous pouvez configurer le diaporama pour qu'il se déroule de façon manuelle.

■ Sous l'onglet **Diaporama**>groupe **Configuration**, cliquez sur le bouton **Configurer le diaporama**. Le dialogue *Paramètres du diaporama* s'affiche.

– Sous **Défilement des diapositives** ❶, cochez <⊙ Manuel>. Il faudra ensuite cliquer sur une diapositive pour passer à la diapositive suivante (attendez de préférence la fin des animations se déroulant automatiquement).

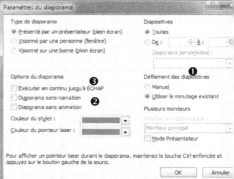

■ Validez par [OK].

■ Lancez le diaporama en cliquant, sous l'onglet **Diaporama**>groupe **Démarrage du diaporama**, sur le bouton **À partir du début**.

L'effet d'animation du titre débute en même temps que la diapositive, car il est paramétré pour débuter Avec la précédente. Pour passer à la diapositive suivante, cliquez sur la diapositive. Vous pouvez ainsi avancer à votre rythme. Arrêtez le diaporama, en appuyant sur la touche Echap.

■ Vous pouvez dérouler le diaporama sans les animations, pour cela : ouvrez le dialogue *Paramètres du diaporama* et cochez <☑ Diaporama sans animation> ❷.

L'option <☑ Exécuter en continu jusqu'à ÉCHAP> ❸, sert pour que le diaporama recommence au début lorsqu'il a passé la dernière diapositive. Ceci permet un défilement permanent de la présentation, bien entendu il faut pour cela désactiver le mode <○ Manuel>.

CAS 8 : DÉROULER LE DIAPORAMA

MASQUEZ UNE DIAPOSITIVE

Vous pouvez masquer certaines diapositives, elles ne seront pas affichées automatiquement lors du déroulement du diaporama. Vous pourrez les afficher par une action manuelle pour ne les montrer qu'en cas de besoin, une demande de l'auditoire par exemple nécessitant l'affichage d'un tableau de résultat ou l'organigramme de la société.

Masquez une diapositive

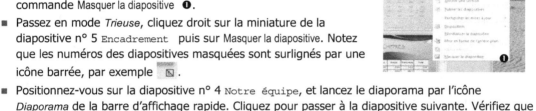

- Toujours sur `An Diamo-8-R.pptx`, dans le volet de gauche sous l'onglet *Diapositives*, cliquez droit sur la miniature de la diapositive à masquer, n° 6 `Résultat de 2007 à 2010`. Puis, cliquez sur la commande Masquer la diapositive ❶.

- Passez en mode *Trieuse*, cliquez droit sur la miniature de la diapositive n° 5 `Encadrement` puis sur Masquer la diapositive. Notez que les numéros des diapositives masquées sont surlignés par une icône barrée, par exemple ⊠ .

- Positionnez-vous sur la diapositive n° 4 `Notre équipe`, et lancez le diaporama par l'icône *Diaporama* de la barre d'affichage rapide. Cliquez pour passer à la diapositive suivante. Vérifiez que vous passez directement à la diapositive n° 7 `Premiers chiffres`. Appuyez sur Echap .

Affichez une diapositive masquée

- Lancez à nouveau le diaporama a partir de la diapositive n° 5. Cliquez droit sur la diapositive, puis sur la commande Aller *à* ❷. Dans la liste des diapositives, deux numéros (5) et (6) sont entre parenthèses : ce sont les diapositives masquées.

- Dans la liste, cliquez sur (5) Encadrement, pour afficher la diapositive masquée. Puis, de la même manière, après les animations de la diapositive n°5, affichez la diapositive N°6 qui est masquée, elle aussi. À la fin des animations de la diapositive N°6, cliquez pour passer à la diapositive suivante, et appuyez sur Echap pour arrêter le déroulement du diaporama.

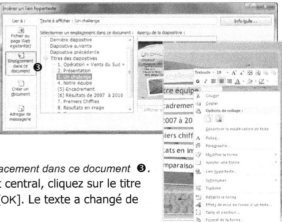

INSÉREZ DES LIENS HYPERTEXTES

La diapositive `Présentation` comporte un diagramme SmartArt qui est un sommaire des sujets traités dans la présentation PowerPoint. Vous allez créer des liens hypertextes de chaque texte du diagramme vers la diapositive concernée.

- En mode *Normal*, positionnez-vous sur la diapositive `Présentation`.

- Dans la première forme du SmartArt, sélectionnez le texte `Un Challenge`. Puis, sous l'onglet **Insertion**>groupe **Liens**, cliquez sur le bouton Lien hypertexte. Le dialogue *Insérer un lien hypertexte* s'affiche.

- Dans le volet gauche, cliquez sur le bouton *Emplacement dans ce document* ❸. Les titres des diapositives s'affichent dans le volet central, cliquez sur le titre `Un Challenge`. Validez en cliquant sur le bouton [OK]. Le texte a changé de couleur et il est souligné.

CAS 8 : DÉROULER LE DIAPORAMA

- Sélectionnez le texte de la forme SmartArt suivante : `Notre Equipe`. Cliquez droit sur la sélection puis sur la commande contextuelle Lien hypertexte… Le bouton Emplacement dans ce document est resté sélectionné, double-cliquez sur le titre `Notre Equipe` dans le volet central.
- Convertissez, de la même façon, les textes des cinq formes SmartArt suivantes en liens hypertextes en suivant l'une ou l'autre façon.

Vous pouvez sélectionner le texte indifféremment dans la zone de texte ou la forme SmartArt.

Le texte des formes SmartArt a changé de couleur : la couleur des liens est définie dans le thème actuel : *Désert*. Vous allez la changer (la personnaliser).

- Sous l'onglet **Création**>groupe **Thème**, cliquez sur le bouton Couleurs. Dans le menu, cliquez sur la dernière commande Nouvelles couleurs de Thème…
- Dans le dialogue *Créer de nouvelles couleurs de thème*, cliquez sur l'avant-dernière couleur : *Lien hypertexte*. Dans les couleurs proposées, choisissez *Rouge, Accentuation3, plus sombre 25 %*.
- Cliquez sur la dernière couleur *Lien hypertexte visité* et choisissez la couleur *Or, Accentuation2, plus sombre 25%*.
- Cliquez sur le bouton [Enregistrer].

Vous pouvez tester le fonctionnement des liens hypertextes en déroulant le diaporama. Il n'est pas possible de les tester autrement.

- Pour les tester, cliquez sur l'icône *Diaporama* dans la barre d'affichage rapide. Lorsque la forme du SmartArt contenant le lien <u>Notre équipe</u> s'affiche, cliquez dessus. Vous passez sur la diapositive `Notre équipe`.

Les liens hypertextes sont en couleur rouge tant qu'ils n'ont pas été visités et couleur or ensuite.

- Utilisez la touche Echap pour arrêter le Diaporama.

CRÉEZ UN BOUTON POUR ALLER À LA DIAPOSITIVE PRÉSENTATION

Vous pouvez associer un lien hypertexte à un bouton afin d'aller directement sur une diapositive prédéfinie, par un simple clic sur le bouton au cours du diaporama. Vous allez insérer sur toutes les diapositives un bouton qui permettra de revenir sur le sommaire.

Il faut donc l'insérer dans le masque des diapositives. Mais auparavant, vous allez ajouter un outil *Formes* dans la barre d'outils *Accès rapide*, plutôt que d'utiliser la commande du Ruban.

- Pour ajouter ce bouton, sous l'onglet **Insertion**>groupe **Illustrations**, cliquez droit sur le bouton **Formes**, puis sur la commande Ajouter à la barre d'outils Accès rapide.
- Passez ensuite dans le masque en appuyant sur Maj pendant le clic sur le bouton *Normal* de la barre d'affichage rapide.
- Positionnez-vous sur la racine du masque.

Cliquez sur le bouton **Formes** puis sous **Bouton d'action**, cliquez sur le *Bouton d'action : Accueil*. Tracez un carré d'environ 0,5 cm de côté, par cliquer-glisser en appuyant sur Maj, sur le fond gris à côté de la diapositive.

CAS 8 : DÉROULER LE DIAPORAMA

- Le dialogue *Paramètres des actions* s'ouvre ❶. Par défaut, l'option <⊙ Créer un lien hypertexte vers> est activée. Dans la zone située au-dessous, cliquez sur la flèche déroulante et choisissez la commande Diapositive... Dans le dialogue qui s'affiche, cliquez sur le titre de la diapositive Présentation ❷. Validez en cliquant sur [OK] deux fois.

Avant de placer le bouton sur diapositive racine, vous allez lui donner une texture.

- Cliquez droit sur le bouton puis sur Format de la forme... Dans le volet de gauche du dialogue, cliquez sur *Remplissage* puis, dans le volet de droite, cochez <⊙ Remplissage avec image ou texture>, cliquez ensuite sur le bouton [Fichier] et dans le dossier C:\Exercices PowerPoint 2010, double-cliquez sur le fichier photo Desertb.jpg. Validez en cliquant sur [Fermer].

- Cliquez-glissez le bouton pour le positionner dans le coin inférieur droit ❸ de la diapositive racine.

- Cliquez, dans la barre d'affichage rapide, sur l'icône *Diaporama*. En mode *Diaporama*, cliquez sur le lien hypertexte Notre Équipe dans la diapositive Présentation. Une fois dans cette diapositive, cliquez sur le bouton d'action placé en bas à droite pour revenir sur la diapositive Présentation.

- Pratiquez cet aller-retour entre la diapositive Présentation et les autres diapositives par les liens hypertextes. Repassez en mode *Normal*.

- Arrêtez le diaporama. Enregistrez la présentation.

Un bouton d'action permet par exemple d'afficher une diapositive masquée apportant des précisions à la diapositive en cours (Il faudra alors prévoir sur la diapositive masquée un bouton de retour vers la diapositive suivante à afficher). Un bouton d'action permet aussi d'ouvrir un fichier ou d'aller sur une page de site Internet ou intranet.

NAVIGUEZ DANS LE DIAPORAMA

- Sous l'onglet **Diaporama**>groupe **Démarrage du diaporama**, cliquez sur le bouton **À partir du début**, vous pouvez aussi utiliser la touche F5. Vous ferez ainsi démarrer le diaporama depuis le début, où que vous soyez dans la présentation. Les animations vont se dérouler automatiquement sur la diapositive.

Le diaporama ayant été configuré en manuel, vous devrez cliquer, à la fin des animations de chaque diapositive, pour passer à la diapositive suivante.

- Laissez se dérouler la diapositive de titre. Cliquez pour passer à la diapositive n° 2 Présentation.

- Cliquez sur le lien hypertexte Notre Équipe lorsque l'animation le fait apparaître. Laissez se dérouler les animations de la diapositive. Cliquez sur le bouton *Accueil*, que vous avez placé dans le coin inférieur droit des diapositives. Vous revenez à la diapositive Présentation.

- Cliquez maintenant sur le lien hypertexte De 2007 à 2010, puis revenez à la diapositive Présentation par le bouton *Accueil*.

- Passez à la diapositive suivante en utilisant la touche directionnelle du clavier. Avancez ainsi jusqu'à la diapositive Notre équipe. Revenez jusqu'à la diapositive précédente Un challenge en utilisant la touche directionnelle du clavier.

- Revenez à la diapositive Présentation par le bouton *Accueil*.

- Quittez le diaporama en utilisant la touche Echap.

CAS 8 : DÉROULER LE DIAPORAMA

UTILISEZ LA BARRE D'OUTILS DU DIAPORAMA

Durant le déroulement du diaporama, vous pouvez avoir plusieurs outils à portée de clic, sur la barre d'outils du diaporama.

Pour vous exercer plus facilement à utiliser les commandes du diaporama, vous allez configurer le diaporama pour le dérouler sans les animations :

- Cochez <☑ Diaporama sans animation> dans le dialogue *Paramètres du diaporama*.

- Lorsque vous déroulez le diaporama, la barre d'outils se découvre, outil par outil, lorsque vous passez dessus en bas à gauche de l'écran. Vous pouvez alors cliquer sur l'icône pour lancer l'action définie.

- Pensez à restaurer les animations.

CRÉEZ UN DIAPORAMA PERSONNALISÉ

Un diaporama personnalisé est un sous-ensemble des diapositives du diaporama complet, qui peuvent être placées dans un ordre différent.

Vous allez créer un diaporama destiné à une présentation aux clients. Les diapositives de tableaux et l'organigramme ne seront pas présentés, et l'ordre des diapositives va être différent de celui du diaporama complet.

- Sous l'onglet **Diaporama**>groupe **Démarrage du diaporama**, cliquez sur le bouton **Diaporama personnalisé**, puis sur la commande Diaporamas personnalisés... Le dialogue *Diaporamas personnalisés* s'affiche.

- Cliquez sur le bouton [Nouveau], le dialogue *Définir un diaporama personnalisé* ❶ s'affiche.

- Cliquez dans la zone <Nom du diaporama> et tapez `Clients`. La zone de gauche présente initialement l'ensemble des diapositives de la présentation PowerPoint. La zone de droite recevra le nom des diapositives que vous allez sélectionner pour constituer le diaporama personnalisé *Clients*.

- Cliquez sur la diapositive n° 1 puis sur le bouton [Ajouter»]. Le nom de la diapositive n°1 passe du côté droit.

- Sélectionnez ensemble les diapositives n° 3-4-7-8 (en utilisant la touche Ctrl pour une sélection disjointe) et ajoutez-les au diaporama personnalisé.

- Dans la zone de droite, vous allez placer la diapositive `Résultats en image` en deuxième position : sélectionnez-la dans la partie droite du dialogue et cliquez deux fois sur le bouton fléché orienté vers le haut ❷.

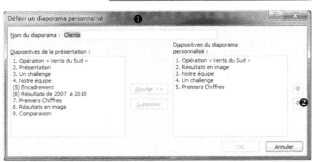

De la même manière, passez ensuite la diapositive `Notre Équipe` en troisième position, devant `Un challenge`.

- Cliquez sur le bouton [OK], puis sur [Fermer]. Vous validez ainsi le diaporama *Clients*.

- Sous l'onglet **Diaporama**>groupe **Démarrage du diaporama**, cliquez sur le bouton **Diaporama personnalisé** puis cliquez sur *Clients*, le nom de votre diaporama personnalisé. Il se déroule avec uniquement les diapositives sélectionnées dans l'ordre choisi,et comprend les animations et transitions.

- Arrêtez le diaporama quand vous le voulez en appuyant sur Echap.

CAS 8 : DÉROULER LE DIAPORAMA

ANNOTER LES DIAPOSITIVES DURANT LE DIAPORAMA

- Sous l'onglet **Diaporama**>groupe **Démarrage du diaporama**, cliquez sur le bouton **Diaporama personnalisé** puis sur le nom du diaporama *Clients*.

- Pendant le diaporama, amenez le pointeur tout en bas à gauche de l'écran. Cliquez sur l'icône *Stylo* puis sur *Couleur de l'encre* ❶, choisissez le rouge foncé. Lorsque vous revenez sur la diapositive, le pointeur s'est transformé en un point : vous pouvez annoter la diapositive.

- Imaginez que vous introduisez votre sujet. Et vous voulez souligner le nom de la nouvelle ligne de parfum et le nom de la société : cliquez-glissez le pointeur sous les mots `Vents du Sud` pour les souligner d'un trait, puis tracez un autre trait sous le texte `An Diamo`.

- Pour passer à la diapositive suivante, amenez le stylo en bas à gauche de l'écran : la barre d'outils du diaporama devient visible et le pointeur reprend sa forme standard. Cliquez sur l'icône ⟶ (*flèche à droite*) de la barre d'outils pour afficher la diapositive suivante `Un Challenge`.

- Passez deux diapositives jusqu'à la diapositive n°4 `Premiers chiffres`. Cliquez sur l'icône *Stylo* de la barre d'outils du diaporama, puis sur *Surligneur*. Puis, cliquez-glissez, avec le surligneur, sur les chiffres `410 €`, `200 €`, puis `3 400 €`.

- Supprimez les effets de surlignage et annotations en tapant la lettre `E` du clavier. Vous pouvez aussi choisir de les garder et enregistrer la présentation ainsi annotée.

- Pendant le déroulement du diaporama, certaines actions peuvent être effectuées par un raccourci clavier, par exemple `E` pour effacer les surlignages sur la diapositive affichée.

- Pour afficher la liste des raccourcis utilisables, cliquez droit sur la diapositive pendant le diaporama puis, sur *Aide*, parcourez les onglets.

-

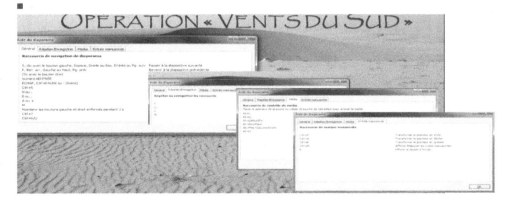

CAS 8 : DÉROULER LE DIAPORAMA

UTILISEZ LE MENU DE COMMANDES DU DIAPORAMA

■ Vous pouvez aussi accéder aux commandes du diaporama par un clic droit sur la diapositive. Par exemple, les commandes Suivant/Précédent pour passer à la diapositive suivante ou précédente. Options du pointeur pour dessiner sur la diapositive.

ALLEZ À UNE DIAPOSITIVE MASQUÉE OU NON

■ Cliquez sur l'icône *Stylo* de la barre d'outils du diaporama puis sur *Flèche*, vous obtenez le pointeur classique. Revenez jusqu'à la diapositive de titre en cliquant plusieurs fois sur l'icône flèche vers la gauche de la barre d'outils du diaporama.

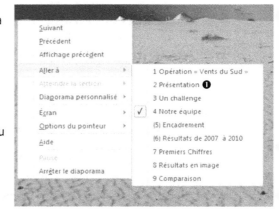

■ Cliquez droit sur la diapositive, puis sur la commande Aller à. La liste des diapositives s'affiche et la diapositive active est cochée. Dans cette liste, cliquez sur *2 Présentation* ❶.

■ Cliquez droit sur la diapositive, puis sur la commande Aller à et choisissez *[5] Encadrement*. Au moment de l'affichage de la forme *L. Martin, Pôle commercial*. Appuyez sur la lettre B du clavier pour afficher un écran blanc (le temps de répondre à une question), puis à nouveau, appuyez sur la lettre B pour reprendre le diaporama.

■ Arrêtez le diaporama en appuyant sur la touche Echap du clavier.

■ Enregistrez les modifications en gardant le nom An Diamo-8-R.

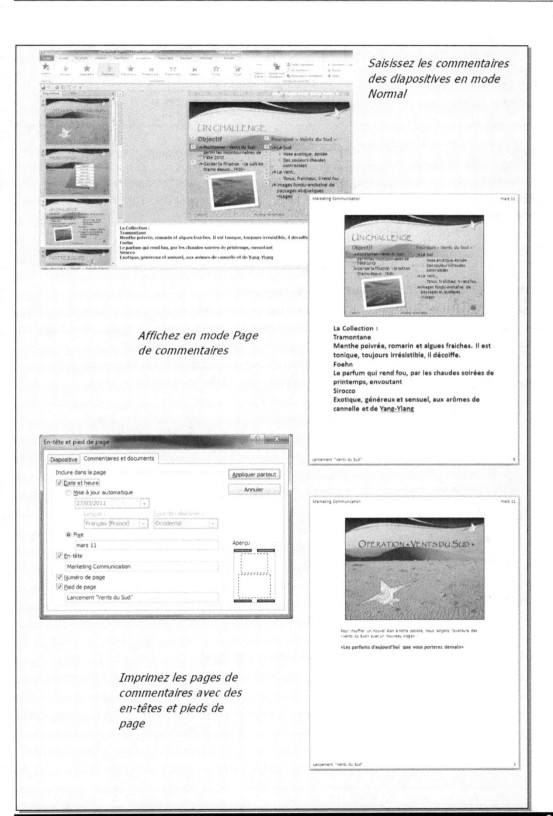

Saisissez les commentaires des diapositives en mode Normal

Affichez en mode Page de commentaires

Imprimez les pages de commentaires avec des en-têtes et pieds de page

Fonctions utilisées

– *Utiliser les pages de commentaires*   – *Masque des pages de commentaires*

– *Document présentateur*   – *Document assistance*

– *En-tête et pied de page*   – *Publier une présentation vers Word*   **20 mn**

Lorsque vous préparez une réunion avec diaporama devant un auditoire, il peut être utile de prévoir un document reprenant les diapositives à distribuer à l'assistance, vous pouvez aussi imprimer un document avec des commentaires destinés à vous servir de notes pendant votre exposé.

Dans ce cas pratique, vous préparez vos diapositives pour le lancement d'une gamme de parfums et pour présenter les résultats des succursales tests.

Vous allez créer deux documents destinés à la prochaine réunion : le premier sera une impression de la présentation qui servira au présentateur lors du diaporama, le second sera destiné aux participants afin qu'il puissent prendre des notes en regard des diapositives.

- **AJOUTEZ DES COMMENTAIRES AUX DIAPOSITIVES**

  - Ouvrez la présentation `An Diamo-9.pptx` et enregistrez-la sous le nom `An Diamo-9-R.pptx`.
  - Positionnez-vous sur la diapositive de titre. Agrandissez le volet de commentaires en faisant glisser vers le haut son bord supérieur ❶.

Si vous ne souhaitez pas taper les textes, ouvrez le fichier `Présentateur.txt` dans le dossier `C:\Exercices PowerPoint 2010` et faites des copier-coller dans les zones concernées.

  - Dans le volet des commentaires de la diapositive de titre, tapez :

```
Pour insuffler un nouvel élan à notre société, nous lançons l'aventure des
«Vents du Sud» avec un nouveau slogan :
«Les parfums d'aujourd'hui que vous porterez demain»
```

  - Positionnez-vous sur la diapositive n° 4 ; dans le volet des commentaires, tapez :

```
Synergie de nos meilleurs talents de création, de technicité et de
communication
```

  - Positionnez-vous sur la diapositive n° 8 : dans le volet des commentaires, tapez :

```
Concentrer tous nos efforts sur les parfums, à l'origine de notre maison
```

CAS 9 : DOCUMENTS D'ACCOMPAGNEMENT

- Copiez les données du tableau de la diapositive n°7 dans le volet des commentaires de la diapositive n°9, pour que le présentateur ait les valeurs du graphique sous les yeux. Pour cela, double-cliquez sur le tableau dans la diapositive n°7 puis, dans la feuille Excel, sélectionnez les cellules contenant les informations, copiez-les dans le Presse-papiers ; ensuite, positionnez-vous sur la diapositive n°9, cliquez dans le volet des commentaires de la diapositive et collez sans mise en forme. Enregistrez la présentation.

- Positionnez-vous sur la diapositive n°3 `Un challenge`, cliquez dans le volet des commentaires et tapez le texte qui figure dans l'illustration suivante.

- Vous voulez visualiser les pages de commentaires : sous l'onglet **Affichage**>groupe **Affichages des présentations**, cliquez sur le bouton **Pages de commentaires**.

- Faites défiler les pages de commentaires à l'aide des touches du clavier (*Page.Avant*, *Page.Suiv*) ou des icônes doubles flèches au bas de la barre de défilement vertical ⯅ ⯆.

- Constatez qu'il n'y a pas encore d'informations d'en-tête ou de pied de page dans les pages de commentaires, alors que vous en avez défini dans les diapositives. Ils doivent être définis séparément pour les documents et pages de commentaires.

EN-TÊTE ET PIED DE PAGE DE LA PAGE DE COMMENTAIRE

Vous allez définir les zones d'en-tête et de pied de page, et leur appliquer une police différente de celle par défaut.

- Sous l'onglet **Insertion**>groupe **Texte**, cliquez sur le bouton **En-tête et pied de page**. Le dialogue *En-tête et pied de page* s'affiche.

- Cliquez sur l'onglet **Commentaires et documents** et renseignez les différentes zones : cochez <☑ En-tête> et tapez `Marketing Communication`. Cochez <☑ Numéro de page> ; cochez la case <☑ Pied de page> et tapez `Lancement "Vent du Sud"`. Cochez <☑ Date et heure> et vérifiez que la date est bien définie comme sur la figure ❶.

- Validez par [Appliquer partout]. Ce qui applique l'en-tête et le pied de page à toutes les pages.

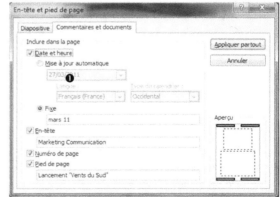

- Pour modifier la police et l'emplacement des zones de texte, passez dans le masque des pages de commentaires : sous l'onglet **Affichage**>groupe **Modes Masque**, cliquez sur **Masque pages de notes**.
- Sur le Ruban contextuel, sous l'onglet **Masque des pages de notes**>groupe **Mise en page**, cliquez sur **Orientation de la page de notes**, essayez l'orientation *Paysage*. Revenez en orientation *Portrait*.
- Par le raccourci clavier Ctrl+A, sélectionnez tous les objets de la page. Sous l'onglet **Masque des pages de notes**>groupe **Modifier le thème**, cliquez sur le bouton **Polices** et choisissez *Opulent*. Tous les textes passent en police *Trébuchet MS*.
- Ajustez manuellement la taille des zones de texte à leur contenu. Faites glisser la zone de date jusqu'en bas de la page et centrez-la horizontalement : pour cela, sous l'onglet **Outils de dessin/Format**>groupe **Organiser**, cliquez sur le bouton **Aligner** et choisissez *Centrer*.
- Restez dans le masque des pages de commentaires, cliquez sur le contour de la zone de pied de page contenant `Lancement de « Vents du Sud »`, faites-la glisser en haut à droite de la page. Sous l'onglet **Accueil**>groupe **Paragraphe**, cliquez sur le bouton d'alignement en haut et à droite. Sélectionnez les deux zones de texte du haut de la page avec la touche Ctrl et modifiez la taille de police à `18` pts. Réajustez chacune des zones de texte en fonction de la taille de leur contenu. Sélectionnez la zone de commentaire et modifiez le corps de la police à `18`.
- Repassez à l'affichage des pages de commentaires, puis faites défiler les pages de commentaires. Constatez que les en-têtes et pieds de page ont été placés sur toutes les pages de commentaires, tels que vous les avez définis.

IMPRIMEZ LES PAGES DE COMMENTAIRES

Cliquez sur l'onglet **Fichier** puis sur la commande **Imprimer**, le panneau de l'impression s'affiche. Cliquez sur le bouton ❶ et choisissez Pages de commentaires ❷ ; cliquez à nouveau sur ❶ puis sur Mettre à l'échelle de la feuille ❸ pour activer cette option. L'aperçu change et vous visualisez les pages de commentaires.

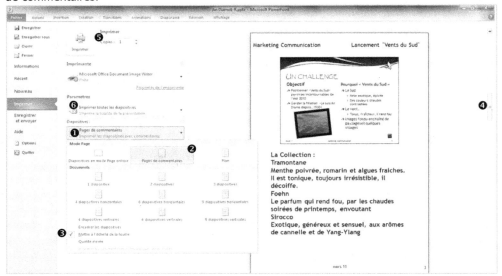

- Cliquez au-dessous ou au-dessus du curseur ❹, pour faire défiler les pages.
- Cliquez sur le bouton [Imprimer] ❺ si vous voulez lancer l'impression sur l'imprimante.

Si vous souhaitez n'imprimer qu'une page, positionnez-vous, dans l'aperçu, sur la page concernée et dans le panneau de l'impression , cochez <⊙ Diapositive active>❻.

- Revenez dans la présentation en cliquant sur l'onglet **Accueil** ou en tapant sur la touche Echap. Enregistrez et fermez.

CAS 9 : DOCUMENTS D'ACCOMPAGNEMENT

CRÉEZ UN DOCUMENT D'ACCOMPAGNEMENT DANS WORD

- Ouvrez le fichier `Reporting Trim1.pptx`. Enregistrez-le sous le nom `Reporting Trim1_R`. Vous allez intégrer des commentaires et créer un document d'accompagnement au format Word, afin de l'imprimer et de le distribuer aux participants à votre réunion de présentation.

Pas de commentaires sur les deux premières diapositives.

- Diapositive n° 3 : dans le volet des commentaires, tapez :

> Nous avons gardé Marc pour continuer les recherches sur les dérivés et renforcé l'équipe communication avec Marie

- Diapositive n° 4 : dans le volet des commentaires, tapez :

> Chiffres des premières semaines de test

- Dans les diapositives n° 5 et n° 6, dans le volet des commentaires, tapez le texte de commentaire comme il figure dans l'illustration suivante.

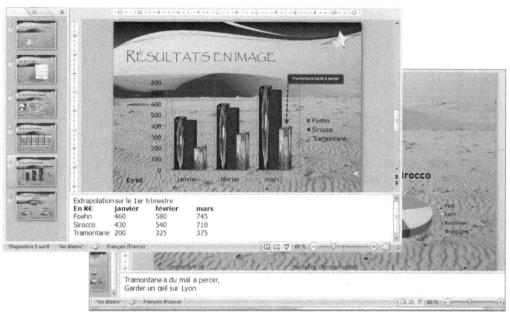

Pour les commentaires de la diapositive n° 5, vous pouvez procéder par copier-coller : cliquez sur la zone de graphique puis ,sous l'onglet **Outils de graphique/Création**>groupe **Données**, cliquez sur le bouton **Modifier les données**. Sélectionnez les cellules des trois mois concernés ; revenez sur la diapositive et collez (sans mise en forme) le tableau dans le volet des commentaires.

- Cliquez sur l'onglet **Fichier** puis sur **Enregistrer et Envoyer**. Dans le panneau central, cliquez sur la commande Créer des documents puis, dans le panneau de droite, sur le bouton [Créer des documents]. Cochez, par exemple, <⊙ Commentaires à côté des diapositives>❶.

Dans le document Word, vous pouvez avoir soit les commentaires, soit des lignes de prise de note ; et les placer soit à côté des diapositives, soit au-dessous (dans ce cas une seule diapositive par page). Cochez <⊙ Coller avec liaison>❷ si vous voulez que vos modifications soient répercutées sur votre document.

- Cliquez sur le bouton [OK].

- Microsoft Office Word démarre et crée un document avec un tableau de trois colonnes : une pour le numéro des diapositives, une pour les diapositives, et la dernière colonne, pour les commentaires existants (ou pour prendre des notes, selon votre choix).

Vous allez modifier le tableau pour finaliser le document, retirer le mot `diapositive` et adapter la largeur des colonnes. Vous allez également définir un en-tête et un pied de page.

- Par le raccourci `Ctrl` + `←` revenez sur la première ligne du document Word, sélectionnez la première colonne (cliquez sur la petite flèche noire qui apparaît lorsque que vous pointez le haut de la colonne).

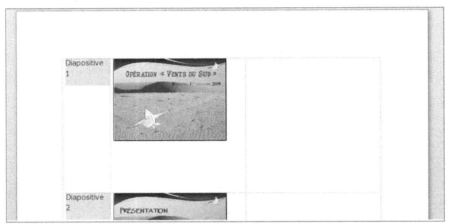

- Sous l'onglet **Accueil**>groupe **Modifications**, cliquez sur le bouton **Remplacer**.
  Le dialogue *Rechercher et remplacer* s'affiche. Dans la zone <Rechercher>, tapez `Diapositive`, dans la zone <Remplacer par> ne tapez rien.
- Cliquez sur le bouton [Remplacer tout]. Word vous signale 6 remplacements. Validez par [OK], puis cliquez sur le bouton [Fermer].

Le mot diapositive a été enlevé de la première colonne, vous allez diminuer sa largeur.

- La colonne est toujours sélectionnée. Sous l'onglet contextuel **Outils de tableau/Disposition**>groupe **Taille de la cellule**, cliquez dans la zone **<Tableau largeur de colonne>**, tapez une taille de `0,6 cm` (largeur de la colonne sélectionnée). Sélectionnez la deuxième colonne et donnez-lui une largeur de `6,5 cm`. Donnez `9,5 cm` de largeur à la troisième colonne.
- Sélectionnez tout le tableau : sélectionnez la première colonne (cliquez sur la petite flèche noire qui apparaît lorsque que vous pointez le haut de la colonne) et cliquez-glissez jusqu'à la troisième colonne à droite.
- Sous l'onglet **Outils de tableau/ Création**>groupe **Style de tableau**, cliquez sur la **flèche** du bouton **Bordures** et choisissez Toutes les bordures dans le menu.
- Vous allez mettre des informations en en-tête de page et une pagination, en utilisant les outils de Word. Sous l'onglet **Insertion,**>groupe **En-tête et pied de page**, cliquez sur le bouton **En-tête**. Dans le menu choisissez la deuxième option *Vide, (trois colonnes)*. L'en-tête s'ouvre.

CAS 9 : DOCUMENTS D'ACCOMPAGNEMENT

- Dans l'en-tête qui s'est ouvert, vous allez remplir les trois zones de texte : cliquez dans la zone de gauche et tapez `Les Vents du Sud`. Cliquez dans la zone centrale, tapez `Résultats du 1er trimestre`. Sélectionnez la zone de texte de droite puis, sous l'onglet **Insertion**>groupe **Texte**, cliquez sur **Date et heure**, choisissez la troisième vignette.

- Sélectionnez les trois zones d'en-tête et attribuez-leur la police *Trébuchet* et la taille `14` pts.

- Revenez dans la page en double-cliquant dans la page actuellement grisée. C'est alors l'en-tête de page qui devient grisé.

- Sous l'onglet **Insertion**>groupe **En-tête et pied de page**, cliquez sur le bouton **Numéro de page**. Choisissez Bas de page, puis cliquez sur la deuxième ligne : *Numéro normal 2*. Double-cliquez dans le corps du texte pour quitter les en-têtes et pieds de page.

- Vérifiez dans l'aperçu avant impression (bouton de la barre d'outils rapide) que le document imprimé correspond à vos attentes.

- Quand vous êtes satisfait du résultat de l'aperçu, cliquez sur le bouton *Imprimer* de la barre d'outils *Accès rapide*.

- Enregistrez le document sous `Reporting Trim1-R.docx` et enregistrez la présentation sous un nouveau nom `Résultats 1er trimestre-R.pptx`.

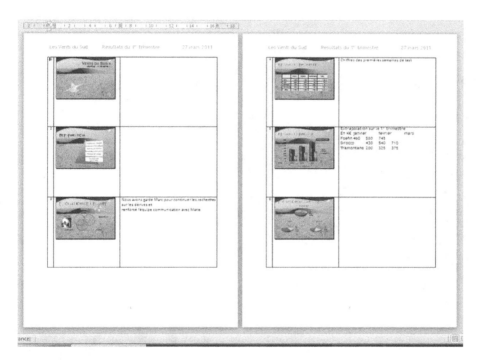

CAS 10 : CRÉER UN ALBUM PHOTO

Fonctions utilisées

– Utiliser l'outil album photo
– Modifier le nombre de photos par page
– Titrer les photos

– Appliquer des transitions
– Mettre un son
– Utiliser le modèle Album photo

20 mn

PowerPoint vous donne la possibilité de présenter et mettre en valeur vos photos. Vous pouvez utiliser l'outil Album photo et ses facilités de traitement (léger) des photos, ou bien utiliser le modèle Album photo qui permet une mise en place originale des photos et des textes d'accompagnement. Vous pourrez alors les diffuser sur Internet sous forme de diaporama.

METTEZ VOS PHOTOS DANS UN NOUVEL ALBUM PHOTO

- Sous l'onglet **Insertion**>groupe **Images**, cliquez sur le bouton Album photo. Le dialogue *Album photo* s'ouvre.

- Dans la section **Contenu de l'album**, sous *Insérer une image à partir de*, cliquez sur le bouton [Fichier/disque...] pour rechercher les fichiers images dans un dossier de l'ordinateur ou un CD-Rom. Le dialogue *Insérer les nouvelles images* ❶ s'ouvre.

- Sélectionnez le dossier dans lequel se trouvent vos images, C:\Exercices PowerPoint 2010 dans notre cas. Les miniatures des photos s'affichent dans le volet droit du dialogue. Pour les agrandir, cliquez sur le bouton *Changer l'affichage* de la barre d'outils et choisissez *Grandes* ou *Très grandes Icônes* (pour *Windows Vista* ou *Windows 7*), *Miniatures* (pour *Windows XP*).

- Sélectionnez toutes les photos Fleurs(xx).jpg : cliquez sur la première photo, maintenez appuyée la touche ⌈Ctrl⌋ et cliquez successivement sur tous les fichiers photos que vous voulez insérer dans l'album. Cliquez sur le bouton [Insérer...] en bas à droite du dialogue.
La liste des photos apparaît dans la zone <Images dans l'album> ❷, du dialogue *Album photo*. Sur la droite, la zone <Aperçu> affiche la miniature de la photo sélectionnée.

   Vous allez modifier l'ordre des photos dans la liste :

- Cliquez sur la photo, Fleurs(14). À l'aide du bouton ❸ flèche vers le haut situé sous la liste des images, faites-la passer en première position, par clics successifs. Descendez l'image Fleurs(4) en dernière position et placez l'image Fleurs(2) entre Fleurs(9) et Fleurs(10).

- Cliquez sur l'image `Fleurs(9)`, utilisez le bouton de rotation pour la rendre verticale. Faites la même chose pour l'image `Fleurs(11)`.

- Sous **Présentation de l'album**, dans la zone <Présentation de l'image>, choisissez 4 images.

Si vous sélectionnez *Ajuster à la diapositive,* la zone <Forme du cadre> n'est pas active, car l'image occupe toute la diapositive.

- Dans la zone <Forme du cadre>, choisissez *Cadre simple, blanc.* Sur la vignette située en regard, le cadre choisi apparaît autour de chaque miniature.
- Cliquez sur le bouton [Parcourir] à droite de la zone <Thème>, le dialogue *Sélectionner un thème* s'affiche, sélectionnez le thème *Apex* puis cliquez sur le bouton [Sélectionner].
- Cliquez sur le bouton [Créer] pour terminer la préparation de l'album.

Les images sont insérées dans la présentation, avec le cadre, le thème et la disposition choisis.

- Sur la page de garde, nommez l'album : `Floraison`.
- Lancez le diaporama en utilisant la touche F5.
- Enregistrez le fichier sous le nom de `Floraison.pptx`.

MODIFIEZ L'AGENCEMENT DES PHOTOS DE VOTRE ALBUM PHOTO

Pour mettre les photos plus en valeur, vous allez en placer une par diapositive, avec un titre.

- Sous l'onglet **Insertion**>groupe **Illustrations**, cliquez sur la **flèche** du bouton **Album photo** et choisissez *Modifier l'album photo...* Le dialogue *Modifier l'album photo* s'affiche.
- Sous **Présentation de l'album**, dans la zone <Présentation de l'album>, choisissez *1 image avec un titre.* Puis cliquez sur le bouton [Mettre à jour].

Vous allez mettre un titre à chacune des photos. Pour cela vous allez utiliser le volet plan.

- Dans le volet de gauche, cliquez sur l'onglet **Plan**. Cliquez à droite de l'icône de titre de la diapositive n°2 et tapez `Projecteur`. Cliquez à droite de l'icône de titre suivante et tapez `Altière`. Titrez de la même manière chaque photo : `Soleil, Cœur d'Or, Roses en Ré, Pensive, Voyages, Passerose, Rayons, Tourbillon, Échevelées, Vieux mur`.

CAS 10 : CRÉER UN ALBUM PHOTO

METTEZ DES ANIMATIONS ET DES TRANSITIONS

Vous allez animer les titres et mettre des transitions entre les diapositives.

Insérez une animation sur les titres des diapositives

- Passez dans le masque des diapositives : maintenez appuyée la touche Maj et cliquez sur l'icône *Normal* de la barre d'affichage rapide.
- Positionnez-vous sur le masque racine. Sélectionnez le titre, puis sous l'onglet **Animations**>groupe **Animations**, Cliquez sur **Styles d'animation** et sous Ouverture, choisissez *Forme*. Dans le groupe minutage, dans **<Démarrer>**, choisissez Avec la précédente.
- Cliquez sur l'icône *Trieuse* de la barre d'affichage rapide, pour revenir dans l'album photo et visualisez toutes les diapositives à la fois. Cliquez l'icône *Diaporama* dans la barre d'affichage rapide, pour voir le diaporama de deux ou trois diapositives, terminez par Echap.
- Enregistrez le fichier sous le nom Floraison.pptx.

Appliquez des transitions

- Sélectionnez toutes les diapositives : cliquez sur la première, appuyez sur la touche Maj et cliquez sur la dernière diapositive.
- Sous l'onglet **Transition**>groupe **Accès à cette diapositive**, cliquez sur la flèche déroulant la galerie des transitions et, sous **Discret** ❶, choisissez *Balayer*. Appliquez l'option d'effet : *À partir du coin supérieur gauche*.
- Dans le groupe **Minutage,** définissez un passage automatique à la diapositive suivante après 3 secondes (spécifiez 00:03). Pour tester les transitions, il est pratique de mettre un temps plus court, de façon à visualiser rapidement l'effet obtenu.

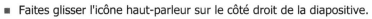

Vous pouvez bien sûr choisir une transition par diapositive ou ajouter des animations aux images sur les diapositives (comme dans le cas n°6).

- Lancez le diaporama en cliquant sur le bouton **À partir du début** (sous l'onglet **Diaporama**) ou en utilisant la touche F5.
- Revenez en mode *Normal*. Sous l'onglet **Diaporama**>groupe **Configuration**, cliquez sur le bouton **Configurer le diaporama**. Dans le dialogue *Paramètres du diaporama*, spécifiez un défilement manuel. Validez par le bouton [OK].
- Positionnez-vous sur la diapositive de titre, et dans la zone de titre, remplacez le titre par Florilège. Supprimez le sous-titre si vous le désirez (par défaut il s'agit du nom de l'utilisateur de l'ordinateur).

Si vous modifiez la disposition des images insérées dans l'album photo et que vous utilisez à nouveau la commande Modifier l'album photo, toutes les modifications seront annulées.

Insérez un son

Pour agrémenter le diaporama de votre album photo, vous allez ajouter une musique qui va se dérouler durant tout le diaporama.

- Sous l'onglet **Insertion**>groupe **Média**, cliquez sur le bouton **Audio**, puis sur la commande Audio à partir du fichier... ❷. Dans la fenêtre *Insérer un objet audio*, sélectionnez le fichier Laudes-Keur-Moussa.wma (dans C:\Exercices Powerpoint 2010).
- Faites glisser l'icône haut-parleur sur le côté droit de la diapositive.
- Ouvrez le *Volet Animation* et, dans ce volet, cliquez sur la flèche déroulante située à droite du nom du l'animation sonore, puis sur Options d'effet.... Le dialogue *Lire Audio* s'affiche.
- Sous l'onglet **Minutage**, paramétrez <Début> : *Avec la précédente*.

CAS 10 : CRÉER UN ALBUM PHOTO

- Sous l'onglet **Effet**, sous **Commencer la lecture**, cochez <⊙ Du début> ; sous **Interrompre la lecture**, cochez <⊙ Après> et spécifiez 14 (diapositives).
- Validez par [OK].
- Cliquez sur l'icône haut-parleur dans la diapositive. Sous l'onglet contextuel **Lecture**>groupe **Options Audio**, cochez la case <☑ Masquer l'icône durant le diaporama> ; dans la zone <Début>, choisissez Exécution sur l'ensemble des diapositives.
- Si vous avez défini une durée du diaporama supérieure à la durée de la musique (3:28 dans notre cas), il faut la répéter : cliquez droit sur l'animation dans le *Volet Animation*, puis sur Minutage... dans la zone <Répéter>, spécifiez 2 ou 3. Validez en cliquant sur [OK].
- Positionnez-vous sur la diapositive de titre. Cliquez sur l'icône *Diaporama* sur la barre d'affichage rapide pour dérouler le diaporama. Cliquez pour passer d'une diapositive à la suivante.

Vous allez réduire la taille (le poids) de la présentation, afin de pouvoir l'envoyer plus aisément.

- Cliquez sur l'une des photos. Sous l'onglet **Format**>groupe **Ajuster**, cliquez sur le bouton **Compresser les images**. Choisissez l'option qui correspond à vos besoins.

Maintenant que le diaporama de la présentation vous convient, vous allez l'enregistrer sous forme d'un fichier diaporama afin de pouvoir le diffuser.

- Cliquez sur l'onglet **Fichier** puis sur **Enregistrer sous**. Dans le dialogue, sélectionnez le type *Diaporama PowerPoint(*.ppsx)* et gardez le nom de la présentation (l'extension sera .ppsx).

Afin d'avoir une diffusion plus large de votre diaporama, vous pouvez l'enregistrer en compatibilité avec les versions précédentes de PowerPoint, *Diaporama PowerPoint 97-2003*.

Vous pouvez également enregistrer votre présentation directement au format PDF (image), seules les images seront visibles, sans le diaporama ni animation.

- Cliquez sur l'onglet **Fichier** puis sur **Enregistrer sous**, sélectionnez le type *PDF (*.PDF)*.

Si vos correspondants n'ont pas PowerPoint installé sur leur ordinateur, il leur suffit de télécharger gratuitement, sur de nombreux sites, la visionneuse Powerpoint 2007 et de l'installer.

LE MODÈLE ALBUM PHOTO

À la différence de l'outil *Album photo*, le modèle *Album photo* est une présentation PowerPoint « classique » qui comporte des dispositions prédéfinies, destinées à recevoir les photos. Elle ne donne pas accès aux outils spécifiques de l'*Album photo*, il s'agit juste d'une « mise en forme » et de dispositions prévues pour insérer des photos.

- Cliquez sur l'onglet **Fichier** puis sur **Nouveau**. Dans le panneau central, choisissez *Exemples de Modèles.* Parmi les trois modèles d'album photo, choisissez *Album photo classique*, puis dans le panneau de droite, cliquez sur le bouton [Créer].

Une présentation s'affiche comprenant déjà 7 diapositives de dispositions différentes. Chaque cadre de ces dispositions contient une photo exemple. Supprimez-la, il reste une icône vous permettant d'insérer une photo.

- Enregistrez le fichier sous le nom Florilège.pptx.
- Dans la zone de titre de la diapositive de titre, remplacez le texte Album photo classique par Florilèges. Supprimez la zone de sous-titre. Ajustez manuellement la taille de la zone de titre au texte contenu, positionnez-la à gauche de la diapositive.

CAS 10 : CRÉER UN ALBUM PHOTO

- Sous l'onglet **Création**>groupe **Thèmes**, choisissez *Fonderie* (2ᵉ vignette de la 5ᵉ rangée sous **Prédéfini**). Cliquez sur le bouton **Couleurs** et choisissez le jeu de couleurs *Médian* ; cliquez sur le bouton **Polices** et choisissez *Sillage*.
- Positionnez-vous sur la page de titre, et sélectionnez l'image puis supprimez-la. Cliquez sur l'icône située au centre du cadre vide. Dans la fenêtre Insérer une image, sélectionnez le dossier dans lequel se trouvent vos images, `C:\Exercices PowerPoint 2010`. Double-cliquez sur le fichier photo `Fleurs(4)`. Elle vient s'insérer dans le cadre.

Vous allez modifier la forme du cadre en utilisant l'option de style rapide.

- Sous l'onglet **Outils image/Format**>groupe **Styles d'images**, déroulez la galerie des styles d'image et choisissez *Ellipse à contour adouci* (5ᵉ vignette de la 4ᵉ rangée , l'ovale sans bordure).
- Sélectionnez la forme contenant l'image et sous l'onglet **Outils image/Format**>groupe **Taille**, cliquez sur le lanceur du groupe, donnez-lui 15 cm de côté.
- Affichez les repères : cliquez droit sur la diapositive puis sur Grilles et repères et cochez <☑ Afficher les repères de dessin à l'écran>. Validez par [OK].
- Faites glisser la photo afin qu'elle soit sur la diapositive et centrée verticalement.
- Lancez le diaporama par l'icône de la barre d'affichage rapide pour visualiser l'effet obtenu.
- Enregistrez les modifications.
- Cliquez sur la diapositive n° 2. Sous l'onglet **Accueil**>groupe **Diapositives**, cliquez sur le bouton **Disposition** et choisissez la disposition *Portrait 3 poses avec légende*.
- Supprimez la photo présente sur la diapositive. Cliquez sur l'icône de la zone de gauche, insérez la photo `Fleurs(5)`, puis dans les deux autres cadres, les photos `Fleurs(10)` et `Fleurs(14)`.

- Cliquez sur la photo de gauche. Sous l'onglet **Outils de dessin/Format**>groupe **Styles d'images**, cliquez sur le bouton **Effets des images** puis sur Rotation 3D et choisissez l'orientation *Perspective droite* (3ᵉ de la 1ʳᵉ rangée sous **Perspective**).
- Cliquez sur la photo de droite. Utilisez les mêmes commandes pour demander comme orientation *Perspective gauche*.
- Cliquez sur l'image de gauche. Sous l'onglet **Outils de dessin/Format**>groupe **Organiser,** cliquez sur le bouton **Rotation** puis sur Retourner horizontalement.
- Cliquez sur la photo du milieu, cliquez sur le bouton **Effets des images**. Cliquez ensuite sur la commande Réflexion et choisissez *Pleine réflexion décalage 4 pts* (3ᵉ de la 2ᵉ rangée).
- Supprimez les zones de texte de droite et de gauche et dans celle du milieu, tapez `Miroirs`.
- Insérez les photos restant dans le dossier, en utilisant les dispositions, les effets de style et les effets d'images de votre choix.
- Dans le volet de gauche, en sélectionnant toutes les diapositives sous l'onglet Diapositives, attribuez une transition d'une durée d'affichage de `00:05` secondes avec un passage automatique (non manuel) d'une diapositive à la suivante.
- Lancez le diaporama **À partir du début**.
- Enregistrez l'album en gardant le nom `Florilège.pptx`.

Insérez un fichier audio de votre choix et enregistrez la présentation sous forme de fichier diaporama afin de pouvoir le diffuser, comme l'exercice précédent.

Une autre façon de permettre à des personnes non équipées de PowerPoint de visualiser votre diaporama, est de l'enregistrer comme une vidéo.

- Cliquez sur l'onglet **Fichier** puis, dans le paneeau de gauche, sur **Enregistrer et envoyer**.
- Dans le panneau central, cliquez sur la commande Créer une video.
- Dans le panneau de droite, cliquez sur le bouton [Qualité HD & Ordinateur] déterminez la qualité de votre video. Définissez le temps de passage des photos.

- Cliquez sur le bouton [Créer la video]. Conservez le nom du fichier Florilège, l'extension d'un fichier vidéo est wmv.

Index

G

H

I

L

M